本书是中国博士后科学基金面上资助项目"政策驱动型基层治理创新的长效机制研究"（项目批准号：2021M700268）阶段性成果

  国家治理研究丛书

城市社区协商治理研究

基于政治统合的视角

汤彬 著

中国社会科学出版社

图书在版编目（CIP）数据

城市社区协商治理研究：基于政治统合的视角／汤彬著.—北京：中国社会科学出版社，2023.5
（国家治理研究丛书）
ISBN 978-7-5227-1691-6

Ⅰ.①城… Ⅱ.①汤… Ⅲ.①城市—社区管理—研究—中国 Ⅳ.①D669.3

中国国家版本馆 CIP 数据核字(2023)第 052883 号

出 版 人	赵剑英
责任编辑	许 琳
责任校对	李 硕
责任印制	郝美娜

出 版	中国社会科学出版社
社 址	北京鼓楼西大街甲 158 号
邮 编	100720
网 址	http://www.csspw.cn
发 行 部	010-84083685
门 市 部	010-84029450
经 销	新华书店及其他书店

印刷装订	北京市十月印刷有限公司
版 次	2023 年 5 月第 1 版
印 次	2023 年 5 月第 1 次印刷

开 本	710×1000 1/16
印 张	15
插 页	2
字 数	258 千字
定 价	88.00 元

凡购买中国社会科学出版社图书，如有质量问题请与本社营销中心联系调换
电话：010-84083683
版权所有　侵权必究

前　言

当代中国正经历着前所未有的经济社会巨变，作为回应，国家治理的价值理念、体制机制和方式方法也在进行着全方位、持续性的调适与革新。在社会治理领域，近十年来党和国家将顶层设计与基层创新有机结合，以更加积极有为的政策行动探寻现代化转型之道，社会治理格局实现系统性重塑。总体而言，在社会治理众多的发展线索中，有三点受到学界的广泛关注：一是在空间向度上呈现出治理重心下移的态势；二是在主体结构上呈现出多方参与的态势；三是在驱动力量上呈现出党组织引领的态势。学者们据此展开了深入研究并提出了一系列有本土特色的分析框架和理论命题。在这种现实与理论背景下，如何紧扣社会治理变迁的核心线索，为珠玉在前的研究论域提供新的观察视角，发掘新的知识生长点就成为本书的研究动因之所在。

本书的三个关键词也即研究要素是"城市社区""协商治理"和"政治统合"，分别对应着上文关于当前社会治理三大实践态势的判断。本书试图通过这样的结构设计，一方面达成以基层社区观照宏观社会，以协商治理考察多方协同，以政治统合呈现政党引领的研究策略，实现这三个方面的一体分析；另一方面在论证思路上形成以社区协商治理回应社会治理困局，再以政治统合破解社区协商治理难题的解释链条。

第一，作为研究单元的城市社区。社区位于社会的最基层，主张以社区治理为支点考察社会治理的运行逻辑并不意味着本文采取还原论的方法论立场，即认为宏观社会现象可以在微观尺度得到充分解释，事实上，根据复杂性理论，涌现效应的存在决定了宏观现象与微观状态之间是一种非线性关系。那么，本书为什么要选择城市社区作为研究单元呢？理由有三：首先，随着治理重心下移，基层成为社会治理的基础场域，而社区则是基层基础，因此社区治理能够折射出社会治理的政策导向与实践要义；其次，社会治理不仅是国家对社会的治理，还是社会的自我治理以及国家与社会的互动，而处于国家与社会交汇界面的社区，正是社会治理三个维度共存其间的统一场域；复次，相比于宏观和中观层面的研究单元，社区更易于研究者入场调研，从而近距离观察和获取实证材料。

第二，作为研究对象的协商治理。协商治理是协商民主面向公共事务治理过程的应用形式，而协商民主本身无论是在中国还是西方，无论是在理论还是实践层面都并非新事物，那么本书为何要选择这样一个看似老生常谈的议题作为研究主题呢？首先，这缘于笔者的问题意识和现实关切。近四十年的社会转型带来了社会主体的多元化和利益偏好的分散化，旧的社会整合纽带已然式微，新的社会规范尚未确立，社会动员所需的社会网络和社会资本比较匮乏，在这种社会结构中，本质上就是处理众人之事的社会治理应该如何应对公共参与困境与合作治理难题？相比于人群"聚散无常"的偶发性合作事件，协商治理是一种结构化乃至制度化的合作行为，能够在常态化的运作中呈现出比较明晰、确定的主体间互动逻辑，从而成为检视合作行为成功或失败的适当切口。其次，这缘于笔者的学术创新愿望。以往的协商民主研究大多从民主理论出发，探讨协商民主补充或超越传统选举式民主的价值意义，重点关注协商的具体操作和技术细节，而本书则紧紧围绕公共参与困境与合作治理难题，以参与主体的范围为分类标准，聚焦社区协商的相应功能场景，包括群众自治、多方共治、政治动员等，分析社区协商在运行中所体现的权力结构和权力过程。复次，这缘于社区协商研究新范式的产生。近年来，"政策执行"视角的引入使基层协商民主这一老议题取得了新进展。党的十八大以来，党和国家从加强社会主义民主政治建设的战略高度，在吸纳协商民主理论与实践成果的基础上，制定了《关于加强社会主义协商民主建设的意见》《关于加强城乡社区协商的意见》等指导文件。基层协商民主由此从局地的分散行为上升为全国统一的政策推广行动，这也决定了社区协商民主的实施状况在一定程度上反映着上级政策在基层的执行效果，因此，将社区协商作为研究对象，有利于直观认识国家与社会互动的方式和路径，进而深化理解中国特色的政策驱动型社会治理模式。

第三，作为研究视角的政治统合。本书基于破解公共参与困境与合作治理难题的问题意识，认为社区协商作为一项基层治理创新，其构建和运作的关键在于驱动力量。在社区协商的以往研究中，"协商民主"视角和"公共事务治理"视角着眼于协商过程的技术展开，较少涉及协商机制从何而来，又如何有序运行的动力机制问题。"政策执行"视角注意到社区协商的政策供给方式，从而在一定程度上探讨了"从何而来"的问题，但其着眼点主要是社区协商的政策动议如何因上级政策与本地实际的张力而遭遇执行梗阻，因而难以制度化、长效化的问题，而反过来，社区协商的有效运作是怎样实现的"实然"问题，以及应当怎样实现的"应然"问题则较少得到研究。事实上，社区协商的动力机制包括两个环节，一是上下协同发力所推进的制度供给，这回应了社区协商的生成难题；二是针对外源驱动的持续性困境，通过培育内生动力，应对社区协商的长效化难题。本书结合"党建引领社区治理"的实践现状，以党组织的引领功能和治理行动为视点，提出了"政治统合"的研究视角。"统合"不是一个新名词，在现有文献中，它被广泛使用于不同研究情境，由此产生的代表性概念包括"统合主义""政治统合制""统合治理""政党统合"等。本书采用"政治统合"一词，实际上是想比较生动地描述出基层党组织"统揽"社区治理全局，有机"整合"多方治理主体、完整治理环节、系统治理要素，进而引领形成共治格局的行为取向和功能指向。基于政治统合的视角不难发现，社区协商在本质上属于党组织引领多方共治，以解决公共参与困境和合作治理难题的制度工具，因此，社区协商治理的运行实际上就是党组织引领社区共治的过程。

社区协商治理过程与政治统合过程的一体两面关系，使得本书形成了一明一暗两条逻辑线索。首先以政治统合视角审视协商治理，所呈现出来的是党组织依托社区协商平台赋能居民自治和多方共治的明晰治理图景。基层群众自治是社区居民的主要民主参与渠道，是彰显和培育居民主体性的重要方式，也是面向简单公共事务的治理模式。而多方共治则是居民、基层组织、物业企业、社会组织、志愿组织、公益团体等各类相关主体广泛参与，合力应对复杂公共事务的治理方案。这二者的有效运转是社区良治的基础，但在多重因素的影响下，却分别面临着居民参与不足和共识达成困境等功能梗阻。对此，以政策推广形式实施的社区协商实际上发挥了制度供给作用，有利于分摊居民之间或多方主体之间的集体行动成本，降低合作阻力；以党组织为核心的基层组织结合社区空间布局、人员构成等具体情况，所设计和构建的协商组织架构，有利于在居委会和业委会的制度框架内提升利益单元与治理单元的匹配度，并通过强化利益关联激发居民的参与意愿；党组织凭借自身的领导核心地位，形成相对于其他主体的"激励－约束"关系，进而以公共利益平衡其他主体的私益诉求，有利于弥合利益矛盾和利益分歧，促成协商共识和多方合作；基层组织的引领和指导作用贯穿于议题选择、议程设定、协商操作和事后评估等全流程，有利于推动社区协商的有序化、规范化运行，为凝聚共识、达成决策奠定技术基础；基层组织以解决问题为取向，以积极有为的自主行为策略推进协商目标的实现，是为了缓和民主与效率、程序与结果之间的紧张关系，避免陷入协商民主"议而不决"的结构性困境。

其次以协商治理过程透视政治统合，所揭示出来的是以党组织为核心的基层组织采纳、设计、维护和调试协商机制的深层逻辑，换言之，就是阐明了自上而下的社区协商政策何以克服执行梗阻，获得长

前　言

效化发展的隐含问题。作为一种基层治理创新,社区协商的确具有赋能居民自治和多方共治的实践功能,但功能价值本身并不构成其被基层接受和长效运用的充分条件。因此,既有研究大多从基层主体的利益动机、政策执行的保障条件以及基层协商的类型特征等方面来考察社区协商的"落地""变迁"和"扩散"情况。其中比较典型的逻辑预设在于,以模式化的基层协商"范本"作为衡量标准,观察其在具体的实践案例中是否出现形式偏离,以判断是否顺利"落地";观察其是否在更大空间范围得到采纳和应用,以判断是否存在"扩散"瓶颈,从而据此将强化自上而下的政策压力,优化政策执行结构作为解决措施。事实上,笔者也曾一度基于这种刻板的理论认知,为各地乃至各个社区五花八门的协商议事实践感到棘手,并倾向于以"执行偏差""执行扭曲""应付""伪创新"等视角进行解释。而随着认识的不断深化,笔者也意识到差异化的实践样态恰恰是协商机制灵活性与基层组织自主性相互"成全"的结果。本书的研究表明,在社区协商政策的推行过程中,上级虽然以月度考核为手段传导政策压力,却并未采取"一刀切"的刚性实施标准,而是赋予了基层组织比较大的自主行为空间。另一方面,协商的"议事"本质不仅使其具有广泛的适用场景,既可以作为自治和共治平台,还可以用于矛盾调解、政策宣传和政治动员;也使其具有机动灵活的应用形式,既可以作为独立的治理平台,也可以作为其他治理机制的功能构件。社区协商的独特属性使其成为党组织运行治权、引领社区治理的重要抓手,例如在社区协商赋能自治与共治的同时,也发挥着居民诉求表达-回应,制度化吸纳社会风险等政治统合功能,这种各方主体的利益共容状态构成了社区协商长效运行的主观动力;也使其极易被嵌入现有的各类治理机制,并因机制间的嵌合与联动效应而降低运行成本,获得发展活力,这种简约、普适的属性构成了社区协商长效运行的重要条件。

当然,囿于实施主体和参与主体的观念和素质局限,当前的社区协商还面临着一些发展困境,例如,协商机制的灵活性固然是其被采纳和长效推进的便利条件，但也难免使其长期停留在低水平的治理技术层面，而难以升级为重塑社区治理生态的制度形式；协商治理过程还普遍存在着民主与效率、程序与结果的结构性失衡。如何应对相关挑战将长期考验着实务工作者的实践智慧和技艺，考验着学术工作者的理论创新能力和研究水平。

目 录

绪论 ……………………………………………………………… （1）
 一 研究缘起：新时代社区治理路径的探索与创新 ……… （1）
 二 文献综述：转型期社区治理的主要难题与应对 ……… （7）
 三 研究思路与研究方法 ………………………………… （29）

第一章 城市社区协商治理的发生背景 ………………………… （38）

第一节 流动社会的空间重塑：城市社区的特征与属性 …… （39）
 一 作为居住空间的社区：流动化、异质化与职住
  分离 ……………………………………………………… （40）
 二 作为行政空间的社区：权力型塑的松散联合体 ……… （43）

第二节 城市社区居民自治的新课题 ……………………… （45）
 一 城市社区的法定自治形式 ……………………………… （45）
 二 居民自治难题：行政化、空间错位与制度刚性 ……… （48）
 二 业主自治难题：集体行动困境与法律限制 …………… （50）

第三节 社区公共事务的类属与自治效能局限 …………… （52）
 一 社区公共事务的主要类型 ……………………………… （52）
 二 自治机制的能力短板 …………………………………… （54）

第四节 利益分化与多主体共治 …………………………… （55）
 一 城市社区的多方主体 …………………………………… （55）
 二 多方主体的差异化利益诉求 …………………………… （57）

三　社区共治体系构建的梗阻因素…………………………（58）

第二章　社区协商治理的研究省思、基本要素与分析视角……（61）
　第一节　理论反思………………………………………………（62）
　　一　协商治理：对协商民主理论的扬弃……………………（63）
　　二　政党领导的多方共治：对"多中心治理"理论的
　　　　扬弃…………………………………………………………（67）
　　三　政社融合：对"国家—社会"关系理论的扬弃………（70）
　第二节　社区协商治理的基本要素……………………………（73）
　　一　社区协商的类型与环节…………………………………（73）
　　二　协商治理的主体构成……………………………………（74）
　　三　协商治理的三重功能……………………………………（75）
　第三节　政治统合：社区协商治理的一个分析视角…………（79）

第三章　政治统合、制度供给与协商治理机制的构建路径……（82）
　第一节　社区中的自发秩序和建构秩序………………………（83）
　　一　构建社区利益协调机制的现实需求……………………（83）
　　二　建构秩序对自发秩序的补位与赋能……………………（84）
　第二节　社区协商治理机制构建的多重逻辑…………………（85）
　　一　"人民性"政治、"兜底性"行政与权责失衡
　　　　问题…………………………………………………………（85）
　　二　"治理"话语的兴起与公共权力体系的价值内化……（87）
　　三　协商治理机制构建的多重逻辑…………………………（90）
　第三节　社区协商治理的政策供给：上下联动与政策推行…（95）
　　一　政策试点与政策扩散：协商治理机制构建的政策
　　　　过程…………………………………………………………（96）
　　二　次级试点与组织学习：专业组织的介入与政策执行
　　　　优化…………………………………………………………（102）

三　政治引领、精英动员与协商治理机制的构建 …………（105）

第四章　互嵌与融合：政治统合与社区协商治理体制建构 ……（108）
　第一节　社区治理的公共权力体系 ………………………（109）
　　一　社区公共权力组织的一体化 …………………………（109）
　　二　从社区到楼院：社区公共权力体系的层级单元 ……（114）
　　三　社区工作队伍：社区公共权力体系的关键结点 ……（119）
　第二节　结构互嵌与功能集成：协商治理的组织依托 …（121）
　　一　协商治理机制对社区治理层级体系的功能嵌入 ……（122）
　　二　社区公共权力体系对协商治理机制的组织嵌入 ……（125）
　　三　空间匹配的层级协商网络 ……………………………（126）
　第三节　多方共治的政治统合机制 ………………………（127）
　　一　复合的治理权：社区共治体系建设的权力基础 ……（128）
　　二　嵌入与吸纳：社区共治体系建设的组织纽带 ………（130）
　　三　社区共治体系建设的"关系"资源 …………………（134）
　　四　政治统合机制的运用策略 ……………………………（137）

第五章　政治统合与社区协商治理的过程检视 ……………（139）
　第一节　协商议事的事前准备 ……………………………（141）
　　一　协商动议与议题选定 …………………………………（142）
　　二　利益相关与协商主体的确定 …………………………（147）
　第二节　公共权力主体对协商过程的引导、指导和参与 ……（152）
　第三节　政治统合、资源整合与协商决议的落实 ………（156）

第六章　"任务—资源"约束与社区协商治理中的策略行为 ……（159）
　第一节　社区协商治理的案例考察 ………………………（159）
　　一　平台搭建与协商共治：YP小区网络升级改造项目
　　　　（案例1）………………………………………………（160）

二　上下联动与居民自治：JD 社区协商治理的两个
　　　　案例（案例 2、3） ……………………………………（163）
　　三　风险规避与分散协商：XT 小区更换物业事件
　　　　（案例 4） ………………………………………………（165）
　　四　从综合整治到协商治理：KM 胡同停车自治项目
　　　　（案例 5） ………………………………………………（168）
　第二节　社区公共权力主体的行为特征、工作策略与权力
　　　　　技术 ………………………………………………………（175）
　　一　集中协商与分散协商：对矛盾激化风险的技术
　　　　防范 ……………………………………………………（176）
　　二　从"经协商的决策"到"对决策的协商"：共识
　　　　达成困境的破解策略 …………………………………（177）
　　三　以未来愿景促成当下共识：降低共识达成阻力的
　　　　沟通策略 ………………………………………………（180）
　　四　从横向合作到纵向协作：提升决策执行效率的
　　　　操作策略 ………………………………………………（181）

第七章　结语：城市社区协商治理的再审视 ……………………（184）
　第一节　政治统合对于社区协商治理的关键作用 ……………（185）
　　一　制度供给与协商治理的长效运行 …………………（185）
　　二　机制创新与居民自治的优化 ………………………（187）
　　三　"平台—网络"相嵌合的治理共同体建设 …………（190）
　　四　矛盾协调与社区日常秩序的构建 …………………（192）
　第二节　社区协商治理面临的主要挑战 ………………………（193）
　　一　政策执行中的形式主义偏差 ………………………（194）
　　二　协商治理中的价值迷思 ……………………………（196）
　　三　"激励—约束"机制的失灵可能 ……………………（197）
　　四　行政对治理的挤出效应 ……………………………（200）

第三节 社区协商治理的调适与发展 …………………………（202）
　一　以健全机制确保协商治理的有序发展 ………………（202）
　二　以治理互动锻造多方主体的共治能力 ………………（204）
　三　以制度沉淀促进社区治理体系的革新 ………………（206）

参考文献 ……………………………………………………………（208）

绪　论

一　研究缘起：新时代社区治理路径的探索与创新

改革开放以来，在系统性体制变革的推动下，中国进入了社会形态迅速变迁、社会结构深度重组的现代化转型期。总体性社会的初始结构决定了这种历史进程遵循着独特的本土逻辑，它意味着从传统向现代的一般演化，与计划经济时代过分集中的社会整合机制的松动乃至解体，是一体两面的关系。随着国家的权力让渡，社会与市场日渐成为具有自身运行规律的自主空间。这种权力格局的转变，打破了国家对资源的垄断局面，市场和社会的资源配置功能逐步凸显和强化，社会领域、社会层次的细分和多样化也产生了更为多元的社会行动者。现代多元社会治理的要义就是改变传统的行政一元化管理模式，通过广泛吸纳各类社会主体参与社会治理过程，发挥其互补优势，形成复杂事务治理的多方合力。

在城市社会，一方面，体制外生活机遇和机会结构的扩展，吸引了规模庞大的社会成员；另一方面，曾经作为国家基层治理单元的"单位"，通过市场化和社会化改革，[1] 将医疗、教育和住房等众多管

---

[1] 田毅鹏、薛文龙：《"后单位社会"基层社会治理及运行机制研究》，《学术研究》2015年第2期。

理、服务和福利保障职能转移出去，成为纯粹从事生产的职业组织，[1]这使其对人口的吸纳和整合能力大为降低。"单位制"的式微与"户籍制"的改革，在一定程度上造成了城市社会结构的流动化、复杂化、碎片化、原子化和失范化现象。这种对社会秩序的严峻挑战倒逼着城市基层组织的再造和治理单元的调整，以适配变化了的社会基础，管控社会风险，提升治理能力，重建社会整合。在实践探索中，以日常生活空间为载体的属地管理机制在社会治理体系中的重要性显著提升，计划经济时期的以单位制为主体，以街居制为补充的城市社会治理体制，[2] 逐步向"街居制"、"社区制"演化。[3] 因此，在后单位制时代，社区因适应了高度分化的、流动的人员、组织和资源的管理需求，而被视为新型社会整合机制的核心要素。2000年，中共中央办公厅和国务院办公厅发布《关于转发〈民政部关于在全国推进城市社区建设的意见〉的通知》，标志着社区被确定为城市基层治理的基本单元。其后，党和国家出台了一系列政策文件，提出了明确的城市社区建设目标和发展举措，社区建设和社区治理也由此被赋予了构建和维系社会整合，推进基层治理现代化的重要意义。

然而，与这种高度的功能期待形成鲜明反差的是，转型期的城市社区治理却在发展进程中累积起一系列困难与梗阻。

第一，社区的自治功能受到准行政化问题的干扰，自治效能不彰。位于治理一线的城市社区，是上传下达、勾连起国家与社会的关键枢纽，这种"在地化"的特性使其具有政府及其职能部门难以比拟的信息优势。在具体的治理过程中，大量行政性事务以"属地管理"的名义流向社区，不仅造成了社区的"职能超载"，也挤占了社区有效实

---

[1] 吴晓林：《"后单位制"时代中国城市社区建设和社区整合的困境——一个框架性的分析》，《当代中国政治研究报告》2013年，第27—39页。
[2] 杨宏山：《转型中的城市治理》，中国人民大学出版社2017年版，第68页。
[3] 吴晓林：《治权统合、服务下沉与选择性参与：改革开放四十年城市社区治理的"复合结构"》，《中国行政管理》2019年第7期。

施自治的注意力资源,[①] 社区组织逐步演变为自上而下执行政策的政府"代理人",其构建社区治理网络、盘活社区内生资源、管控风险因素、解决社区内部问题的主体性作用出现了弱化和虚化的趋势,社区本身也俨然成为位于行政体系末梢的微观行政单元。

第二,社区治理中的"参与不足"与"无序参与"并存,公共利益难以实现。在社区准行政化、缺乏内部整合的背景下,社区治理出现了两种极端情境:一是对与个人利益关涉不大的公共事务,居民普遍缺乏参与意愿,成为冷漠的旁观者;二是对与个人利益高度相关的公共事务,居民虽然具备了一定的参与意愿,但是却陷入"集体行动困境"(Collective Action Dilemma)、"反公地悲剧"(Tragedy of Anti-Commous)或"委托—代理"困境,难以化解居民内部或居民与其代理人之间的矛盾,降低了合作能力。这不仅使得作为"众人之事"的公共事务和公益事业无法得到妥善处理,也使得各种利益纠纷层出不穷;不仅阻碍了社区内部秩序的构建,也极易使问题溢出社区边界,在更大范围内对社会秩序造成冲击。

第三,社区治理共同体建设难以推进,社区整合度不高。实现社会整合的前提,是构建成员间共享的价值规范、行为准则,共通的群体身份、情感记忆,共有的利益诉求及其理性表达,是打造一种均衡、协调、有序的关系模式,达成集体合作。[②] 但是,与历史上的乡土社会、改革前的单位社会以及西方社会相比,当前的城市社区带有明显的转型色彩,受制于高度的异质性、流动性和"职住分离"特性,既不具有基于血缘、地缘的机械团结(mechanical solidarity)形式,也不具有基于合作分工、相互依赖的有机团结(organic solidarity)形式,[③]

---

① 王浦劬、汤彬:《基层党组织治理权威塑造机制研究——基于T市B区社区党组织治理经验的分析》,《管理世界》2020年第6期。
② 周怡:《寻求整合的分化:权力关系的独特作用——来自H村的一项经验研究》,《社会学研究》2006年第5期。
③ [法]埃米尔·涂尔干:《社会分工论》,渠敬东译,生活·读书·新知三联书店2017年版,第89—92页。

内部关联相对松散。

可见，以社区为基础推进基层治理现代化的根本命题在于，如何以及通过怎样的体制机制革新和方式方法创新，破解社区中的公共治理难题，如共同体困境、公共决策困境、集体行动困境等，以增进社区公共性和社会资本，促进居民公共参与，提升多方主体协同共治能力，从而将社区打造为具有紧密利益关联和内生秩序的治理共同体。围绕这一核心任务，国家、社区组织和居民分别在建构性秩序逻辑和自发性秩序逻辑的驱动下，进行了长期的探索。

党的十八大以来，党和国家明确了全面深化改革的总目标是完善和发展中国特色社会主义制度、推进国家治理体系和治理能力现代化。习近平总书记对基层治理，尤其是社区治理在国家治理中的基础性地位，在密切党群关系、干群关系中的关键性作用进行了清晰表述，他在多个场合指出，"社区是基层基础。只有基础坚固，国家大厦才能稳固"[1]，"社区是党委和政府联系群众、服务群众的神经末梢"[2]，"推进国家治理体系和治理能力现代化，社区治理只能加强、不能削弱"[3]。对于如何治理好向上支撑着国家体系，向下连着千家万户的基层社区的问题，习近平总书记着重指出，社区治理的核心在于人，在于以人民为中心。这不仅要求一切为了人民，解决好人民群众最关心最直接最现实的利益问题，实现好、维护好、发展好人民群众的根本利益，为群众提供精准化精细化服务，协调好人民群众的利益矛盾，促进人与人和谐相处，也要求一切依靠人民，发挥人民主体性。

第一，党的领导是人民群众利益实现的坚强保证，因此要"把加

---

[1] 《习近平在湖北考察时强调：坚持新发展理念打好"三大攻坚战"，奋力谱写新时代湖北发展新篇章》，《人民日报》2018年4月29日第1版。
[2] 中共中央党史和文献研究院、中央"不忘初心、牢记使命"主题教育领导小组办公室编：《习近平关于"不忘初心、牢记使命"论述摘编》，党建读物出版社、中央文献出版社2019年版，第142页。
[3] 《习近平在吉林考察时强调：坚持新发展理念深入实施东北振兴战略，加快推动新时代吉林全面振兴全方位振兴》，《人民日报》2020年7月25日第1版。

强基层党的建设、巩固党的执政基础作为贯穿社会治理和基层建设的一条红线"①,从而以党的建设提升基层治理效能,以治理绩效巩固党的执政基础。习近平总书记指出,"基层党组织是贯彻落实党中央决策部署的'最后一公里',不能出现'断头路'",这要求,一方面,要"持续整顿软弱涣散基层党组织,有效实现党的组织和党的工作全覆盖,抓紧补齐基层党组织领导基层治理的各种短板,把各领域基层党组织建设成为实现党的领导的坚强战斗堡垒"②;另一方面,要增强党组织的服务意识和能力,"社区的党组织和党员干部天天同居民群众打交道,要多想想如何让群众生活和办事更方便一些,如何让群众表达诉求的渠道更畅通一些,如何让群众感觉更平安、更幸福一些,真正使千家万户切身感受到党和政府的温暖"③。

第二,人民群众利益的多元化要求发扬人民民主,开展广泛商量,这一治理需求被纳入社会主义民主政治的总体框架,丰富和创新了社会主义协商民主的形式。习近平总书记指出,"在中国社会主义制度下,有事好商量,众人的事情由众人商量,找到全社会意愿和要求的最大公约数,是人民民主的真谛。涉及人民利益的事情,要在人民内部商量好怎么办,不商量或者商量不够,要想把事情办成办好是很难的。我们要坚持有事多商量,遇事多商量,做事多商量,商量得越多越深入越好"④,由于"涉及人民群众利益的大量决策和工作,主要发生在基层",因此,"要按照协商于民、协商为民的要求,大力发展基层协商民主,重点在基层群众中开展协商。凡是涉及群众切身利益的

---

① 中共中央文献研究室编:《习近平关于社会主义社会建设论述摘编》,中央文献出版社2017年版,第129页。
② 习近平:《贯彻落实新时代党的组织路线,不断把党建设得更加坚强有力》(2020年6月29日),载中央党史和文献研究院编《十九大以来重要文献选编》(中),中央文献出版社2021年版,第599页。
③ 中共中央文献研究室编:《习近平关于社会主义社会建设论述摘编》,中央文献出版社2017年版,第128页。
④ 习近平:《在庆祝中国人民政治协商会议成立六十五周年大会上的讲话》(2014年9月21日),载中共中央文献研究室编《十八大以来重要文献选编》(中),中央文献出版社2016年版,第73页。

决策都要充分听取群众意见，通过各种方式、在各个层级、各个方面同群众进行协商。要完善基层组织联系群众制度，加强议事协商，做好上情下达、下情上传工作，保证人民依法管理好自己的事务"[1]。习近平总书记的系列重要讲话，揭示出了我国基层协商所具有的三重属性，即一是作为基层民主，是"我国社会主义民主政治的特有形式和独特优势"[2]，保障了人民在日常政治生活中有持续参与的权利，避免了人民只有在投票时被唤醒、投票后就进入休眠期的形式主义民主局限;[3] 二是作为治理方式，厚植了国家治理和社会治理的基础，尤其是构成了社会矛盾纠纷多元预防调处化解综合机制之一环，有利于把矛盾化解在基层，维护好社会稳定;[4] 三是作为中国共产党的群众路线在基层治理中的重要体现。[5]

党和国家的政策导向构成了基层治理创新发展的重要驱动。党的十八大以来，从中央到基层的各级党政主体在党和国家治国理政方略指引下，不仅积极构建以基层党组织领导为核心，以自治、法治和德治为手段，以政府治理和社会调节、居民自治良性互动为目标，以不断提升人民获得感、幸福感和安全感为标尺的基层社会治理新格局，打造共建共治共享的社区治理共同体；也在发展社会主义民主政治的意义上，要求"在城乡社区治理、基层公共事务和公益事业中广泛实行群众自我管理、自我服务、自我教育、自我监督"，健全基层党组

---

[1] 习近平：《在庆祝中国人民政治协商会议成立六十五周年大会上的讲话》(2014年9月21日)，载中共中央文献研究室编《十八大以来重要文献选编》(中)，中央文献出版社2016年版，第78页。

[2] 习近平：《决胜全面建成小康社会 夺取新时代中国特色社会主义伟大胜利——在中国共产党第十九次全国代表大会上的报告》，人民出版社2017年版，第38页。

[3]《习近平在中央人大工作会议上发表重要讲话强调：坚持和完善人民代表大会制度，不断发展全过程人民民主》，《人民日报》2021年10月15日第1版。

[4] 习近平：《在基层代表座谈会上的讲话》(2020年9月17日)，《人民日报》2020年9月20日第2版。

[5] 习近平：《在庆祝中国人民政治协商会议成立六十五周年大会上的讲话》(2014年9月21日)，载中共中央文献研究室编《十八大以来重要文献选编》(中)，中央文献出版社2016年版，第75页。

织领导的基层群众自治机制;[①] 还进一步推进"基层党的建设引领基层社会治理"的发展路径,[②] 提出了基层党建和基层治理一体推进的新思路,力图在实践进程中推动基层党建和社区治理的双向强化,一方面使基层党组织"成为宣传党的主张、贯彻党的决定、领导基层治理、团结动员群众、推动改革发展的坚强战斗堡垒"[③]。这些重要举措由此交汇于转型期城市社区的治理场域,基层民主、多方共治和党建引领一体化推进的社区治理现代化发展框架由此呈现。

当前,我国城市社区治理在总体上呈现出因地而异的多样化特征,并没有统一的、结构化的固定模式,各地的实践还处于艰难的摸索期、试验期和磨合期,在运行中也面临诸多问题和挑战。但随着社区协商治理实践逐步铺展,这种集成了基层民主、公共事务治理和巩固党的执政基础三大功能的机制创新,为探索转型期城市社区治理现代化提供了有益的研究窗口。据此,本书选择以城市社区协商治理为研究主题,以政治统合为研究视角,以多地的典型性案例为证据,分析转型期我国城市社区党组织及其统合下的公共权力主体,引领和赋能基层民主、公共事务多方共治,并形成政治整合结构的组织依托、具体路径、过程机理、内在梗阻及其改进对策,从而在理论上阐明中国特色的社区治理模式,在实践上研判协商治理作为社区转型方案的可行性和未来前景。

二　文献综述：转型期社区治理的主要难题与应对

随着社区日益成为国家治理和社会治理体系的基础,社区治理逐

[①] 《中共中央关于坚持和完善中国特色社会主义制度推进国家治理体系和治理能力现代化若干重大问题的决定》,人民出版社2019年版,第12页。

[②] 《中共中央　国务院关于加强和完善城乡社区治理的意见》,《人民日报》2017年6月13日第1、6版。

[③] 习近平:《决胜全面建成小康社会　夺取新时代中国特色社会主义伟大胜利——在中国共产党第十九次全国代表大会上的报告》,人民出版社2017年版,第65页。

渐成为学术研究的热门主题。长期以来，学界围绕社区治理形成了多视角、多领域、多学科的丰富成果，不仅全面梳理了城市社区整合和共同体建设的历史背景、基本现状、典型经验和内在困境，也考察了"三社联动"、社区协商等典型创新形式，以及"国家助推""社会动员"和"党建引领"等治理路径的实施效果。这些研究为本书提供了重要的学理资源、思想启发和观点借鉴。

（一）文献回顾

作为计划经济时期城市社会的主要治理体制，单位制曾深刻塑造了城市社会的结构关系、生活方式和民情伦理，[①] 这种影响之深远使得其解体后的城市社会面临着剧烈的转型阵痛。[②] 为了应对"后单位制时代的城市基层社会整合危机"，[③] 人们试图依托地域性的城市社区，重建替代"单位制"的社会整合机制。然而，与单位制相比，社区缺乏"控制—依赖"的整合能力，且由于社会基础已从"集体化的社会"变成了利益极度分化的"原子化个体"，社区普遍存在着自治力不足、利益链接弱化、居民参与度低等问题。[④] 为了打造具有内在凝聚力的社区共同体，实现社区整合，学者们围绕转型期城市社区共同体的建设目标以及社区多元主体的行为逻辑，进行了深入的学术探索。在本质上，这些研究成果都旨在探讨转型期社区治理的主要难题及其解决之道。

1. 居民自治抑或业主自治：社区群众自治的内涵及其张力

在体制改革和现代化转型的时代背景下，城市社区被赋予了发展

---

① 渠敬东：《项目制：一种新的国家治理体制》，《中国社会科学》2012年第5期。
② 田先红：《政党如何引领社会？——后单位时代的基层党组织与社会之间关系分析》，《开放时代》2020年第2期。
③ 赵聚军、王智睿：《社会整合与"条块"整合：新时代城市社区党建的双重逻辑》，《政治学研究》2020年第4期。
④ 吴晓林：《"后单位制"时代中国城市社区建设和社区整合的困境——一个框架性的分析》，《当代中国政治研究报告》2013年。

绪 论

基层民主和重建社会整合的双重任务，社区自治则被视为实现这一目标的有效路径。在功能层面，社区自治不仅能够经由公共参与实践和民主程序的历练，增强居民主体性，也能够发挥居民能动性，降低社区治理成本，[①] 还能够繁荣社会资本，提升居民参与的强度与广度，克服以"一老一小"为主要群体的低度参与和以文娱活动为主要内容的低层次参与问题。[②] 然而，社区自治的良性运转也需要借助社会建设和社会整合能力的提升。[③] 这意味着，社区自治与社区整合并非单向度的关系，二者高度依存，互为前提；也意味着，在实践中，不能简单经由社区自治达成共同体建设目标，在缺乏利益关联和参与动力的情况下，二者间存在着相互制约、恶性循环的现实可能，只有通过特定的体制机制设计，找到彼此之间的联结纽带，才能破解两难困局，实现社区自治与社区整合双向赋权的良性互动，这构成了社区自治的核心命题。

相比于社区自治功能及其目标的明晰性，社区自治的内涵界定则存在一定的争议。"自治要素说"认为，作为自治主体的社区自组织，作为自治对象的社区公共事务，作为自治机制的平等、信任、协调和合作以及作为自治目标的"自我管理、自我教育、自我服务和自我监督"，共同构成了社区自治的完整结构。[④] 实际上，这种观点并没有辨明"居民自治"和"业主自治"的区别，两者均可被纳入"社区自治"的范畴。"居委会自治说"认为，以《居委会组织法》为核心的法律体系使得居委会成为当然的社区自治主体；而"业主自治说"则认为随着住房商品化以及产权私人化，以《物权法》为代表的法律体系确认了"业主"的自治法权，这种以业主自治为基础的社区自治，

[①] 卢学晖：《城市社区自治：实践困境、有效条件与突破路径》，《福建行政学院学报》2015年第1期。
[②] 张菊枝、夏建中：《社区自治：繁荣城市社区社会资本的有效路径——基于社区自治与社会资本的相关性分析》，《兰州学刊》2014年第2期。
[③] 吴晓林：《"后单位制"时代中国城市社区建设和社区整合的困境——一个框架性的分析》，《当代中国政治研究报告》2013年。
[④] 卢学晖：《城市社区自治：实践困境、有效条件与突破路径》，《福建行政学院学报》2015年第1期。

是破解社区治理困境，推动社区大治理的重要过渡环节，相比于政府主导等"他治"方式，业主自治具有化解矛盾纠纷、实现个人利益和公共利益、提升居民公共精神和自治能力方面的重要优势。① 面对这种法律规定和自治实践中的矛盾现象，"多元共治说"认为当前决策者对"小区"和"社区"的认识偏差，造成了业主自治和居民自治之间的矛盾与张力，而实际上，这两种治理形式分别来源于社区居民不同权利和利益属性所衍生的公共事务类型，因此，顺应市场化趋势，重构以基于私有产权的业主自治为主体，以居民自治为保障的多元共治体系，是解决小区治理困境的关键举措。② 可见，在两者的关系认定上，"多元共治说"坚持"分工论"的立场，与此不同，有学者则从公共事务自主治理理论的视角，以明确的动机、自主的组织、适宜的制度和丰富的知识为衡量标准，认为业主自治在运行上优于居民自治，③ 两者具有效能上的次序性。另外一些研究则回避或忽视了"居民自治"和"业主自治"的性质差异，将相关政策法规之间的内在张力悬置起来，认为目前的社区自治形成了居委会、业委会和物业企业"三位一体"的治理结构和管理模式，三种治理主体的有机配合是社区自治有效运行的基础。④ 有学者认为，在中国的封闭小区住宅形式中，居民所理解的"私人治理"并非业主自治，而是物业企业的市场化服务供给模式。⑤

2. 外力阻碍还是内生障碍：社区自治困境的根源探析

虽然社区自治被寄予了较高的绩效期待，但在现实运行中，它却

---

① 张菊枝、夏建中：《新型社区治理困境的破解及其可行性研究——以北京市品苑小区的社区自治实践为例》，《甘肃行政学院学报》2011年第2期。
② 陈尧：《自治还是治理——城市小区治理的认识逻辑》，《江海学刊》2018年第6期。
③ 朱光喜：《居民自治与业主自治：两种社区自治机制的比较——基于公共事务自主治理理论的视角》，《广东行政学院学报》2012年第4期。
④ 汪幼枫、孙闵欣：《"三位一体"的城市社区自治管理——对上海三个典型社区的调查报告》，《唯实》2012年第10期。
⑤ Tingting Lu, Fangzhu Zhang, Fulong Wu, "The Meaning of 'Private Governance' in Urban China: Researching Residents' Preferences and Satisfaction", *Urban Policy and Research*, Vol. 37, No. 3, 2019, pp. 378–392.

遭遇了多重功能梗阻，例如居民的公共参与不足，矛盾的在地化解能力不足、① 主体间合作能力不足等。对于这些社区自治困境，学者们给出了外因和内因的解释向度。

一是探寻社区自治困境背后的外力阻碍。既有研究表明，国家和市场的异化是侵蚀社区自治的两大风险因素。例如，有学者从上海市的经验出发，认为发达地区城市社区自治中的政府强势引领不仅具有正面作用，也有挤压社区自治空间的负面效果。② 有学者认为，政府的权力垄断和行政介入使得社区自治面临规则和资源方面的结构性制约，极大地削弱了居民自治的自主性和活动范围。③ 有学者发现，为了解决社区居委会行政化问题，"议行分设"改革被广泛推行，但在实践中，由于"议事层"缺乏相应资源，而"执行层"受制于街道下派的大量任务，导致议行脱节，相关自治职能被虚化。这也反映出社区自治的萎缩在根本上是行政挤压的结果。④ 有学者认为社区自治本身的能力短板造成了纠纷外溢的治理问题，这为国家介入提出了现实需求，然而国家介入方式的不当性又反过来促生了居民维权的"闹大"逻辑，⑤ 造成了恶性循环。在政府因素之外，也有学者认为，当前城市社区尤其是在房地产开发小区中，物业公司通过管理治安、绿化和文化活动掌握了过大的权力，在营利动机的驱使下，可能损害社区建设的公益性。⑥

---

① 汪仲启、陈奇星：《我国城市社区自治困境的成因和破解之道——以一个居民小区的物业纠纷演化过程为例》，《上海行政学院学报》2019年第2期。

② 叶敏、奚建武：《发达地区城市社区自治：现实困境与优化路径——基于上海市D区经验的探讨》，《地方治理研究》2016年第3期。

③ 张丹丹：《社区自治的特征：偏态自治和无序自治——社区自治空间有限性的原因》，《华东理工大学学报》（社会科学版）2015年第2期。

④ 姚华、王亚南：《社区自治：自主性空间的缺失与居民参与的困境——以上海市J居委会"议行分设"的实践过程为个案》，《社会科学战线》2010年第8期。

⑤ 汪仲启、陈奇星：《我国城市社区自治困境的成因和破解之道——以一个居民小区的物业纠纷演化过程为例》，《上海行政学院学报》2019年第2期。

⑥ 李国祥：《社会转型时期城市社区自治的若干问题与思考》，《学术论坛》2006年第3期。

二是剖析社区自治困境背后的内生障碍。有学者挑战了那种认为业主自治受到政府等外力主体压制而难以充分发挥公民性培育作用的传统观点，在社会治理创新的动机下，政府对社区自治的干预已经降低，认为业主群体内部的冲突、居民公共理性的缺失都会导致居民间的集体行动困境，从而限制社区自治的实现。[1] 有学者认为，这些社区治理困境在本质上是一种"共同体困境"，即公共性、社区精神和社会资本匮乏，这不仅会在微观层面导致居民认同感、归属感和参与意愿低，居民间互信缺失，还会在中观层面造成社区组织的动员能力不足，在宏观层面引发共有规范缺位。[2] 有学者从合作治理的角度出发，认为受制于各主体的自利动机、社区公共性的弥散、社区治理的责任区隔，居委会、业委会和物业之间的双方合作和多方合作形式，不仅处于较低层次还存在失败可能。[3] 部分学者进一步探究了"共同体困境"的来源，认为在物业市场化运作的的背景下，社区治理困境在很大程度上来源于物业管理和社区自身的类型，例如老旧小区物业管理的主要问题是利益关联弱化导致的市场缺位、自治动力不足，而商品房小区的主要问题则是利益分化带来的主体间合作障碍和物业管理危机。[4] 有学者则以房改房的房屋产权为例，认为既往的福利性住房经历会影响业主对新产权形式下社区治理规则的认知和适应，而这种认知层面的滞后和偏差会导致业主缺乏主动参与的动力，阻碍业主集体行动和合作行为的达成。[5] 有学者认为，现有体制机制的结构性

---

[1] 参见聂洪辉《公民素养、政府保护性功能与城市社区自治》，《甘肃行政学院学报》2013年第6期；杨宝、王兵：《社区自治中的内生惩罚：自主组织规制搭便车行为的策略研究》，《中国行政管理》2016年第5期。

[2] 参见陈友华、佴莉《社区共同体困境与社区精神重塑》，《吉林大学社会科学学报》2016年第4期；史斌、吴欣欣：《社会资本在社区治理中的功能分析——以社区治理"失灵困境"现象为视角》，《科学决策》2009年第7期。

[3] 徐宏宇：《城市社区合作治理的现实困境》，《城市问题》2017年第6期。

[4] 刘成良：《城市社区物业管理类型与基层治理困境——基于社区类型分化的视角》，《云南行政学院学报》2017年第2期。

[5] 关宏宇、王广文、朱宪辰、徐生钰：《房屋产权性质对住宅小区业主自治行动的影响——以南京市的两个小区为例》，《城市问题》2016年第3期。

困境，例如《物业管理条例》对物业企业的偏袒，业主与开发商、物业企业之间的"不完全契约"等，导致了居委会、业委会、开发商、物业企业之间的连续博弈，形成了不稳定的社区治理结构，并反过来进一步加剧了这些主体之间的紧张关系。①

3. 公权介入与公共性生产：社区自治困境的解决之道

基于对社区治理困境的差异化解读，相关学者们提出了各自的问题解决思路。例如持有"外力阻碍论"的学者认为，社区居委会的自治能力是社区自治性实现的关键所在，故而通过完善和改进选举制度，提升居委会相对于基层政府的自主性，保障居委会的财务独立，加强居委会与居民的有机联系，有利于推进社区自治的发展。② 有学者通过对广州和香港的业委会进行比较分析，认为法律地位、治理能力和制度化的缺乏是限制业主自治的主要因素，而其关键在于"保证社区治理稳定的前提下减少国家对社区事务的干预"③。

对于持有"内生障碍论"的学者而言，面对社区治理中的"共同体困境"，社区建设的核心任务就是"在一个市场经济的陌生人世界里，构筑人际关系和谐、互助合作的新型社会共同体，在价值观念开放多元的时代构建社会认同度高的意义共同体"④，如何理顺"国家—社会"的辩证关系，实现外力与内力的有机联动，形成社区治理合力，是化解社区自治困境的焦点所在。

一方面，在国家干预与社区自治的关系上，有学者认为，相比于国家退出论和国家介入论，国家有效介入论更适配中国的治理情境，

---

① Jen-fang Ting, Shanwen Guo, Lingxin Liao, "Homeowner Associations and Community Governance Structure in Urban China: a Politico-economic Reinterpretation", *Journal of Chinese Governance*, Vol. 5, No. 4, 2020, pp. 455–476.

② 魏娜：《城市社区建设与社区自治组织的发展》，《北京行政学院学报》2003 年第 1 期。

③ 蔡荣、何深静：《社区自治何以可能？——对广州和香港业主组织的比较研究》，《住区》2017 年第 4 期。

④ 郑杭生、黄家亮：《论我国社区治理的双重困境与创新之维——基于北京市社区管理体制改革实践的分析》，《东岳论丛》2012 年第 1 期。

在实践中，国家有效介入推动了外部权威和组织力量的输入，拓展了社会自治组织网络，分摊了部分集体行动成本，为社会自治组织提供了公共激励，从而促进了社区自治。① 有学者认为，面对开发商与业主之间、物业公司与业主之间日益突出的矛盾和纠纷局面，只有优化政府的介入方式，积极发挥政府的协调作用，才能化解物业管理过程中的各种问题。② 有学者将社区治理转型纳入更为宏大的国家—社会关系视野，认为在社区自治力量不足的情况下，国家主导下的社会创制可以一方面支持社会治理的良性运作，另一方面对社会发展轨迹起到引导和规制的作用。③ 有学者也认为，面对邻里社会资本消失且无法自发再生产的困局，"国家助推"有利于重构和营造适合居民人格化交往的空间和平台，培育熟人社区，进而推动"社会成长"，构建社区共同体。④ 有学者进一步根据国家与社区的关系模式，将国家主导下的社区治理共同体分为"管控—浮治""指导—议治""扶持—联治""引领—民治"等四种类型。⑤

另一方面，面对社区自身的"共同体困境"和"集体行动困境"，学者们分别提出了赋能主体、构建制度、调节机制、搭建合作框架等致力于发掘社区内生动力的对策方案。

第一，在赋能主体层面，有学者将社区自治的梗阻归结于居委会的羸弱，认为只有在政府管理退出的基础上，通过居委会的组织重构，扭转其作为基层政府"一条腿"的传统形象，重塑居委会的权威，并经由招聘专业人员、保障自治经费来充实其自治资源，才

---

① 叶敏：《社区自治能力培育中的国家介入——以上海嘉定区外冈镇"老大人"社区自治创新为例》，《南京农业大学学报》（社会科学版）2015 年第 3 期。
② 黄建文：《城市住宅小区的业主自治与政府介入》，《学术界》2011 年第 4 期。
③ 吴晓林、谢伊云：《国家主导下的社会创制：城市基层治理转型的"凭借机制"——以成都市武侯区社区治理改革为例》，《中国行政管理》2020 年第 5 期。
④ 熊易寒：《国家助推与社会成长：现代熟人社区建构的案例研究》，《中国行政管理》2020 年第 5 期。
⑤ Zeng Weihe, "The Social Governance Community in Transforming Neighborhoods: A Spatial Reconstruction Perspective", *Social Sciences in China*, Vol. 41, No. 3, 2020, pp. 173 – 198.

能解决问题。① 有研究表明，精英在业主集体行动中发挥着重要作用，其彼此间的关系模式深刻影响着业主组织能力的强弱变化，② 因此，有学者认为在由政府主导向居民自治转变的过渡过程中，精英主导治理是有效衔接两者，推动转型平稳实现的可行方式。③

第二，在构建制度层面，有学者结合地方实践创新中的"参理事会"机制，认为这样一种制度设计和平台搭建，有利于通过关联式动员、协商式参与真正融入社区公共事务的治理过程，一方面对上实现公共政策的程序合法性，另一方面对下培养居民的归属感和自治能力。④ 也有学者基于新制度主义的视角，通过命题假设—案例验证的方式，论证了以良好制度设计为基础的"契约化"治理和社区内部的利益关联有利于克服集体行动困境，实现有效治理。⑤ 有学者在实证研究中，辨识出了社区居民由于参与意愿和参与能力的区别，所表现出的"消极应对型参与""权益诉求型参与""娱乐型参与""俱乐部型参与""主导型参与"等不同形式的参与模式，并认为"俱乐部型参与""主导型参与"现象表明，有效的制度供给能够以提升居民参与能力的形式，激发居民的参与意愿，进而破解社区参与困境。⑥

第三，在调节机制层面，有学者主张合理选择"自治"与"行政"的单元，着力探索居委会之下的自治单位，使得"自治"单元下沉、"行政"单元上升，为自治的形成提供关联纽带，为有效的行政

---

① 李国祥：《社会转型时期城市社区自治的若干问题与思考》，《学术论坛》2006 年第 3 期。
② 何艳玲、钟佩：《熟悉的陌生人：行动精英间关系与业主共同行动》，《社会学研究》2013 年第 6 期。
③ 卢学晖：《社区精英主导治理：当前城市社区自治的可行模式》，《宁夏社会科学》2015 年第 4 期。
④ 向德平、高飞：《社区参与的困境与出路——以社区参理事会的制度化尝试为例》，《北京社会科学》2013 年第 6 期。
⑤ 佘湘：《城市社区治理中的集体行动困境及其解决——基于理性选择制度主义的视角》，《湖南师范大学社会科学学报》2014 年第 5 期。
⑥ 徐林、徐畅：《公民性缺失抑或制度供给不足？——对我国社区参与困境的微观解读》，《苏州大学学报》（哲学社会科学版）2018 年第 2 期。

管理提供权责能协调的便利，并寻找有效的利益关联结点。[1] 有学者认为，可以通过提供自治载体、缩小自治单元、发挥精英参与的传导效应等方式，构建内生性惩罚机制，从而为克服"搭便车"问题创造逆向激励。[2]

第四，在搭建合作框架层面，有学者在案例研究中发现，通过构建不同主体的合作框架，在渐进性的探索和磨合中，在各主体职责履行的环环互动中，不断促进公共性的再生产，有利于破解共同体困境，实现有效的社区自治。[3] 还有学者研究了构建合作机制的操作化路径，认为依托于党的建设带动社区建设的发展思路，可以打造合作共治的复合治理机制，从而在优化居委会自治主体功能的同时，调动居民的参与积极性。[4]

此外，有学者认为，社区治理的复杂性、全域性决定了必须通过系统性的结构设计加以回应，例如面对行政干预和社区自治分别引发的社区治理困境，以多元主体嵌入的"微主体"、强化关联密度的"微事务"、优化社会资本运用的"微单元"和复合参与机制的"微机制"为核心要素打造"微治理"，具有一定的可行性和有效性。[5] 有学者通过对广州某小区业主自治中的维权事件展开深度的田野调查和个案研究，发现共同利益、行动精英、社会资本与制度规则等因素的综合作用对于破解业主之间的"搭便车"行为有重要意义，从而在揭示业主自治过程中的集体行动逻辑的同时，也为克服社区自治中的公众

---

[1] 参见陈友华、佴莉《社区共同体困境与社区精神重塑》，《吉林大学社会科学学报》2016年第4期；叶敏、奚建武《发达地区城市社区自治：现实困境与优化路径——基于上海市D区经验的探讨》，《地方治理研究》2016年第3期。

[2] 杨宝、王兵：《社区自治中的内生惩罚：自主组织规制搭便车行为的策略研究》，《中国行政管理》2016年第5期。

[3] 胡晓芳：《公共性再生产：社区共同体困境的消解策略研究》，《南京社会科学》2017年第12期。

[4] 郑杭生、黄家亮：《论我国社区治理的双重困境与创新之维——基于北京市社区管理体制改革实践的分析》，《东岳论丛》2012年第1期。

[5] 程同顺、魏莉：《微治理：城市社区双维治理困境的回应路径》，《江海学刊》2017年第6期。

参与难题提供了有益的策论启发。[1]

4. 社会动员与多元合作：应对社区共治难题的可选思路

尽管社区自治对于重建社会整合具有重要意义，但自治显然并非社区公共事务治理的全部。例如，有学者以"知识状态—价值共识程度"为标准，将社区公共事务区分为一种"简单问题"和三种"棘手问题"，并认为社区自治主要适用于简单问题，棘手问题则需要依赖于社区共治机制，[2] 由此也指明了社区自治的能力限度问题。此外，由于"共同体困境"和"集体行动困境"的存在，社区自治还存在内在梗阻。正是这种能力与效力上的双重有限性使得相关主体在社区自治之外，提出了一些补充性和替代性的社区治理方案。

一是社会动员机制。相比于通过社区自治培育社会资本进路的缓慢性，社会动员试图经由精英带领和动员技术升级，自上而下地快速激发居民参与动力，引导居民进入特定的政策或治理过程，其主体通常是政府或党组织。例如，有学者以某地社区党组织构建的动员体系为例，认为社会理性和精英治理的嵌入，大大提升了社区动员的效果，使得居民成为社区共治的有效组成部分。[3] 社会动员在一定程度上有利于超越社会水平网络稀疏、社会资本匮乏下的居民参与困境，通过外力注入，发动居民力量，但是就其目标和属性而言，社会动员在根本上服务于国家政策的落地需要，因此是一种纵向参与结构，强化了居民与权力中心的单向纽带，而无助于社会资本的横向扩展。[4] 也有学者提出"赋权式动员"概念，认为在后单位制社区，通过调动和赋

---

[1] 周如南、陈敏仪：《城市社区业主自治的集体行动逻辑：以广州Q小区为例》，《广西民族大学学报》（哲学社会科学版）2017年第4期。
[2] 陈亮：《分类引领与功能优化：新时期下党建引领社区自治、共治的逻辑与路径》，《天府新论》2018年第1期。
[3] 李晓燕：《社会动员的双重逻辑：社会理性和精英治理》，《党政研究》2020年第5期。
[4] 刘春荣：《国家介入与邻里社会资本的生成》，《社会学研究》2007年第2期。

予社区自组织以行动权利,并依托社区关系网络而达到动员目的,这种社区动员模式有利于产生社区公共性。①

二是多元合作机制。有学者认为中国的城市社区是兼具政治、行政与社会三重功能的治理复合体,② 这意味着它不仅是社区自治的运行空间,也是政治整合和行政管理的作用单元。因此,在目前的社区治理结构中,一方面出现了以网格化为载体的治理单元下移趋势,体现了社区行政和服务体系的纵向调整;③ 另一方面也出现了以"三社联动"为代表的服务体系和以"新单位制"为代表的合作体系的横向扩展。④ 对于社区治理的良善状态,有学者以社区有形与无形围墙的建构和解构为隐喻,认为社区治理并不是以国家为代表的权威力量的简单离场,也不是社区自治的简单占场,而是要实现权威与自治有效合作与有机平衡的合作治理格局,其前提则是在寻求最大化利益交集的基础上保证资源互补、权力自制和文化共识。⑤

5. 党建引领:应对基层治理难题的新方案

党的十八大以来,为了充分发挥中国特色社会主义的政治优势,坚持和加强党的集中统一领导成为贯穿于国家治理现代化进程的逻辑主线。在基层社会治理的整体框架和建设图景中,基于政党统合的"党建引领"逐步取代了基于社会自主演化的"分权自治"和基于政府授权社会的"政府购买服务",成为主导治理运作的核心机制。⑥ 而

---

① 刘博、李梦莹:《社区动员与"后单位"社区公共性的重构》,《行政论坛》2019年第2期。

② 吴晓林:《治权统合、服务下沉与选择性参与:改革开放四十年城市社区治理的"复合结构"》,《中国行政管理》2019年第7期。

③ 陈荣卓、肖丹丹:《从网格化管理到网络和治理:城市社区网格化管理的实践、发展与走向》,《社会主义研究》2015年第4期。

④ 参见韩冬雪、李浩《复合制结构:"联合党建"与"三社联动"科学对接》,《理论探索》2017年第5期;李威利《新单位制:当代中国基层治理结构中的节点政治》,《学术月刊》2019年第8期。

⑤ 李宁、罗梁波:《国家的高地、社会的篱笆和社区的围墙——基于社区治理资源配置的一项学术史梳理》,《甘肃行政学院学报》2020年第4期。

⑥ 何艳玲、王铮:《当代中国社会治理变迁逻辑分析》,《国家现代化建设研究》2022年第1期。

"基层党建引领社区治理"本身也意味着改变面向组织内部的封闭性党建形式，将党的自身建设与对辖区内多元主体、多重事务的全面领导有机衔接起来，打造"一核多元"的协同共治格局，从而以之为中介将党组织不断提升的领导能力转化为持续生成的社区治理绩效，实现社区治理的政治赋能。这种党组织领导作用不断强化和彰显的基层社会治理新变化引起了学术界的广泛关注，相关研究主要涉及以下方面：

第一，党建引领社会治理的模式与特征。既有研究表明，这种中国式社会治理形态来源于"政党组织社会"的根本体制原则，是在单位制"退场"背景下为重建政党与社会的有效连接所进行的适应性发展。[1] 因此，有学者从政党与社会关系革新的视角，将当代中国治理模式整体性地界定为"政党统合"。[2] 也有学者结合时代特征和中国特色，将之界定为不同于改革开放前的总体性治理和西方多中心治理的"政党整合治理"。[3] 还有学者基于中西对话的问题意识，将党建引领社会组织发展的"统合治理"视为中国化的"网络治理"。[4]

第二，党建引领社区治理主体的结构关系及其构建。随着党组织的主动嵌入，社区治理的主体格局实现了"一核多元"对"三驾马车"的超越，其中党组织作为领导核心，是唯一的"元治理"主体，政府、居委会、社区社会组织、驻区单位和居民则是功能互补的重要参与力量。[5] 面对当前社区多元主体之间呈现出"总体分散、局部协作"关系特征，有学者认为"党—居"一体化组织的枢纽作用是推动

---

[1] 叶敏：《政党组织社会：中国式社会治理创新之道》，《探索》2018年第4期。
[2] 弓联兵、田颖敏：《政党统合与现代国家治理——基于政党与社会关系的考察》，《中国延安干部学院学报》2016年第1期。
[3] 唐文玉：《政党整合治理：当代中国基层治理的模式诠释——兼论与总体性治理和多中心治理的比较》，《浙江社会科学》2020年第3期。
[4] 何艳玲、王铮：《统合治理：党建引领社会治理及其对网络治理的再定义》，《管理世界》2022年第5期。
[5] 张平、隋永强：《一核多元：元治理视域下的中国城市社区治理主体结构》，《江苏行政学院学报》2015年第5期。

分散治理走向协同治理的关键。① 另有学者认为，以党建公共空间网络和党建活动为主要载体的党建空间治理，有利于以整体性党建为纽带促进多元主体间的良性互动和共建共治共享，但其实施成效也在一定程度上受制于公共权威不足、主体私利动机和形式单一等梗阻因素。②

第三，党建引领社区治理的具体进路。部分学者在共性分析的基础上，致力于从纷繁杂多的现实做法中提炼和归纳出通用性和一般化的"引领"机制，例如将其总结为政治、组织、吸纳和服务等基本类型。③ 另外，部分学者意识到"党建引领社区治理"的提法仅是一种作为分析范式的理论抽象，在现实中面临着差异化的应用场景，从而因"事"因"地"呈现出权变性的类型分殊，例如社区党组织会以"知识状态—价值共识程度"为基准对社区公共事务进行划分，并据此采取"分类引领"的策略选择；④ 也会根据居民参与情况、党的工作基础等条件对社区本身进行分类，并据此选择"主导式""协商式"或"自治式"的引领方式。⑤ 同时，部分学者也注意到这些"引领"措施本身的脆弱性，例如在主体间利益分歧的治理情境中，社区基层组织常用的吸纳式合作机制会陷入失效困境。⑥

第四，党建引领社区治理的过程机制与功能原理。学者们通常将这一问题处理为"党的建设"和"社区治理"之间的关系函数，因

---

① 胡小君：《从分散治理到协同治理：社区治理多元主体及其关系构建》，《江汉论坛》2016年第4期。
② 彭勃、吴金鹏：《整体性基层党建何以可能：空间治理的工作路径》，《江苏行政学院学报》2021年第1期。
③ 田先红：《政党如何引领社会？——后单位时代的基层党组织与社会之间关系分析》，《开放时代》2020年第2期。
④ 陈亮：《分类引领与功能优化：新时期下党建引领社区自治、共治的逻辑与路径》，《天府新论》2018年第1期。
⑤ 陈毅、阚淑锦：《党建引领社区治理：三种类型的分析及其优化——基于上海市的调查》，《探索》2019年第6期。
⑥ 叶娟丽、韩瑞波：《吸纳式合作机制在社区治理中为何失效？——基于H小区居委会与物业公司的个案分析》，《南京大学学报》（哲学·人文科学·社会科学）2019年第2期。

此，研究的重点和难点就在于如何在变量间搭建起可靠的因果关联。有学者认为基层党建对于社区治理的作用集中体现为以组织建设推动社会再组织化、以组织转型实现治理资源整合、以组织创新促进治理工具更新等三个维度。① 也有学者认为，党建引领一方面有利于经由空间尺度的调整而降低居民自治的规模成本；另一方面也有利于通过激活党员力量，降低居民自治的组织成本，以转化基层自治的制度效能。② 这实际上反映了在公共参与不足的困境下，党组织对于社区治理所具有的"主体补位"和"培育社会"功能。③ 有学者认为，党的十八大以来，城市社区党建在政治逻辑和行政逻辑的推动下，以党组织为纽带，实现了对物业企业、业委会等社区内部主体的社会整合；以区域化党建为载体，实现了对辖区内党政部门、国企和事业单位、私营企业等主体的"条块"整合，从而在满足居民诉求的同时，维护了社会和谐秩序，夯实了党的执政基础。④ 因此，党建引领的根本目的是在多元主体之间缺乏集体行动意愿和组织联结的情况下，以党组织的领导地位为保障，将原本联系松散的主体串联起来，实现资源共享，优化社区公共产品的供给机制和渠道，是实现社区协同共治的重要路径。

6. 作为社区共治路径的"协商民主"

自治与共治作为公共事务的特定治理机制，与强调多元主体之间平等对话的协商民主具有高度的契合性和重叠性，⑤ 公共协商也成为社区公共事务治理的合法性来源，因此，协商民主理论逐渐成为当前

---

① 邓顺平：《政党治理基层：合法性、现实行动与理论回应》，《公共管理与政策评论》2018年第1期。
② 吴晓林、谢伊云：《强组织的低成本撬动：党建引领城市基层群众自治制度效能转化的机制》，《广西师范大学学报》（哲学社会科学版）2021年第1期。
③ 吴晓林：《党如何链接社会：城市社区党建的主体补位与社会建构》，《学术月刊》2020年第5期。
④ 赵聚军、王智睿：《社会整合与"条块"整合：新时代城市社区党建的双重逻辑》，《政治学研究》2020年第4期。
⑤ John S. Dryzek, *Foundations and Frontiers of Deliberative Governance*, Oxford: Oxford University Press, 2011, p.128.

基层治理的重要议题。就其渊源而言，协商民主理论具有中西两大发展脉络：

第一，西方协商民主理论谱系勃兴于20世纪70年代，是以对自由主义民主理论与实践的批判者面目呈现的。它质疑和挑战了自由主义民主理论的"聚合式"民主观及其指导下的"选举"民主实践，当然，也有学者认为，协商民主本身并没实质性地丰富关于代议制政体的讨论，本质上只是对"聚合式"民主的补充而非替代。[①] 有学者认为，自诞生以来，西方的协商民主理论经历了三代发展，逐渐从早期围绕"政府体制、公民参与、政治合法性、治理、民主决策"等主题展开的理论思辨转向了"操作化"研究，重点关注协商技术的设计和运用。[②] 针对传统协商民主理论在协商与决策之间存在的裂隙，协商系统理论因应而生，有学者据此发现协商与决策之间主要有三种衔接机制，包括代表嵌入和组织嵌入的直接衔接机制，以及借助于大众传媒的间接衔接机制。[③]

第二，中国的协商民主长期属于政治实践的范畴，1949年以来，我国逐渐发展出了以中国共产党领导的多党合作制度和政治协商制度为载体的政治协商、政府部门为提高决策科学性和行政规范性而与群众展开的政策协商和基层自治领域的社会协商形态。[④] 虽然两者各有源流，但随着西方协商民主理论在21世纪初叶被引介到中国学界，部分学者就将其与中国的政治协商制度和基层的居民议事会等制度设计进行比附，并尝试用相关的理论框架和分析视角研究中国的协商实践，

[①] 朱迪斯·斯夸尔斯：《协商与决策：双轨模式中的非连续性》，载［南非］毛里西奥·帕瑟林·登特里维斯《作为公共协商的民主：新的视角》，中央编译出版社2006年版，第79页。

[②] 李强彬：《国外协商民主研究30年：路线、视角与议题》，《教学与研究》2012年第2期。

[③] 谈火生、周洁玲：《系统视角下协商与决策衔接机制研究——以微型公共领域为中心》，《天津社会科学》2021年第1期。

[④] 李修科、燕继荣：《中国协商民主的层次性——基于逻辑、场域和议题分析》，《国家行政学院学报》2018年第5期。

绪　论

也因此产生了某种"误读"。① 部分学者认识到两者之间的区别，一方面开始发掘中国协商民主的本土特色和逻辑，另一方面致力于以协商民主理论为指引和范本，推进中国协商实践的"规范化"发展。有学者认为中国的协商民主带有浓厚的"威权"（Authoritarian）色彩，其本质在于将政府对议程的控制作为协商的前提、②吸收民意以优化和证成决策的合法性。③ 有学者进一步针对中国实际，探究了公共协商与"民主化"之间的辩证关系，认为它既有可能增强民众参与的效能感，从而产生对政府的合法性压力，为民主的长期发展带来益处，也有可能维护和巩固现有的体制机制，阻遏进一步的转型和发展。④

浙江温岭的"民主恳谈"是我国基层协商民主发展历程中的标志性案例，开启了基层协商民主创新的热潮。关于协商民主的具体功能，有学者认为通过搭建制度化的公共协商自治平台，社区有效整合了党组织、行政组织和自治组织的力量，使其形成了一种相互赋权的合作关系，这不仅推动了社区内的公共交往，促进了精英和普通居民的有效参与，也为塑造公共权威提供了多样化的组织渠道，从而成为社区自治发展的可能路径。⑤ 关于当前协商民主的具体类型，有学者以功

---

① 金安平、姚传明：《"协商民主"：在中国的误读、偶合以及创造性转换的可能》，《新视野》2007年第5期。

② Baogang He and Mark E. Warren, "Authoritarian Deliberation: The Deliberative Turn in Chinese Political Development", *Perspectives on Politics*, Vol. 9, No. 2, June 2011, pp. 269 – 289.

③ Beibei Tang, "Development and Prospects of Deliberative Democracy in China: The Dimensions of Deliberative Capacity Building", *Journal of Chinese Political Science*, Vol. 19, No. 2, July 2014.

④ 参见 James S. Fishkin, Baogang He, Robert C. Luskin And Alice Siu, "Deliberative Democracy in an Unlikely Place: Deliberative Polling in China", *British Journal of Political Science*, Vol. 40, No. 2, April 2010, pp. 435 – 448. Deyong Ma and Szu-chien Hsu, "The Political Consequences of Deliberative Democracy and Electoral Democracy in China: An Empirical Comparative Analysis from Four Counties", *China Review* (*SPECIAL THEMED SECTION: Frontiers and Ethnic Groups in China*), Vol. 18, No. 2, May 2018, pp. 1 – 32.

⑤ 刘晔：《公共参与、社区自治与协商民主——对一个城市社区公共交往行为的分析》，《复旦学报》（社会科学版）2003年第5期。

能为标准,将其划分为决策性、听证性、咨询性和协调性协商,[①] 也有学者以协商主体和协商目标为基准,将其分为咨询型、回应型和自治型协商,[②] 还有学者以基层协商治理的创新度为标准,将其分为改良型、创新型和混合型协商。[③] 部分学者关注到基层协商民主发展的不均衡态势,试图剖析协商民主在基层生成和发展的根源。有学者认为,功能论的研究视角只能解释"何以出现",却无法说明"何以扭曲",因此提出了"利益论"的新视角,认为政府的私益考量是其采用协商民主却造成偏差的主要原因。[④] 有学者结合农村社区、城中村和国有企业的三个案例,通过历时性的比较研究,认为共享的社区共同体体验、相似的治理难题和国家供给的制度框架为基层协商决策提供了重要条件。[⑤] 有学者则聚焦于协商民主的实施主体——政治精英群体,认为其民主观,尤其是关于社会主义协商民主的认知深受文化、政治传统以及个体和社会因素的深刻塑造,也会反过来对民主实践的走向产生重要影响。[⑥] 有学者以温岭"民主恳谈"制度的长时段演化为例,发现政府自主性、科层惯性和组织动力等因素的辩证关系是基层协商民主制度演化的深层根源。[⑦] 相比于这些从官僚制着眼的研究,有学者认为是协商的不同属性引起了基层制度存量的区别性回应,总

[①] 林尚立:《公民协商与中国基层民主发展》,《学术月刊》2007年第9期。
[②] 林雪霏、邵梓捷:《地方政府与基层实践——一个协商民主的理论分析框架》,《经济社会体制比较》2017年第2期。
[③] 季丽新:《中国特色农村民主协商治理机制创新的典型案例分析》,《中国行政管理》2016年第11期。
[④] 吴晓林、邓聪慧、张翔:《重合利益中的工具性:城市基层协商民主的导向研究》,《学海》2016年第2期。
[⑤] Jonathan Unger, Anita Chan, Him Chung, "Deliberative Democracy at China's Grassroots: Case Studies of a Hidden Phenomenon", Politics & Society, Vol. 42, No. 4, 2014, pp. 513 - 535.
[⑥] Kaiping Zhang, Tianguang Meng, "Political Elites in Deliberative Democracy: Beliefs and Behaviors of Chinese Officials", Japanese Journal of Political Science, No. 19, 2018, pp. 643 - 662.
[⑦] 林雪霏:《当地方治理体制遇到协商民主——基于温岭"民主恳谈"制度的长时段演化研究》,《公共管理学报》2017年第1期。

体而言，以"民主恳谈"为典型的制度性协商比平台性和技术性协商的推广难度更大。①

（二）进一步研究的空间

综上所述，学者们尝试从自治与共治、国家与社会的辩证关系出发，系统考察社区自治与共治的内在困境、结构根源和应对思路，相关研究已经形成了内容丰富、主题全面的成果体系，为探索社区治理现代化提供了重要的理论储备和经验说明，也成为本书展开进一步研究的理论起点。

第一，既有研究认识到，一方面居民自治在提升社区资源配置能力、加强民意沟通，进而扩大居民参与、强化社区整合纽带方面发挥着重要作用；另一方面，社区自治的良性运转也需要借助社会建设和社会整合能力的提升。② 这意味着，社区自治与社区整合并非单向度的关系，两者高度依存，互为前提；也意味着，在实践中，不能简单经由实行自治达成共同体建设目标，在缺乏利益关联和参与动力的情况下，两者间存在着相互制约、恶性循环的现实风险，因此，在实践中，社区自治和社区共同体建设必须一体推进，故而只有通过特定的体制机制设计，找到彼此之间的联结纽带，才能在推进居民自治的同时不断累积社会资本，实现社区自治与社区整合的双向赋权。

第二，既有研究也认识到，虽然社区自治作为一种基层民主形式，具有保障居民民主权利，实现居民主体性的重要价值意义。但在公共事务治理的层面上，自治却有着特定而相对局限的适用对象和应用范围，需要多方共治机制的补充与支撑，后者通过有选择地引入外生资源，形成有机联动的社区公共产品和公共服务供给渠道，以满足居民

---

① 付建军：《作为治理创新的基层协商民主：存量、调适与内核》，《社会主义研究》2020年第6期。
② 吴晓林：《"后单位制"时代中国城市社区建设和社区整合的困境——一个框架性的分析》，《当代中国政治研究报告》2013年。

的多样性需求或解决牵涉广泛的社区治理难题。

第三，既有研究认识到，国家对于社区建设和社区自治所具有的"扶助"与"挤压"双重作用，正是"诺思悖论"在社区治理层面的微观呈现，也由此引出了另一个研究问题，即在国家干预异化的现实风险下，如何实现国家介入的有效性和正功能。换言之，问题的焦点不在于"国家应不应该介入"，而是"国家应该如何介入"。

然而，现有成果还存在一些薄弱环节和不足之处，有待进一步深化研究：

第一，目前部分社区治理研究所依据的"国家—社会"分析范式存在一定的局限性。首先，在这种二分法的预设下，对社区治理模式的构想极易陷入"行政主导"或"自主治理"的两极化迷思，即基于"强国家—弱社会"的实然力量对比而论证社区行政化的合理性，或是基于强社会的应然愿景而刻意排斥国家力量的干预。二分法弱化了对执政党在社区治理中发挥的领导核心和组织枢纽作用的理解和表达，[①] 事实上，执政党作为国家与社会之间的联结性力量，能够以"社会性"身份引介"国家性"资源，从而将国家赋能融入社会自治之中。其次，这种二分法所隐含的国家、社会实体论预设并不符合实际，事实上无论是国家还是社会领域，本身都是由组织或个体构成的混合物，内部缺乏一致的行动原则和行为逻辑；[②] 复次，这种分析框架过于宏观，侧重以典型案例为切口，对公共权力主体和权利主体关系的界定和描述，如"国家创制社会""国家助推社会"等，[③] 而未能充分揭示多方主体之间微妙而复杂的互动模式和微观机制。

[①] 景跃进：《将政党带进来——国家与社会关系范畴的反思与重构》，《探索与争鸣》2019年第8期。

[②] 肖瑛：《从"国家与社会"到"制度与生活"：中国社会变迁研究的视角转换》，《中国社会科学》2014年第9期。

[③] 参见吴晓林、谢伊云《国家主导下的社会创制：城市基层治理转型的"凭借机制"——以成都市武侯区社区治理改革为例》，《中国行政管理》2020年第5期；熊易寒《国家助推与社会成长：现代熟人社区建构的案例研究》，《中国行政管理》2020年第5期。

绪　论

第二，既有研究对基层民主、社区公共治理和协商治理之间的关系还缺乏细致的讨论。在相当长的一段时间内，学者们立足《居委会组织法》和《物权法》等不同的法律体系，产生了关于社区自治的概念困惑。但无论是居民自治还是业主自治，都未能充分阐述社区自治的丰富图景和完整内涵。首先，在现有的法权框架下，"居民自治说"偏重于政治维度，"业主自治说"偏重于产权维度，而对社区自治的日常生活维度，即解决日常生活问题的自主决策、自主执行等还缺少相应的关注。其次，现有研究虽然大多意识到了转型期城市社区的混合形态并主张分别考察，但实际上，由单一类型小区组成的社区比较少见，因此这种分类研究有其片面性。复次，现有研究大多认识到居民自治和业主自治存在困境，也认识到其重要因素在于居民间利益关联的缺失，但却很少有学者按照"治理单元—利益纽带—社区自治"的逻辑线索在现实中发掘案例，相对忽视了协商治理作为基层民主和公共治理机制的复合意涵。

第三，既有研究尚未构建起社区居民自治、多方共治和政治引领的统一分析框架。目前学界针对于社区自治的认知，主要还停留在以居委会为形式的居民自治和业主自治层面，倾向于在基层民主的范畴内加以研究；而多方共治则属于公共事务治理的研究范畴；社区党组织的功能运作则长期被纳入党建研究的范畴。然而在社区治理实践中，这三者在主体、结构和功能上紧密相关，理应被置于一个统一的分析框架予以研究，这样不仅有助于观察通过相关主体之间的复杂互动方式，揭示基层民主、公共治理和政治引领之间的辩证关系以及社区治理运作的内在机理，以此呈现当代中国社会治理模式的核心要义；也有利于辨识三者良性互动的经验逻辑或相互制约的梗阻因素，为进一步探索社区良治之道寻求建设性方案。

因此，本书基于政治统合视角对城市社区协商治理的研究，具有一定的理论和实践价值：通过细致剖析这种政治统合的协商治理的生成、结构与过程机理，不仅有利于呈现中国特色的社区治理模式和公共事务治理实践成效，也有助于诊断其中的梗阻因素和改善空间，从而以理论创新回应实践难题，为实务工作者制定相关对策提供参考。

第一，对转型期中国城市社区协商治理的研究，有利于揭示当代中国国家治理和社会治理的内在逻辑，有利于打开"从制度优势到治理效能"的过程黑箱。[①] 党的十九届四中全会关于"把我国制度优势更好转化为国家治理效能"的表述表明，"制度优势"与"治理效能"之间并非简单的等价关系，而是存在着复杂的转换机制。但在现有的研究中，两者之间的过程链条并没有得到应有的关注和发掘，因而缺乏学理深度，弱化了解释效力。城市社区治理作为国家与社会治理的基础和微观单元，集中体现了执政党、行政体系、社会组织、市场主体等多元行动者之间的互动关系和行动逻辑。因此，本书的研究主题有利于超越国家与社会关系的宏大叙事，聚焦城市社区治理的实践细节，以小见大，呈现中国特色社会主义的制度优势转化为治理效能的过程机制。

第二，对转型期中国城市社区协商治理的研究，有利于为推进政治学相关主题的发展提供中国特色的实践案例，也有利于呈现中国语境下公共事务善治的"应然"意涵。公共事务治理是政治学理论的核心议题之一，由其所衍生的关于"良政善治"和"政治生活意义"的讨论构成了中西政治思想发展的重要线索，这表明，公共事务治理既具有源于人类相似生活经验和共通情感的一般性特征，又因文化情境和政治传统的差异而产生多样化的实践路径。目前，关于公共事务治理模式的研究受到西方"多中心治理"理论的强烈影响，"西方中心主义"的价值基底和话语体系在一定程度上支配着学术界关于公共事务治理的制度想象。因此，本书关于社区公共事务治理的中国案例的研究，不仅有利于在吸收既有研究成果的基础上，通过剖析具有特殊性的研究样本，反思西方理论模型的本土适用性，从而推动公共事务

---

① 刘骥、张玲、陈子恪：《社会科学为什么要找因果机制——一种打开黑箱、强调能动的方法论尝试》，《公共行政评论》2011年第4期。

治理理论的丰富和深化；也有利于基于实践经验，提炼出面向中国情境的分析框架和话语体系。

第三，通过诊断社区协商治理机制在实际运转中的难题与困境，有助于推动现有治理体制机制和方式方法的优化提升，解决"当下"的问题，增进治理效能。学术研究具有源于实践而又超越实践的客观视角，有利于识别被抽象理论所遮蔽的生动细节。具体而言，本书围绕"政治统合"与"基层民主""公共治理"的辩证关系，通过深入社区治理的内部空间和微观层面，能够发现其中的梗阻与短板，并将理论的逻辑慎思与实践的实事求是有机结合起来，在两者的交互中不断生成解决问题的新思路与新方案，从而为完善当前城市社区治理的体系和要素，实现社区治理现代化提供学术参考。

第四，在当代中国，社区治理不仅关乎国家治理和社会治理的成效，关乎党在基层的执政根基，而且关乎人民群众的幸福安居，对转型期中国城市社区协商治理实践的研究，具有发展创新的长远意义。社会的转型特征意味着城市社区治理处于动态调适的进程中，本书对社区协商治理的研究不仅是对现有的局部事实的静态陈述与总结，也是对这种社区治理模式结构变迁和发展前景的深刻思考，还是在大转型的历史机遇期对中国特色民主政治发展路径的深入考察。有学者认为，中国城市社区的空间结构和治理结构为非正式的、非结构化的公共协商创造了条件，[①] 因此本书的研究意义不只在于提供"现在式"的解决对策，也在于刻画一种"未来式"的发展前景。

三　研究思路与研究方法

（一）研究思路

本书的研究思路将围绕以下四个方面的问题展开：

---

① Beibei Tang, "Deliberating Governance in Chinese Urban Communities", *The China Journal*, No. 73, January 2015, pp. 84 – 107.

第一，转型期城市社区的基本特征是什么，其面临的主要治理困境有哪些，现有的基层居民自治形式有什么局限，社区公共事务治理机制的现状如何。由部分地区发起创设，并在全国范围内逐步扩散开来的社区协商治理机制，其主要功能包括哪些方面，是否在一定程度上适配了转型期城市社区的治理需要，因而是值得学理研究和实践推进的制度建设方向？

第二，既有研究所依托的西方协商民主理论、"多中心治理"理论和"国家—社会"关系理论与转型期中国基层治理现实之间的歧异和隔阂主要表现在哪些方面，在解读中国问题时，它们的理论短板是什么，应该如何构建中国特色的社区协商治理分析框架，以及能从以上理论资源中得到哪些借鉴？

第三，政治统合的社区协商治理是如何构建和运行的，在实践中，其组织结构、实施流程是怎样的，以党组织为核心的公共权力主体在其中扮演着怎样的角色，其主要做法、行为方式和工作策略是怎样的？

第四，政治统合的社区协商治理实践有何效能，有何不足与限度，据此应该如何加以改进和优化，以及如何以社区协商治理实践为契机，推动社区公共意识、公共参与能力、治理体制机制的长效发展，进而撬动整个社区治理的现代化转型？

为了论析问题，本书除绪论外，共包括为七个部分，分为四个研究环节，分别与上述研究问题一一对应。其中第一章"城市社区协商治理的发生背景"是研究环节一。这一部分在分析后单位制时代，城市社区的两种法定自治形式——居委会和业委会功能困境的基础上，阐明社区协商治理机制的生成动力。具体而言，转型期城市社会的结构、文化变迁以及个体价值观念和居住空间的变革，不仅使得城市社区"移民化"，缺乏紧密的人际关系纽带和情感归属，从而造成了社区共同体困境；也使得基于行政划分而形成的城市社区成为若干异质性的封闭小区构成的松散联合体，从而造成了以社区为单元，以居委会为载体的居民自治缺乏整全性的利益基础以及运行动力。业主自治则受制于法律规定等诸多刚性条件的约束，效能不彰。在这种情况下，一方面，基层政府和社区公共权力组织具有纾解行政压力的强烈意愿；另一方面，居民也存在自我权利实现的现实需要，这为探索创新居民自治和业主自治之外的基层民主和公共事务治理机制提供了需求与激励。在实践中，部分地区进行的社区协商治理实践在功能上实现了居民自治、多方共治和政治整合的有机统一，为此提供了重要的经验参考与启示。

第二章"社区协商治理的研究省思、基本要素与分析视角"是研究环节二。这一部分在与协商民主、多中心治理和"国家—社会"关系相关理论对话的基础上，阐明我国城市社区协商治理机制的独特形态，构建具有本土逻辑的"居民自治—多方共治—政治整合"分析框架。具体而言，西方的协商民主理论是对自由主义民主理论的批判与修补，致力于以"公共善"矫治"多数决"，公共理性和话语民主是其本质特征。而中国的基层协商民主实践则源于长期的"居民议事"传统，强调多元意见在公共决策中的重要意义，作为一种"参与式"民主，它发挥着合法性生产的作用。公共事务治理的主要理论资源来自印第安纳学派开创的"多中心治理"（Polycentric Governance）理论，其强调自发的秩序、复合的层级、单元的交叉，认为通过将多种社会行为主体纳入治理主体范围之列，特别是社会的自主治理与合作治理，能够克服单一社会治理主体造成的困境。[1] 事实上，中国特色社会治理模式中的"政社融合"状态与之存在显著差别，这种关系格局并不仅仅主张多方主体间的外部合作，而是强调相互嵌入的融合型协同。这也与实体论取向，强调二元对峙的西方"国家—社会"关系理论存在本质差异。这些理论歧见构成了本书搭建本土化的社区协商治理分析框架的主要动因。

第三章"政治统合、制度供给与协商治理机制的构建路径"、第

---

[1] 王亚华：《增进公共事物治理：奥斯特罗姆学术探微与应用》，清华大学出版社2017年版，第136页。

四章"互嵌与融合：政治统合与社区协商治理体制建构"、第五章"政治统合与社区协商治理的过程检视"和第六章"'任务—资源'约束与社区协商治理中的策略行为"构成了研究环节三。这一部分以公共权力主体的实施举措和行为方式为逻辑主线，考察社区协商治理机制的构建、组织结构、运行过程与策略取向。首先，自上而下的政策推广以及社区公共权力主体的适应性执行，起到了制度供给的作用，一方面其"事本主义"的运行逻辑和超越空间壁垒的灵活架构，有利于构造居民等多方主体与之的利益关联和业务关联，激发参与意愿；另一方面则由公共权力主体分摊了集体行动成本，有利于将多方主体的参与意愿转化为实质性的参与行为。其次，公共权力主体采取的"组织互嵌"和"过程引领"不仅有利于以组织带动的方式，进一步分摊集体行动成本，也有利于引导、指导和规范协商议事进程，形成共识决策，还有利于以之为枢纽，搭建上下联动、多方合作的协商结果执行网络。这样的"结构—过程"系统，不仅实现了利益单元与自治单元的有效匹配，赋能了居民自治，也提供了有机联动的合作平台，赋能了处置复杂事务的多方共治，还形成了以"利益表达—政治回应"为实质的政治整合机制，夯实了党的执政基础，疏导了风险隐患，维护了社区的日常秩序。

第七章结语："城市社区协商治理的再审视"是研究环节四。这一部分将在提炼公共权力主体引领和驱动社区协商治理机制的内在原理的基础上，系统总结社区协商治理的运行效能和现存局限，并据此构思以协商治理的体制机制优化推进社区治理现代化转型的可行方案。具体而言，政治统合的协商治理运行方式，一方面促进了居民自治、多方共治和社区秩序的功能实现，另一方面也受制于政策执行偏差、价值迷思和功能异化风险。为此，要在优化社区协商治理初始结构的基础上，为主体间的磨合和机制调适提供长期的试错空间，并逐步培育起多方主体，尤其是居民的公共意识和参与能力，从而推动治理结构与公共文化相互强化的良性循环，进而适时探索协商治理与基层基

绪 论

本制度相融合、相激变的具体方案，实现社区治理的现代化发展。

(二) 研究模式

总体而言，目前社区治理研究在本质上是"执政党—国家—社会"关系研究在社区微观层面的投射，其所使用的分析方法主要包括"结构—制度分析""过程—事件分析"等。学界围绕这些研究方法的优劣短长和适用范围问题进行了长期的讨论。其中比较有影响力的是，有学者以国家和农民关系研究为例，认为乡村日常生活和其中的权力互动具有非常复杂而又"隐秘"的特征，面对这种模式化和程式化程度很低的经验材料，传统的结构分析因其研究对象的静态性预设而存在明显的局限，即无法洞悉事实中的不确定性和"结构上的不可见性"，例如无法察觉政策执行中的制度的"非正式运作"问题，而"过程—事件分析"则将社会事实理解为动态的、流动的，因此关注特定事件折射出的具体情境和场景，以及各方主体在互动中呈现出的微妙关系。同时，对"过程"的强调，则进一步将截面化的事件情境转变为历时演进的连续统，从而实现了对研究主题微观、动态的扫描，有利于发掘和剖析隐藏在固态结构要素中的机理。[1]

有学者不认可这种对"结构—制度分析"方法的武断批评，认为其中的方法论争议在本质上是结构与行动、客观与主观何者是最根本的认识论问题。在"结构—制度分析"方法的具体运用上，它将结构、规则理解为过程、事件所体现出的社会关系要素，事件本身则成为结构、制度运作的产物，就此而言，在"结构—制度分析"的视域中，结构的确是优先于事件的。同时，"结构—制度分析"所指涉的"制度"是一种制度的广义解释，即将任何在实际上发挥着界定、规范和调节人际关系的正当性体系都属于制度范畴，从而将"正式制度的非正式运作"情况纳入了分析框架。此外，主体在情境中的具体行

---

[1] 孙立平：《"过程—事件分析"与对当代中国农村社会生活的洞察》，载王汉生、杨善华主编《农村基层政权运行与村民自治》，中国社会科学出版社2001年版。

动策略本身就是其基于对相关制度规则的认知而采取的理性反应，因此"过程—事件分析"对行动者的强调，恰恰说明了制度作为外生约束性变量的重要性。所以，在很大程度上这两种研究方法并不是非此即彼的竞争性关系而是根据研究需要而分别适用的互补性关系。[1]

但是，在另外的学者看来，"过程—事件分析"在一定程度上对结构性和制度性力量有所忽视，"结构—制度分析"则忽视了行动的地位，因而提出"多元话语分析"路径。[2] 但也有学者认为"多元话语分析"在解构他者的同时也会无限地自我解构，有走向虚无主义的危险，因此提出了"制度—生活"的分析视角，从而打通正式制度领域与充斥着实用性诉求、非正式制度、习惯法、民情等的生活领域。[3] 也有学者运用"空间—行动者"方法以弥补相关研究方法在微观层面的适用限度，[4] 例如将县域社会治理的行动者区分为政治性的行动者、行政性的行动者、社会性的行动者、经济性的行动者以及个体性的行动者。[5] 但这种研究路径的困难在于其适用范围受到空间单元的严格限定，随着视野范围的扩展，行动者的数量也在迅速增长，从而使得分析焦点迷失于高度累积的复杂性中，丧失抽象理论的简洁性和明晰度。可见，要在社区自治研究中，确立一种优化提升的研究方法，其关键在于：一是兼顾制度环境与能动者的双重要素；二是实现对结构和能动者之间辩证关系的全过程分析。

因此，为了综合发挥"结构—制度分析""过程—事件分析"等研究方法的互补优势，弱化其短板，提升研究方法与研究主题的适配

---

[1] 张静：《基层政权：乡村制度诸问题》，社会科学文献出版社2007年版，第14页。
[2] 谢立中：《结构—制度分析，还是过程—事件分析？》，《中国农业大学学报》2007年第4期。
[3] 肖瑛：《从"国家与社会"到"制度与生活"：中国社会变迁研究的视角转换》，《中国社会科学》2014年第9期。
[4] 桂勇：《城市邻里研究"国家—社会"范式及一个可能的分析框架述评》，《复旦社会学论坛：第一辑》，上海三联书店2005年版，第202—205页。
[5] 蒋小杰、王燕玲：《县域社会治理的行动者分析与模式构建》，《行政论坛》2019年第2期。

度，本书采用"结构—过程分析"方法，一方面考察由宏观制度环境、政策体系，社区多方行动者所组成的社区协商治理机制（结构），另一方面结合典型案例（事件），通过对社区协商治理机制（结构）在实践运行中的表现、效能和梗阻进行追踪，从而将静态分析和动态分析有机统一起来，全面呈现"运行中的结构"的状态和特征，以深化对制度文本之外的"实然"结构及其逻辑的理解。

（三）研究方法

1. 规范研究

社区协商治理研究所依托的协商民主理论、治理理论和"国家—社会"关系理论属于政治学基础性理论范畴，规范研究是本书的重要研究方法。在本书研究过程中，一方面通过与既有研究和相关理论的对话，明确社区协商治理的中国实践所具有的本土特色，并基于"政治统合"的分析视角，审视转型期城市社区协商治理实践的总体结构和运行机理，为有效利用相关实证材料，进一步开展科学合理、严谨细致的具体论证，实现预期研究目标奠定基础。

2. 实证研究

城市社区协商治理不仅是重要的理论议题，也是重要的实践主题，因此对这一问题的全面、深入研究不仅需要学理思辨，在理论层面实现逻辑自恰，还需要扎根经验现实，将生动丰富而又零散琐碎的实践细节有效组织起来并予以抽象、提炼，从而实现理论与实践、抽象与具象、宏观与微观的有机互动：一方面以理论框架为标准，选择兼具典型性和代表性的现实案例；另一方面则经由活生生的经验事实，观照现有的理论命题和分析框架的有效性、适用性和解释力，并在此过程中不断调试，实现理论与案例的同步优化。而这一研究目标的达成离不开实证研究方法的中介与支撑。具体而言，本书结合自身核心主题和研究需要，主要采用质性研究中的案例法和访谈法采集相关信息。

笔者先后在北京和重庆等地开展调查研究，调研结果表明，一方面，当前城市社区主要呈现为由单位家属院、回迁房、房改房、私人商住房等多种性质的小区组合成的混合制社区形态，纯粹的单一制社区较为少见；另一方面，虽然具体的议题指向因小区类型而存在差异，但协商治理在不同性质的小区都得到一定的运用，且发挥着公共决策、矛盾调解、共识凝聚等多重功能，这意味着其作为治理机制本身有着普遍适用性。因此，本书选择了 7 个混合形态的城市社区作为研究样本，在一定程度上可以由之而获得关于城市社区的一般印象，具有研究的代表性；而进一步将混合型城市社区中的协商治理机制作为研究对象，具有研究的典型性，这种代表性与典型性的有机结合，[①] 有利于考察社区协商治理机制在转型进程中的适用效能。

表 0-1　　　　　　　　　调研对象的基本情况

城市	街道	社区	上级标准化的协商治理政策		实施规则的规范化程度	试点单位		上级绩效压力	运行频率	运行规范化程度
			是否具有	制定层级		是否	级别			
北京	西城区 R 街道	JD 社区	是	区	高	是	区	中	高	高
		KM 社区	是	区	高	是	街	中	中	中
		SF 社区	是	区	高	是	街	中	低	中
		HF 社区	是	区	高	是	街	中	中	中
重庆	沙坪坝区 B 街道	YN 社区	是	街	中	否		中	中	中
		DZ 社区	是	街	中	否		中	中	中
	两江新区 H 街道	SW 社区	否		高	否		低	高	中

在这 7 个研究样本中，北京市西城区自 2014 年起就以"政策试点 + 政策推行"的形式开始了社区协商治理的探索工作，并于 2019

[①] 王宁：《代表性还是典型性？——个案的属性与个案研究方法的逻辑基础》，《社会学研究》2002 年第 5 期。

绪 论

年出台统一的《西城区社区参与型分层协商工作指导手册》，为辖区各街道提供标准化的工作指导，还在 2020 年度提出了"月月有协商"的绩效要求。因此，西城区 R 街道的 4 个社区不仅有较高规格的政策支撑，也有较为规范的实施规则，还有一定的工作压力。但是，相比于其他社区，JD 社区是 2014 年确定的区一级试点社区，既有长期的经验积累，也受到上级的重点关注和支持，协商治理操作的规范化程度和频次都相对较高。KM 社区、SF 社区和 HF 社区是 R 街道在第三方社工组织的协助下，在 2019 年自行选择的试点单位，与 JD 社区相比，这三个社区的试点工作重心是加强楼门文化、议事厅设计等特色内容建设，探索领域相对狭窄。总体而言，这三个社区协商治理的规范化程度都处于中等状态，SF 社区的开展频次较低。重庆市沙坪坝区 B 街道也出台了《院坝会工作方案》，但缺乏细致的操作流程和行动指引，对相关频次仅作了原则性要求，因此其下的 YN 社区、DZ 社区等都结合上级文件的总体要求，开展了一系列协商治理活动，其规范化程度和频次都处于中等状态。重庆两江新区 H 街道的 SW 社区，没有明确的上级政策依托，也缺乏明确的上级指导和任务要求，但由于重庆市前期广泛宣传和引介了"三事分流"的工作模式，因此 SW 社区自主探索了将居民议事会（院坝会）与"三事分流"工作机制相结合的社区协商治理操作方案，也具有较高的规范化程度和开展频次。

此外，根据研究需要，本书还在论证部分主题时，使用了笔者历次调研中所搜集到的相关二手研究材料，其主要来源包括政府组织撰写的协商治理案例集，全国其他地区，如天津市滨海新区、北京市顺义区等地的政府政策文件、访谈材料等。这些地方的社区与调研样本身处相似的制度环境、组织位阶和空间场域，面对相似的激励函数、管理函数和治理对象，因此，这些材料所反映的问题也具有较强的共通性，属于重要的研究"旁证"。

第一章

城市社区协商治理的发生背景

20世纪80年代以来,单位制的解体不仅在宏观层面深刻改变了我国城市社会的基本结构与运行方式,也在微观层面重塑了城市居民的居住空间、组织形式和交往方式,职住分离的社区逐步取代职住合一的单位,成为城市社会治理的基本单元。然而,在转型期的时代背景下,城市社区在小区形态混合化、居民流动化等因素的共同作用下,存在着利益关联松散、社会资本流失或缺失的内生性困境。这种既非"共同体"、又非"社会"①的过渡性、异质性城市地缘聚落,在国家、社会和市场功能分化的基础上,被赋予了基层自治的法权定位,并据此构建起相应的社区自治体系和体制机制。但在现有的制度框架下,社区治理却面临着实然结构形态与应然自治状态之间的巨大张力:第一,居民自治的运行受制于利益单元与自治单元的错位;第二,基于建筑物区分所有权关系和物业管理需要而出现的业主自治,因集体行动困境和相关法律的刚性约束而难以有效发挥作用。在结构性困境之外,社区自治本身所具有的功能限度衍生出对社区共治的功能需求,而这与社区共治体系不完善的现状之间也存在一定的张力。这两组张力关系极大束缚了城市社区公共事务治理的效能,从而成为构建一种

---

① [德]斐迪南·滕尼斯:《共同体与社会》,张巍卓译,商务印书馆2019年版,第68—71页。

既能优化自治与共治，又能使二者有机复合的新型社区治理机制的逻辑起点。

第一节 流动社会的空间重塑：城市社区的特征与属性

高度的社会流动性是当代中国转型社会的显著特征，它在时空两个维度重构了个人的生活方式和居住空间。第一，在空间层面，随着单位制、户籍制等原有社会整合机制的松解，城乡藩篱、体制结构等壁垒被打破，社会流动性明显提升。据统计，21世纪以来，我国流动人口从1.21亿人增加到3.85亿人，平均每四个人中就有一人是流动人口，而包括短距离流动在内的人户分离人口更是高达5.04亿人，[①]可以说，一个"超级流动社会"[②]已经到来。经济社会的快速发展与产业结构的优化调整，加之教育、医疗、工作岗位等民生资源的不均衡分布，使城市产生了巨大的空间集聚效应，人口、财产和资本等加速向城市转移。在城市化浪潮和住房来源市场化供给的进程中，由单位、街居发展而来的城市社区，因规模庞大的"新移民"的快速流转而日益异质化。第二，在时间层面，后单位制时代的个人生活，因生产与生活、职业与居住空间的分离而出现了"早出晚归"的时间流动性。这两重因素对城市居民的活动轨迹和人际网络结构产生了重要影响，相较于计划经济时代的单位共同体，时空流动使得社区成为纯粹

---

① 流动人口是指人户分离人口中扣除市辖区内人户分离的人口，其中人户分离人口是指居住地与户口登记地所在的乡镇街道不一致且离开户口登记地半年以上的人口，市辖区内人户分离人口是指一个直辖市或地级市所辖的区内和区与区之间，居住地和户口登记地不在同一乡镇街道的人口。相关概念和数据参见《常住人口和流动人口如何区分》，国家统计局网站，http://www.stats.gov.cn/zsk/snapshoot?reference=8335b901254237a5e07bb513daaaafc7&index=project_stats&qt=*&siteCode=tjzsk；《国家统计局局长就2021年国民经济运行情况答记者问》，国家统计局网站，http://www.stats.gov.cn/xxgk/jd/sjjd2020/202202/t20220209_1827283.html。

② 刘炳辉：《超级郡县国家：人口大流动与治理现代化》，《文化纵横》2018年第2期。

而暂时的居住空间，处于"半熟人"甚至"陌生人"关系状态下的社区成员既缺乏共享性的记忆和情感纽带，也缺乏支持公共参与和社区动员的关系网络，居民的原子化问题，社区的离心化倾向较为突出。另外，社区作为当前城市社会治理的基础空间，并非是由强劲地缘纽带相维系的自然聚落，而是由行政力量自上而下主导和捏合成的治理单元，其内部的小区甚至楼栋本身因产权结构差异化等原因而存在较大的异质性特征。

一 作为居住空间的社区：流动化、异质化与职住分离

城市社区的空间形态与属性是现代化转型进程的直接产物。改革开放以来的系统性体制变革，不仅改变了行政一元化的全能主义模式，为社会和市场的成长创造了条件，也进一步导致了单位制、户籍制等原有社会整合机制的松解，为大规模的社会流动消除了壁垒；还改变了居民住房的供给方式，20世纪90年代以来，城市居民的住房已由单位分配逐步转变为商品化供应，社区的产权格局、空间形态以及人际关系都由之发生了显著的变化。整体而言，这些因素共同造就了转型社会高度流动性的典型特征，并在社区微观层面上型塑了人员异质化和职住分离的场域结构。

第一，人员异质化是社区流动性在空间维度的呈现。转型前的城市单位制是一种政治、社会、职业分工等多种功能合一的社会组织形式和结构体制，[①] 其功能范畴远远超越了作为经济生产体系和职业组织的最初定位，进一步涵盖了包括住房、教育、医疗等在内的社会保障和公共服务职能。因此，在单位制时代，城市居民的主要居住空间是集体形式的单位大院，它以围墙为边界，既使成员成为共享"俱乐部产品"（club goods）、共同劳动、共同居住、共享规范的职工共同

---

① 参见路风《单位：一种特殊的社会组织形式》，《中国社会科学》1989年第1期；孙立平《转型与断裂：改革以来中国社会结构的变迁》，清华大学出版社2004年版，第12页。

体，也控制和阻止了人员和资源的自由流动。而对于部分没有所属单位的边缘人群或不以单位大院为居住形式的社会成员，国家权力体系则以"街居制"为依托予以属地管理，由此形成了以单位制为主、街居制为辅的城市基层管理体制和社会整合机制。[1]

改革开放后，一方面，单位成员对单位集体的人身依附关系逐步弱化，另一方面部分单位由于经营不善而破产，使得大量人员逸出单位的体制结构，成为自谋职业的"社会人"，以"控制—依赖"为利益关联纽带，[2] 以同质化的职工共同体为特征的单位制居住形式也难以为继。在这种情况下，为了适应社会结构变迁与国家经济社会制度改革的整体趋势，城市居民住房制度开始了市场化和社会化的转型进程，[3] 城市社区逐渐取代单位和街居成为城市居民的主要居住形式。同时，随着国家政策对人口流动限制的逐步放开，城市社会出现了大规模的地理扩张和设施扩容，城乡流动、城市内部流动更为频繁。[4] 此外，城市社区虽然以小区、楼栋、院落为单位，呈现出集体房屋产权和私有房屋产权相混合的产权结构，但日益私有化的产权演进趋势产生了高频度住房交易。因此，当前的城市社区在空间形态呈现为有着较为清晰的地理/行政边界的半封闭地域空间，由自治权、管辖权和财产权划定的社区边界，无法形成面对流动人口的排他性屏障。社区内外的人员交流，使得社区居民群体具有较高的异质性。

需要注意的是，社区异质性的生成向度与社区属性存在着一定的关联性，具体而言，对于由单位制社区转型而来的混合社区、老旧社区，人员的异质性实际上是在原有熟人共同体中逐步渗入新的社区成

---

[1] 陈鹏：《住房产权与社区政体》，社会科学文献出版社2015年版，第36—37页。
[2] 吴晓林：《"后单位制"时代中国城市社区建设和社区整合的困境——一个框架性的分析》，《当代中国政治研究报告》2013年。
[3] 夏建中：《从街居制到社区制：城市社区30年的变迁》，载于燕燕主编《中国社区发展报告（2008—2009）》，社会科学文献出版社2008年版，第22页。
[4] 徐林、许鹿、薛圣凡：《殊途同归：异质资源禀赋下的社区社会组织发展路径》，《公共管理学报》2015年第4期。

员而产生的,是一种同质性被稀释的过程。对于开发商营建的新型商住社区而言,这种异质性则是内生性的初始形态。前者的异质性导致了社会资本的流失,而后者则处于社会资本自然缺失的状态。

第二,职住分离是社区流动性在时间维度的呈现。无论是转型前的城市单位,还是乡村社会,都存在着生产与生活地域高度重叠的职住合一特征,这种居住形式有利于经由劳动层面的互助合作、生活层面的长期交往而积淀出共同利益、共有情感记忆、共享价值体系、相互信任基础上的社会资本。然而后单位制时期的城市社区,对于个体而言,其功能是较为纯粹的居住空间,尤其是随着城市功能区布局的分化、个人职业自主性的提升以及现代市政交通的发展,居民的居住地与工作场所之间的距离不断拉大,愈发使得社区本身陷入一种周期性的空心化困境,适龄儿童、中青年在社区中的生活轨迹呈现出"早出晚归"的状态,其在社区中的居留主要集中于晚上和周末。作为社区居民中的主体,中青年群体的这种因职住分离而产生的流动现象,对社区共同体建设造成的主要影响包括:首先,工作单位成为在职居民的主要活动空间和情感归属的主要对象以及薪酬劳务、岗位晋升等核心利益的主要产地,社区则因缺乏对居民的"激励—约束"手段,而难以与其发生紧密的利益关联;其次,居民之间缺少共同经历、集体记忆、相似志趣、稳定的利益关联和公共交往渠道,从而缺乏相互信任、情感联系和关系纽带;复次,正是在上述两种因素的作用下,造成了当前城市社区公共参与中的"一老一少一低"现象,[①] 这不仅反映了当前社区参与失衡的尴尬局面,也体现了社区社会资本稀薄、共同体建设乏力的困境。

总体而言,在人员流动和职住分离的背景下,转型期的城市社区作为居民的居住空间,不仅面临社会资本存量缺失的问题,也面临社会资本生产能力不足、增量有限的问题,社会资本的匮乏、利益关联

[①] 闵学勤:《社区自治主体的二元区隔及其演化》,《社会学研究》2009年第1期。

的弱化直接导致了社区公共事务治理的集体行动困境和共同体困境。

二 作为行政空间的社区：权力型塑的松散联合体

计划经济时期城市社会形成了以单位制的职业管理与街居制的属地管理有机互补的基层管理体制。改革开放后，为了适应单位制的解体和经济社会发展的现实，城市基层社会的管理体制实现了从街居制向社区制的转型。就其功能而言，自1987年社区概念首次出现在国家政策中以来，城市社区先后被赋予社区服务和社区建设的工作任务，[①] 2000年，中共中央办公厅、国务院办公厅发布《关于转发〈民政部关于在全国推进城市社区建设的意见〉的通知》，将社区建设分为"社区服务、社区卫生、社区文化、社区环境和社区治安"五个方面；2017年，中共中央、国务院出台《关于加强和完善城乡社区治理的意见》，则强调社区治理水平提升的切入点在于"社区居民议事协商、社区公共服务供给、社区文化建设、社区矛盾预防化解、社区信息化应用"等环节。同时，由于社区基本继承了转型前的居委会的辖区范围，因此当前的城市社区也构成了居委会的运作空间。此外，长期以来，城市社区还被赋予了加强城市基层党建的重要功能，例如，2017年《关于加强和完善城乡社区治理的意见》明确提出"加强基层党的建设引领社会治理"的党建新思路，强调党组织对社区各类组织和各项工作的领导作用，可见，社区也与基层党建的场域空间发生了重叠。在空间复合的基础上，当前城市社区实际上出现了公共服务、居民自治、基层党建的功能复合，三者的运行载体分别是社区工作站、居委会和社区党组织，近年来，书记、主任"一肩挑"和"两委"交叉任职的发展趋势使得三者呈现出一体化的格局，这也加剧了社区的准行政化问题。

因此，自从社区制被确认为替代单位制和街居制的新型城市社会

[①] 夏建中：《从街居制到社区制：城市社区30年的变迁》，载于燕燕主编《中国社区发展报告（2008—2009）》，社会科学文献出版社2008年版。

整合机制，社区就被赋予了城市基层治理的基础环节的功能定位，无论是对辖区地理范围的确定，还是对具体事务内容的规定，都带有强烈的建构主义色彩。换言之，转型期的城市社区并非是以地缘关系为纽带，自发形成的生活共同体，而是国家权力自上而下划定的治理单元。①

在空间结构上，自20世纪80年代以来，封闭小区逐渐成为城市的主要居住形式，②而转型期的城市社区一般是由多个小区组成的松散联合体，这些小区来源较为复杂，部分是由单位集体家属院转化而来的老旧小区，部分是因拆迁而形成的回迁房小区，部分是新建的单位小区，部分是新型商品房小区。此外，部分社区可能还包括老城区的街巷平房院落和商圈楼宇，彼此之间在房屋产权属性、物业管理模式和成员结构层面存在极大的差异性。例如，作为调研对象的北京市西城区R街道JD社区JD小区，"由于拆迁等历史遗留问题，11栋楼分属于5个产权单位，其中3栋楼没有物业管理，6栋属于'房改房'的楼由政府的物业公司管理，只提供基本服务，不收物业费，2栋属某单位的楼由市场化的物业公司管理，问题特别复杂。"（北京市西城区R街道JD社区书记/居委会主任YY，2020年10月30日，北京市）相较于行政主导的城市社区，小区本身更接近于由建筑物区分所有权关系所联结的利益共同体。这种小区大多是以围墙分隔内外的半封闭空间，围墙对于小区而言既是对外排他性的专属权益宣示，也是自我防护、抵御外部安全侵犯的重要屏障。2016年，中共中央、国务院出台了《关于进一步加强城市规划建设管理工作的若干意见》，要求原则上不再建设封闭住宅小区的同时，逐步打开已建成的住宅小区和单位大院，推广开放的街区制，③这一"拆墙行动"也被视为重构社区

---

① 杨敏：《作为国家治理单元的社区——对城市社区建设运动过程中居民社区参与和社区认知的个案研究》，《社会学研究》2007年第4期。

② He, Shenjing, "Evolving Enclave Urbanism in China and Its Socio-spatial Implications, the Case of Guangzhou", *Social & Cultural Geography*, No. 14, 2013, pp. 243–275.

③ 《中共中央 国务院关于进一步加强城市规划建设管理工作的若干意见》，《人民日报》2016年2月22日第6版。

治理格局的政策隐喻。① 然而，这项政策在推行过程中却成效不彰，封闭小区仍是当前城市居民区的主要物理形态。在城市规划、交通改造、物权争议等问题之外，这种封闭性还意味着，社区内部的各个小区之间缺少有效的利益联结纽带，彼此之间的关联只是作为社区成员的地缘邻近性和行政管理结构的统一性，因此，相对于社区居民个体层面的异质性，以集体形式呈现的社区组成单位——小区之间，也具有显著的异质性。社区在小区和居民两个层次的异质性，表明了其内部有着难以弥合的利益裂隙，就此而言，社区只是由行政力量捏合成的松散结构，难以在整个辖区范围内建立起足够强度的利益关联。

第二节　城市社区居民自治的新课题

随着 1990 年施行的《中华人民共和国城市居民委员会组织法》取代 1954 年颁布的《中华人民共和国城市居民委员会组织条例》，居委会逐渐从街居制结构下的基层行政管理单位转化为城市居民自治组织，城市社区与改革前的居委会辖区由此出现了空间重叠。因此，当前的城市社区就构成了居民自治的基本空间单元。此外，住房商品化改革以来，大量拥有私有物业产权的城市居民也获得了业主的法律身份，从而具有了以物业管理为功能指向，以商住小区为物权范围的业主自治权利。然而在实践中，这两种法定的社区自治形式都由于各自的结构性困境而出现了一定的功能梗阻和运行障碍，没有实现居民自主治理、发展基层民主的建设目标。

一　城市社区的法定自治形式

当前城市社区的法定自治形式分别是以《中华人民共和国城市居民委员会组织法》（1990）和各省市制定的《实施〈中华人民共和国

---

① 李宁、罗梁波:《国家的高地、社会的篱笆和社区的围墙——基于社区治理资源配置的一项学术史梳理》,《甘肃行政学院学报》2020 年第 4 期。

城市居民委员会组织法〉办法》为法权依托的居民自治,以《中华人民共和国物权法》(2007)、国务院《物业管理条例》(2007)、住建部《业主大会规程》(2003)以及各省市制定的《物业管理条例》等法律法规为依据的业主自治。

第一,居民自治是社区自治的核心,是城市居民政治权利和社会权利的集中体现。作为居民自治的基本载体,社区居委会有着较长的发展历程。中华人民共和国成立初期,为了维护社会治安,加强群众动员,城市基层自发形成了大量群众自治组织,由于缺乏统一的标准和规范,这些组织的成立、运行和工作内容存在随意性和分散性,产生了一定的负面作用。为了实现规范管理、推进基层民主,1954年,第一届全国人大常委会第四次会议制定并颁布了《城市居民委员会组织条例》,以作为城市居民自治的法律依据和统一规范,居委会被明确为城市居民自治组织的形式。改革开放前,在国家政治形势和政策路线的影响下,居委会逐渐偏离了原初的功能定位,行政性色彩突出,居民自治名存实亡。1980年代,经过一段时间的纠偏,城市居委会组织进入了新的发展阶段,1989年第七届全国人大常委会第十一次会议通过《城市居民委员会组织法》并同时废止《城市居民委员会组织条例》,为新时期的城市居民自治提供了更为明确、健全、稳定的法权保障。[①]

根据《中华人民共和国城市居民委员会组织法》和各省市《实施〈中华人民共和国城市居民委员会组织法〉办法》规定,居委会的任务包括"办理本居住地区居民的公共事务和公益事业""协助人民政府或者它的派出机关做好与居民利益有关的公共卫生、计划生育、优抚救济、青少年教育等项工作""向人民政府或者它的派出机关反映居民的意见、要求和提出建议"等具体事项,这表明,居委会的法定职责和功能定位是在居民自治、民意表达之外,兼具部分行政职能。

---

① 王邦佐编著:《居委会与社区治理:城市社区居民委员会组织研究》,上海人民出版社2002年版,第2—7页。

在组织形式上，基层自治体系由居委会及其专门委员会、居民会议和居民小组组成。在工作方式上，居委会只能采取民主或说服教育等柔性方法，没有强制执法权。在运行规则上，"居民会议每年至少举行两次"，"居民会议必须有全体十八周岁以上的居民、户的代表或者居民小组选举的代表的过半数出席，才能举行"；其召开的人数门槛为"有五分之一以上的十八周岁以上的居民、五分之一以上的户或者三分之一以上的居民小组提议"。在辖区范围的确定和调整上，"居民委员会根据居民居住状况，按照便于居民自治的原则，一般在一百户至七百户的范围内设立。居民委员会的设立、撤销、规模调整，由不设区的市、市辖区的人民政府决定"，"一般十五户到五十户设立一个居民小组"。

第二，业主自治是社区自治的一种新形式，是城市居民物业财产权利的集中体现。与居民自治相比，业主自治是一个相对晚近的治理现象，它的产生和发展是城市居民住房商品化和市场化改革的直接结果。为了适应后单位制时代经济社会发展和城市居民职业结构、人员成分的变化，1994年国务院出台《关于深化城镇住房制度改革的决定》，明确了实现住房商品化、社会化的城镇住房制度改革目标。[1] 商品化的住房制度不仅使得个体成为房屋的所有权人，即业主，也重构了居住空间的整体物权关系，居民之间因建筑物区分所有权而形成了较为紧密的利益关联。同时，随着住户成为业主，原本由房屋产权单位负责的物业管理工作也逐步移交给市场化的物业管理企业，产权单位与个体住户之间的关系由此转化为物业服务企业与业主之间的关系。在这种背景下，为了维护作为整体的业主群体的利益，实现业主的物业管理主体功能，国家赋予符合法定条件的业主成立自治组织的权利。

根据《中华人民共和国物权法》、国务院《物业管理条例》和住

---

[1] 《国务院关于深化城镇住房制度改革的决定》，中国政府网，http://www.gov.cn/zhuanti/2015-06/13/content_2878960.htm，2020年1月6日。

建部《业主大会规程》的相关规定，业主自治组织在构成上包括业主大会及其选举产生的业主委员会，业主自治组织的主要职责内容包括："制定和修改业主大会议事规则，制定和修改建筑物及其附属设施的管理规约，选举业主委员会或者更换业主委员会成员，选聘和解聘物业服务企业或者其他管理人，筹集和使用建筑物及其附属设施的维修资金，改建、重建建筑物及其附属设施等有关共有和共同管理权利的其他重大事项"，而作出相关重大决策的基本条件是经专有部分占建筑物总面积和总人数一定比例的业主同意，根据事项的重要性程度，这一标准分别是三分之二以上或半数以上。各省市则结合自身实际制定本地区的《物业管理条例》，以《北京市物业管理条例》为例，其规定成立业主大会的基本条件是由"已交付业主的专有部分达到建筑物总面积百分之五十以上的，百分之五以上的业主、专有部分占建筑物总面积百分之五以上的业主或者建设单位"发起动议，向街道办事处进行申请，同时对筹备组的人员资格、人数、工作内容，业主大会的议事范围和议事规则，业委会的选举办法、人员构成、成员资格和工作职责均进行了细致、严格的限定。

二 居民自治难题：行政化、空间错位与制度刚性

社区居委会作为城市基层民主和居民自治的制度依托，在保障和实现居民民主权利，满足群众利益诉求，举办社区公益事业等方面发挥了积极作用。但是，长期以来，居民自治也始终被一些体制机制痼疾所束缚，从而扭曲甚至阻碍了其职能履行。

第一，居委会的行政化是影响社区自治功能发挥的外部因素。长期以来，学术界乃至以社区工作人员为典型代表的实务界普遍将社区自治困境归结于居委会的准行政化问题，"上面千根针，下面一条线""上面分系统，下面当总统"，[1] 是对这一现象的生动描述。事实上，

---

[1] 景跃进：《将政党带进来——国家与社会关系范畴的反思与重构》，《探索与争鸣》2019年第8期。

行政事务向社区的摊派以及由此产生的居委会准行政化问题的确对居民自治功能的运作造成了明显的"挤出"效应，居委会在行政事务刚性压力的激励下，将作为一种稀缺性资源的注意力在不同竞争性事务之间进行分配，①弱化了对自治工作的资源投入。在调研中，有访谈对象就表示，"其实目前社区居委会自治功能是弱化的，行政功能太强了，上面'条''块'下来的工作都放到社区了，这些行政性的工作都完不成，还哪有时间精力做自治。"（西城区 R 街道社区建设办公室干部 XZ，2020 年 9 月 24 日，北京市）

第二，居委会的组织结构和运行范围主要适配于社区空间，尚未针对小区层面的治理需求和事务特征进行调整和改革，这使得居民实质性的利益单元与自治单元产生了空间错位。具体而言，居委会的覆盖范围一般是 100—700 户，而其下的居民小组的覆盖范围一般是 15—50 户，实践中普遍是以社区为单位成立居委会，而居民小组则根据小区、楼院的具体布局加以设置。这一方面使得居委会的辖区范围过大，难以有效兼容异质性极大的小区和社区不同群体的利益，另一方面也容易因小区、楼院、住户的不规则分布而造成居民小组内部的空间分隔，对其成员的集体行动形成物理阻碍。可见，面对着小区之间、居民之间的双重异质性，自上而下划定的居委会自治空间缺乏内在的凝聚力，社区虽然能够依托法理和行政权跨越封闭小区和楼院围墙的阻挡，建立统一的自治组织，却难以冲破由物权或其他具体事务界定的利益区隔，进行有效的利益整合。因此，社区层面的整全性自治体系和自治单元，难以应对来自小区或楼院等更微观层面的自治需求，也难以适应分散、分层的利益聚合形式，法定自治单元与利益单元的错位，在一定程度上削弱了居委会自治组织服务居民、表达民意、实现公益的功能和作用。

第三，正是由于居民会议规模较大、牵涉面较广，对举行会议所

---

① 代凯：《注意力分配：研究政府行为的新视角》，《理论月刊》2017 年第 3 期。

需的参与人数和召开会议的动议条件也要求较高，因此其会议频次相对不高，所针对的也主要是关涉绝大多数人的事务，这种事务往往不具备利益关联强度，也不是与参与人紧密相关的重要利益诉求，此外，大量琐碎、频繁和灵活的日常事务难以纳入较为刚性的居民会议自治框架下进行解决。

三　业主自治难题：集体行动困境与法律限制

在住房商品化时代，以业主大会和业委会为组织形式的业主自治曾被视为"中国公民社会的先声"，[①] 或是"推进基层民主政治的启蒙学堂"，[②] 然而经历了较长时期的发展，业主自治不仅并未充分发挥其应有的功能，甚至在大多数小区，业主自治组织一直处于缺失或瘫痪状态。对于这种自治"空转"和"失灵"现象，与学界对居民自治困境的判断不同，大多数学者认识到业主自治的困境主要并不是行政权力的外部干预所致，而是其内部的结构缺陷使然。

第一，业主自治的主要职能是业主集体行使物业管理权，这种功能上的专一性也意味着适用范围的有限性。具体而言，与居民自治的基层民主定位不同，业主自治本质上是一种物权表达，主要职能局限于选聘和解聘物业服务企业或管理人、筹集和使用维修资金等相关物业管理事项。但转型期的城市社区是由众多产权结构不同的小区组成的松散联合体，对于非新建商品房小区而言，有产权单位的小区，其物业服务和管理由单位统一负责；在部分老旧弃管小区，相关事宜则由政府兜底。很显然，这些类型的小区业主并不存在自主管理物业的强烈动机和必要性。

第二，居民本身的异质性造成了其利益诉求的分散化及其衍生的集体行动困境。首先，业主的利益诉求是多样而分散的。有社区工作

---

① 夏建中：《中国公民社会的先声——以业主委员会为例》，《文史哲》2003 年第 3 期。
② 桂勇：《略论城市基层民主发展的可能及其实现途径——以上海市为例》，《华中科技大学学报》（社会科学版）2001 年第 1 期。

人员就认为，"每个人的利益点都不一样，有的人想的是（物业费）一块二很合适，就能保证清洁到位，但是，另外的人可能还想要一块八的，能让物业把快递给我送到楼下的或者能提供入户免费维修的。另外，开发商、物业公司前期也没有制定标准的、统一、细化的规定或者公约，明确不同收费对应的服务内容，导致大家的期待、想法都不一致，后面没法再去融合它"。（重庆市两江新区 H 街道 SW 社区居委会主任 DL，2020 年 12 月 2 日，重庆市）其次，业主群体对业委会的态度有差异。调研结果显示，虽然在大多数物业管理区域，大部分业主都与物业服务企业存在矛盾，但与部分活跃业主试图通过成立业委会，调换物业服务企业行为选择不同，大部分业主基于各种利益考量而选择其他渠道解决与物业服务企业之间的纠纷。例如，有的业主虽然不满意物业企业的服务质量，但对更换物业企业后的服务质量仍持有消极判定，这使其缺乏积极参与的效能感；对有的业主而言，成立业委会，引入新的物业企业后将收取更高额的物业费，因此这种"成本—收益"之间的权衡也使其对更换物业企业犹疑不决；还有的业主，虽然认可业委会成立和运行的必要性，但对竞选业委会的特定人员、选举程序和日常工作，或对主管部门和社区工作的干预持不信任态度，同样阻碍了业主间集体行动的达成。有社区工作人员指出了业委会运行中面临的两难困境，"业委会成员要么是不齐心，对齐心的，有一些业主又不满，就认为你们肯定在里面有什么利益图谋，可能跟物业公司有利益交换。"（重庆市两江新区 H 街道 SW 社区居委会主任 DL，2020 年 12 月 2 日，重庆市）这也使得原有的业主与物业企业的二元对峙演化为业主、业委会和物业企业的三方矛盾，进一步加剧了问题的复杂性。

第三，相关法律法规的刚性和模糊性造成了业主自治组织的难产和功能困境。一方面，由《中华人民共和国物权法》、国务院《物业管理条例》和各省市物业管理条例组成的业主自治法规体系，对成立业主大会、业主委员会的人数范围、成员资格、产生程序等都作出了明确且较为严苛的规定；另一方面则较为模糊、笼统地规定了基层政府在业主自治中的职责。这使得在现实中相当一部分小区无法同时满足相关条文要求，也就在法权刚性的约束下难以成立起业主自治组织，在与开发商、物业企业发生纠纷时也难以得到基层政府的实质性支持。[①]

第三节 社区公共事务的类属与自治效能局限

在实践中，以居民自治和业主自治为主要形式的社区自治，除了受到异质性引发的利益关联弱化、集体行动困境以及体制机制刚性等结构性缺陷和内生性障碍的制约，其本身还存在功能限度问题。这意味着，城市社区自治，即居民的自主治理机制，在社区公共事务治理方面并不是万能的，其适用范围存在一定的有限性，与作为治理对象的公共事务类型和属性具有高度的关联性。这种治理能力的短板使得以居民为主体的自治形式在应对和处置简单事务之外的复杂性事务时，必须得到其他治理主体的功能补充和资源支持，形成公共事务治理的联动体系和治理合力。这种自治与共治机制的有机结合，有利于提升对多层次、多类型的社区公共问题的解决效能。

一 社区公共事务的主要类型

对社区公共事务进行分类，是明确社区自治与共治功能边界的基础和前提，社区自治机制之所以不能替代其他主体的共同参与，在根本上是由于社区公共事务存在显著的类型差异。在学界既有的研究成果中，有学者认为决定社区公共事务性质的主要标准在于对该问题的知识掌握程度和利益相关方之间的共识程度，这些事务由此分为"简

---

① Shenjing He, "Homeowner Associations and Neighborhood Governance in Guangzhou, China", *Eurasian Geography and Economics*, Vol. 56, No. 3, 2015, pp. 260–284.

单问题"和"价值分歧型棘手问题"、"知识缺位型棘手问题"以及"复合型棘手问题"四类。[①] 而在实践领域,基层治理主体在长期的实务探索中,同样意识到社区事务分类处理的重要性,并将其分为"私事"、"小事"和"大事"进行分流处置,[②] 其中后两者属于社区公共事务的范畴。

本书认为,社区公共事务的分类标准不应仅仅停留在直观感知上的"大"和"小"层面,这种笼统、含混的表达方式是为了适应作为受众的普通群众对生动性的要求,它无助于在学理层面阐明不同事务所具有的治理意涵,"小事"未必不复杂,"大事"也未必不简单。相比之下,对社区公共事务的"难"(棘手)、"易"(简单)之分暗含着所需治理力量的强度和范围差异,从而在一定程度上揭示出社区公共事务之间的区别所在。

结合既有的理论成果和实证经验,本书认为,社区公共事务以直接利益相关者的范围和层次、直接利益相关者是否有处置能力为双重标准,可以分为居民内部事务、社区内部事务和跨越社区边界的事务(如表1-1所示)。其中,居民内部事务是指居民群体之间以多边利益协调、矛盾化解和共识凝聚等为主要内容的普通决策型公共事务;社区内部事务则在相关者范围上增加了居委会、物业企业、商户、社区组织、社区警务室和驻区单位等社区治理场域内多方主体,在内容上增加了决策之外的专业执行环节的一般性公共事务;跨越社区边界的事务是指在相关者范围上增加了社区场域内主体之外的街道或更高层级政府及其职能部门、司法系统、企事业单位和其他域外主体,在内容上包括决策和专业执行环节的复杂性公共事务。

---

① 陈亮:《分类引领与功能优化:新时期下党建引领社区自治、共治的逻辑与路径》,《天府新论》2018年第1期。
② 《南岸对群众的"大事、小事、私事"分类处理》,阳光重庆网,https://www.ygcq.com.cn/special/qzlx0330/hddt/content_ 1972.shtml,2020年12月22日。

表 1-1　　　　　　　　　社区公共事务的主要类型

直接利益相关者 是否有处置能力	直接利益相关者 范围和层次	居民	居民与社区内 的其他主体	社区主体与 域外主体
是		居民内部事务	社区内部事务	跨越社区边 界的事务
否		社区内部事务/跨越 社区边界的事务	跨越社区边界 的事务	

二　自治机制的能力短板

综上所述，居民内部事务、社区内部事务和跨越社区边界的事务等三种社区公共事务类型的复杂性依次递进，这也决定了社区必须依托分类、分层的治理体系予以分别应对。就其特性而言，居民自治机制虽然能够因利益相关性而聚焦居民之间的公共事务，并经由高度的利益激励而调动居民的参与积极性，从而在集民智、聚民力、合民心，充分践行民主价值的基础上，提升相关公共事务治理的有效性，但由于居民本身缺乏专业知识、治理资源和治理能力，因此居民自治机制在功能上有其天然限度，[①] 其主要适用对象是关涉面较窄，情节简单，无需大量专业技能和资源投入的居民内部事务。相较之下，社区内部事务和跨越社区边界的事务则难以单纯依靠居民的力量进行有效化解，这就对多方共治机制提出了明确的功能需要。多方共治机制能够在结构层面以社区内外的各类行动者为主体，在目标上以服务居民、满足居民利益诉求、实现社区公益为取向，在功能上发挥不同主体在权能、技术、资源、信息等方面的比较优势，实现民主与专业的有机统一。

需要特别注意的是，这里所说的"自治"与"共治"都是指以特定行动者为主体形成的公共事务治理的功能机制，而非特定的治理制度。例如，在以居委会为载体的居民自治和以业委会为载体的业主自

[①] 徐勇：《城乡社区自治实务》，湖北科学技术出版社2008年版，第2页。

治等法定自治形式之外，社区还存在多样化的居民自治组织和机制，例如居民自发成立、自主管理的草根组织、志愿服务组织和文体队伍等趣缘群体，故而自主治理机制的内涵范畴更广于居民自治和业主自治。同时，这两种自治形式在实践中面临诸多困境，其本身并未有效发挥自主治理的功能和作用。因此，本书所说的社区自治的功能限度，并不仅仅是指居民自治和业主自治的功能障碍，而是指居民以自组织方式构建的自主治理路径，存在着无法自我弥补的能力短板，需要一种外生性的共治机制进行补充。

第四节 利益分化与多主体共治

居民自治机制的能力短板是构建多方共治机制的重要动力，而转型期城市基层社会多方主体共存的现实，也为构建和依托有效的体制机制，规范主体间的复杂关系，消弭矛盾和冲突，实现多方主体的和谐共生、有机联动提出了秩序要求。然而，与这种迫切的功能需求和高度的功能期待不相匹配的是，现实中的社区内外多方主体之间，尚未普遍形成稳定而顺畅的共治体系，在相当一部分城市社区和众多治理情境中，各主体由于核心利益诉求的分歧而处于一种分散甚至对立状态，不仅未能发挥充实和优化居民自治机制的初衷，反而使得社区治理力量因频繁内耗而走向无序与低效。因业务关联而建立起的松散联系，因利益张力始终存在离心倾向，这是当前社区共治体系建构所面临的现状与困境。

一 城市社区的多方主体

改革开放后的系统性体制变革，使得计划经济时期一元化的总体性社会逐步转型为结构—功能分化的现代化社会。在体制改革的指引下，国家改变了对经济、社会事务进行统管和包揽的管理模式，在经济领域，允许和鼓励多种所有制经济的发育和成长，为资金、劳动力、技术、原料等各种生产要素和资源的自由流动奠定了合法性基础，由此出现了国家之外的生产、经营和就业机会；在社会领域，城市单位制、农村公社制和户籍制度的解体和松动，不仅为人员、资源的流动提供了现实契机，也为各类社会组织、社会行为主体的活动和发展提供了自主空间。与这种新的经济社会运行模式相适应，作为治理主体的国家也进行了相应的行政职能转变和组织机构调整，不仅限定了自身的权责边界，也进一步通过"结构—功能"分化，强化应对日趋复杂的治理事项的专业技术能力。由此，当代中国已然形成了国家、社会与市场这三种相互分工、有机协同的治理力量。

国家、社会和市场的分化格局，在宏观层面，体现为社会和市场实现了相对于国家的领域分离，成为具有自身运行规律的资源配置机制，其中，行政支配的权力逻辑为自组织力量的权利逻辑所取代，效率和公益是根本的行为原则和实践目标。在中观层面，体现为各领域内部的功能分化持续发展，职业的专门化和精细化程度显著提升：在国家领域，动态的职能调试与机构改革重构了条块结合的国家体系，也由此引起了各层级治理主体的分化与重组、"退场"和"进场"；在市场领域，出现了国有企业、民营企业、合资企业、个体经营者等各种经济主体；在社会领域，不仅有传统的事业单位、人民团体等由政府实控的社会组织，还产生了行业协会、公益组织、民间兴趣组织、志愿团体等非政府组织。这些传统的与新生的国家、社会和经济主体，构成了当代中国治理的多方行动者。

转型期城市基层治理体制机制的变革塑造了新的社区治理场域，其中居民日益多样化的生活需求及其多方供给的功能需要，使得国家、社会与市场力量交汇于城市社区，并形成了各种长期性或暂时性、服务性或管理性、在地或跨域的多方主体间复杂关系网络。总体而言，当前城市社区治理所直接关涉的各方利益主体主要包括：一是作为社区公共权力主体的社区党组织、居委会和社区工作站等国家治理体系在社区一线的末梢组织，以及其所依托的多层级行政执法系统，例如街道办事处及其工作部门、基层城管执法分队、辖区派出所与警务室等。二是适应物业服务市场化运作要求而进入社区的公立或私营物业服务企业。三是作为政府购买服务的承接主体,为社区居民提供专项公共服务的社会组织和专业社工队伍。四是以群体或个体形式呈现的社区居民,他们既是国家法权保障下的自治主体,也是基于产权—义务关系表达利益诉求的业主,还是作为住户的社区服务消费者。五是较少关注社区治理问题的产权单位、驻区单位等,它们或是与社区存在有限的利益关联,或是不愿倾注大量精力于高成本、低收益的社区事务。

二 多方主体的差异化利益诉求

当前社区治理场域中主要存在着四类直接利益主体,其核心利益诉求主要在于:第一,以社区党组织、居委会和社区工作站为核心的社区公共权力主体,以及作为其治权依托的基层政府和执法部门,共同组成了社区治理中的实质性"国家"代理人。社区公共权力主体的核心利益诉求是,充分发挥上传下达的节点作用,一方面将党和国家的路线、方针、政策贯彻落实到社区基层,另一方面整合多方资源解决社区问题,确保社区和谐稳定,主要包括:"以人民为中心",为社区群众提供各类基本便民服务;综治维稳,消除各类安全隐患;协调社区居民和其他主体之间的利益关系,化解社区矛盾纠纷;执行上级政策,引导居民形成良好的生活习惯,培育公序良俗等。第二,以物业企业为代表的市场主体,其根本利益诉求是在"成本—收益"分析的基础上,在为居民提供相应服务的过程中,实现自身经济利益的最大化和人力、物力支出等管理、运营成本的最小化;同时,在新型商住小区的竞争性市场环境下,尽可能维护自身的受聘地位。第三,作为社会力量的社会组织和专业社工队伍,其核心利益一方面在"政府购买服务"的情境中体现为一定的"利益—成本"考量,另一方面则作为第三方,通过孵化和培育社区自组织,促进社区公共利益的实现。

第四，对于普通居民而言，社区作为其工作场所之外的居住空间和日常生活领域，在其中产生的利益诉求主要包括居住品质、环境安全、环境品质、社会交往和自主参与等"五个层次的社区需求"。① 第五，产权单位虽然是社区治理中的重要利益相关者，然而其主要目标则是维持现状，奉行"多一事不如少一事"的旁观态度。驻区单位则仅在完成"党员双报到"等联建任务方面与社区存在有限的重合利益，在大多数情况下对社区治理抱有冷漠态度。

三 社区共治体系构建的梗阻因素

在社区治理过程中，社区多方利益主体之间存在着广泛的业务关联和利益张力：

第一，在社区公共权力主体与居民的关系方面，作为社区治理的核心主体，以党组织、居委会和社区工作站为基础的社区公共权力体系，对社区居民行使着行政管理和便民服务双重职能，这种业务上的紧密联系一方面使得二者具有较大的利益交集，另一方面也使得以公益为导向的公共权力主体与以私益为根本目标的个体居民之间存在着一定的利益龃龉：对于居民而言，面对公共权力主体自上而下的行政管理要求，居民会因个人利益的损失而采取排斥和对抗态度；但同时，其又依赖于公共权力主体所提供的便民服务。对于公共权力主体而言，在居民利益诉求的表达和满足方面，公共权力主体因其职责所在而与居民之间存在较为一致的利益立场，这使其有一定意愿和动力为居民发声，整合多方资源为居民解决问题；然而公共权力主体作为社区治理的第一责任人，面对"守土有责"的维稳刚性压力，则对居民利益诉求所可能引发的不稳定因素持警惕态度。

第二，在公共权力主体与市场、社会主体的关系方面，虽然以物业服务企业为代表的市场力量和以社会组织、社工队伍为代表的社会

---

① 吴晓林：《城市社区的"五层次需求"与治理结构转换》，《国家治理》2018年第3期。

力量均是公共权力主体为居民提供公共服务的重要助手,但物业企业是经由开发商、业委会或产权单位自行选聘,并依据市场化的合约为居民提供相关服务的自主行动者,而社会组织等却大多扮演着政府购买服务的承接者角色,这也决定了二者与公共权力主体之间的合作关系存在"亲疏之别":社会组织与公共权力主体是一种高度契合、紧密相连的合作伙伴;而物业企业则与公共权力主体之间保持着一种若即若离的"权变合作主义"关系。[1]

第三,在居民与市场主体、社会主体的关系方面,作为社区治理的重要主体和对象,居民一方面是治理过程的重要参与者,另一方面也是社区公共服务的主要消费者。对于物业企业,一方面,基于物业服务的业务纽带将其与居民紧密捆绑,而营利的价值导向加之居民监督缺位的"治理责任难题",[2] 则使物业企业倾向于采取谋取私利的策略行为;另一方面《物业管理条例》等相关规定也使得业主群体与物业企业之间的利益纠纷和冲突被相互履约义务所锁定,处理不当则可能陷入恶性循环。相较之下,社会组织和社工队伍作为一种利益无涉的服务供给者,与居民之间基本维持着平和的合作关系。

第四,公共权力主体在居民与物业企业之间的冲突关系中扮演着一种复杂的调解者角色:出于防控风险的现实考虑,其在利益纠纷的初始阶段倾向于以居间调解、理性说服的方式化解双方矛盾,但随着事态的进一步恶化,公共权力主体则倾向于策略地压制或规避风险,即一方面可能与物业企业合作,抑制有发酵和越界风险的居民维权行动;另一方面也可能出于风险规避的动机,在两者的利益对立中发挥一种形式上的调解职能,而事实上持有一种旁观者的立场,将相关压力与风险控制和引导至法律领域中。

---

[1] 何艳玲:《都市街区中的国家与社会:乐街调查》,社会科学文献出版社2007年版,第209—218页。
[2] 陈建国:《业主选择与城市社区自主治理》,社会科学文献出版社2014年版,第70—71页。

此外，社区多方主体之间在现实中往往是经由特定的业务关系而进行的双边互动，缺乏多边合作的制度化渠道和平台。同时，社区作为由国家法权体系所确认的自治空间，其核心治理主体在本质上都是非国家属性的社会主体，因此不具备相应的执法权限，而这种执法权能的缺失，也使得公共权力主体缺乏对其他主体的刚性"激励—约束"手段。因此，在总体上，社区合作体系是因具体事由而临时聚合起来的松散架构，面对内生性的利益张力和公共权威的缺位，难以自发形成强劲的凝聚力和明确的合作规程。调研结果也表明，当前的城市社区在构建共治体系的过程中普遍存在着资源、手段等方面的障碍，这也为社区治理体制机制的创新和调适性发展提出了明确的要求。

第二章

社区协商治理的研究省思、基本要素与分析视角

当前社区自主治理机制的主要法定形式——居民自治和业主自治，在后单位制时代城市社会体制变迁和人口流动的背景下，面对社区成员和社区组成单元的高度异质性状况，存在着明显的结构困境；社区公共事务的复杂性，也使得包括居民自治和业主自治在内的社区自主治理机制存在着天然的功能短板；同时，多方参与的社区共治则由于主体之间的利益张力而结构松散、成效不彰。这三重机制梗阻决定了，转型期社区治理体制机制的优化包括相互衔接的三大任务：一是针对社区法定居民自治形式的困境原因，构建有利于促进居民行动意愿和能力的居民自治形式、制度和渠道，优化基层民主质量；二是打造有效、有力的"激励—约束"手段，协调和纾解主体间的利益矛盾，提升其合作意愿和联动能力，使社区多方共治运转起来；三是搭建良好的社区治理平台，将居民自治与多方共治联结起来，实现基层民主与社区公共事务的一体建设。在全国部分地区出现的社区协商治理实践，正是由上层设计与基层调试相结合、建构性秩序与自发性秩序相统一，推进基层民主与社区公共事务一体建设的重要创新举措。当前，学界关于社区协商治理的学理资源主要是协商民主理论、"多中心治理"理论和"国家—社会"关系理论，面对纷繁复杂而又极具中国特色的转型期市域基层治理实践，这些理论视角均存在一定的适用限度。为

此，本书立足于既有研究进展和经验现实，在与相关理论进行学术对话并对其缺陷进行反思的基础上，采用"政治统合"的社区协商治理分析视角，为阐释当前社区协商治理机制的组织结构和过程特征，解释其功能运行中的内在机理、政治逻辑和主要梗阻，并据此提出策论思路。

第一节　理论反思

以理论回应现实、以理论引领现实是学术研究的重要使命和宗旨。面对快速转型中的基层治理实践和创新举措，学界在援引、发掘和提炼古今中西各种学说源流和理论谱系的基础上，形成了众多的研究视角，试图以此对相关治理现象提供科学的道理阐释或为相关治理难题提供有效的改进方案。就各地涌现的城市社区协商治理探索而言，学者根据理论学说与实践操作的相似元素，或试图在"实然"层面将后者纳入既有学理体系的框架内予以审视，为实务工作构筑坚实的理论基础；或试图在"应然"层面，依托既有的理论资源及其价值内涵，构建理想化的治理情境和状态，从而赋予实践以良善的发展方向。然而作为一种"舶来品"，以西方社会作为本体论预设的相关理论体系和话语体系，[1] 却与中国具体实际存在一定的差距，如不加以细致辨析，不仅会产生"削足适履"的错误学术认知和研究结论，也可能会将实践引入歧途，造成治理资源的无益损耗，甚至导致治理失败。因此，只有与现有理论展开深入的学术对话，汲取其合理成分，反思其适用短板和不足，才能在充分扬弃的基础上，构建出既有理论深度、又有实践视野，既有异域参照，又有本土关怀的新分析框架。

---

[1]　杨光斌：《发现真实的"社会"——反思西方治理理论的本体论假设》，《中国社会科学评价》2019年第3期。

第二章　社区协商治理的研究省思、基本要素与分析视角

一　协商治理：对协商民主理论的扬弃

在关于中国协商政治、基层协商民主和协商治理的学术成果中，众多研究将西方协商民主理论视为自身的学理基础和思想资源，甚至基于西方理论元素与中国实践元素的某种相似性，强行将两者对应起来，形成前者对后者的"指导关系"。事实上，这种学术上的亲和力在很大程度上源于术语转译和主观偏好所引发的误读。[①] 对西方协商民主理论与中国实践之间差异的反思，不仅有利于在学术话语层面正本清源、以正视听，也有利于超越对西方理论框架生搬硬套、张冠李戴的处理模式，在两者之间建立起真实的对话关系，并在批判性借鉴的良性互动中为我国协商治理的理论与实践提供有益的学术启发。

西方的协商民主（Deliberative Democracy），又被译为审议民主、[②] 恳谈式民主、[③] 商议民主或商谈民主，自20世纪80年代兴起以来，逐渐被视为与自由主义民主、共和主义民主相鼎立的三大民主理论范式之一，甚至有人认为，20世纪后期出现了民主理论的"协商转向"[④]。协商民主的勃兴与演化有着深刻的理论与实践背景，即对自由主义民主及其基础上的选举民主、代议民主的批判与反思，以及对西方政治思想和实践传统中的直接民主、共和主义参与式民主等要素的复兴与发展。

具体而言，自古希腊诞生以城邦公民身份为资格的直接民主制以来，在其后两千多年的历史变迁中，民主思想与民主实践的相互激荡，形成了蔚为大观的民主理论谱系与实践形式。从传统向现代的社会转

[①] 金安平、姚传明：《"协商民主"：在中国的误读、偶合以及创造性转换的可能》，《新视野》2007年第5期。
[②] 谈火生编译：《审议民主》，江苏人民出版社2007年版，第6—7页。
[③] 韩福国：《作为嵌入性治理资源的协商民主——现代城市治理中的政府与社会互动规则》，《复旦学报》（社会科学版）2013年第3期。
[④] 陈家刚：《协商民主与当代中国政治》，中国人民大学出版社2009年版，前言第3页；李修科：《民主理论的协商转向》，博士学位论文，北京大学，2016年。

型，不仅造成了古典民主与现代民主理论的分野，也使历史进程中的诸多民主制度选项在激烈的竞争与试错中，被自由主义民主所取代，这种制度也就此成为西方现代民主政治的主流形态。[1] 随着西方国家大规模的殖民拓展和制度输出，自由主义民主政治在三波民主化浪潮的推动下，逐步扩散为具有全球影响力的政治制度模式。然而，面对西方社会日益多元化的公民群体和政治文化，自由主义民主所推崇的"个人自由"和"民主选举"等核心诉求都存在一定的内在困境。自由主义民主将个人主义作为制度设计的逻辑起点，然而却由此引发了个人私益与公共利益、个体自由与社会正义、功利与善的持久张力与内在冲突；自由主义的代议制民主将"选举"和"代表"作为民主制度的主要支柱，然而经由熊彼特认证的"选举式民主"却一方面存在难以克服的自由悖论，[2] 即"他们只有在选举国会议员的期间，才是自由的，议员一旦选出之后，他们就是奴隶，他们就等于零"[3]；另一方面也存在代理人困境，即分散的选民无法确保民意代表按其意志行事。因此，代议制民主的根本问题在于剥夺了公民充分参与的权利。[4] 此外，自由主义民主在具体的决策方式上，也倾向于将决策视为给定的不同利益诉求之间激烈交锋、博弈、讨价还价的过程，而共识的达成则是以多数决为呈现的民意"聚合"。[5]

作为自由主义民主的批判者，协商民主理论的核心要义在于：第一，各种定义的重叠部分包括"民主"与"协商"两个维度，前者是指所有受其影响并与之利益相关的人都能参与其中的集体决策，后者

---

[1] 陈家刚：《协商民主与当代中国政治》，中国人民大学出版社2009年版，前言第2页。

[2] [美]约瑟夫·熊彼特：《资本主义、社会主义与民主》，吴良健译，商务印书馆1999年版，第415页。

[3] [法]让-雅克·卢梭：《社会契约论》，李平沤译，商务印书馆2017年版，第106页。

[4] [美]本杰明·巴伯：《强势民主》，彭斌、吴润洲译，吉林人民出版社2006年版，第171—172页。

[5] Amy Gutmann, Dennis Thompson, *Why Deliberative Democracy*, Princeton University Press, 2004, pp. 13 – 14.

是指这种决策经由具备了理性和公正的参与者的争论而达成。① 第二，协商民主的主体预设是平等而富有知识、责任和公共理性的公民，这既是协商民主有效运作的重要条件，也是对自由主义民主放大个人私益诉求的弊端的纠正。第三，协商民主的重心在于协商过程，而非投票选举，这要求公民个体通过直接参与透明、开放的公共决策，经由理性、审慎的对话、论证和说理，实现公共善对彼此对立的个人偏好的校正，促成个人利益与公共利益的契合以及正确决策的制定，这一特征决定了协商民主的关键在于作为商谈和沟通媒介的话语本身，因此，哈贝马斯将协商民主视为话语民主，并试图将非正式公共领域构建起的主体间的交往理性，与政治制度所提供的民意表达渠道结合起来，构建起完整的协商民主政治。② 第四，协商民主对公共协商程序、规范的强调，使其具有民主参与、政治合法性、民主决策、公共治理等重要意涵，被视为一种兼具工具理性和价值理性的决策机制和公共事务治理机制，还使其成为一种宪政共和主义政府体制的基石。③ 第五，协商民主还被寄予了经由公共协商吸纳多元分歧、培育公民美德和自治能力、促成公民共同体的价值希冀与功能期待。第六，协商民主从理念向实践的转化需要以可操作化的制度为支撑，例如协商民意调查等。④ 可见"协商"与"普通对话"的区别，即其质量在于信息的准确性、实质性平衡、多样性、自觉性和公平考量。⑤

与西方协商民主理论所依托的民主发展脉络和公民社会的本体论基础相比，中国的协商民主实践有着迥然不同的历史源流、社会基础

---

① [美]约·埃尔斯特主编：《协商民主：挑战与反思》，周艳辉译，中央编译出版社2009年版，第9—10页。

② [美]哈贝马斯：《在事实与规范之间：关于法律和民主法治国的商谈理论》，童世骏译，生活·读书·新知三联书店2014年版，第468—470页。

③ 李强彬：《国外协商民主研究30年：路线、视角与议题》，《教学与研究》2012年第2期。

④ James S. Fishkin, *Democracy and Deliberation: new Directions for Democratic Reform*, Yale University Press, 1991, pp. 2—4.

⑤ [美]詹姆斯·S. 费什金：《倾听民意：协商民主与公众咨询》，孙涛、何建宇译，中国社会科学出版社2015年版，第37页。

与功能定位：第一，相较于西方协商民主的"理论"色彩，中国的协商民主具有鲜明的实践品格：1949 年以来，中国共产党领导的多党合作和政治协商制度是中国协商民主实践的典型形式。20 世纪 90 年代以来，以浙江温岭"民主恳谈"试验为肇始，各地又通过广泛的政策学习、政策扩散与政策创新，立足基层居民的议事传统，形成了丰富的基层协商民主实践形态。可见，中国的协商民主多是以解决特定问题为导向的治理机制和平台，呈现出"协商高于民主"的实用主义特征。[①] 这种明确的问题意识也进一步决定了相较于程序规范，源于实践、面向实践的中国协商民主更为偏重实质结果。第二，西方协商民主理论所面对的是自由主义民主已充分实施的现代多元主义公民社会，其根本指向是抑制过度膨胀的个人利益，维护个人权利与社会正义的平衡，相比之下，中国协商民主实践的根本任务和目标是在权利体系尚未健全、社会力量尚显孱弱的情况下，保障和支持居民个体的知情权和参与权，提高决策的科学性、民主性和合法性，并进一步培育居民的自治能力和公共精神。第三，西方协商民主理论强调主体之间的平等性，而中国自上而下的多层次协商民主实践，则因协商类型的差异而可能存在精英主义取向或主导者—参与者之间的角色分殊。

综上所述，西方协商民主理论在本质上是对自由主义民主的批判和修补，是民主理论的自我完善和发展，这在"协商"与"民主"的关系层面体现为："民主"价值的践行、"公共善"的伸张是其根本目的和核心关怀，"协商"则是优化"民主"、实现"善"的方式和手段，因此，协商民主在一定程度上就被还原为对沟通、交往的话语表达技术和质量的改进和提升。而中国的协商民主在本质上是一种治理实践，其以协调分歧性的利益纠葛、管控矛盾风险、达成多方共识，从而形成治理合力、解决治理难题、推进治理绩效为根本指向。因此，

[①] 何威：《治理共同体建构：城市社区协商治理研究——以上海市普陀区为例》，博士学位论文，华东师范大学，2018 年。

在中国，协商实践并非规范性层面的理想范式，而是致力于使理想落地，并已在长期的实务中经受检验和调试的协商治理机制及其实施路径。

二 政党领导的多方共治：对"多中心治理"理论的扬弃

20世纪70年代兴起的新公共管理运动作为对政府治理效能低下的一种变革尝试，由于其忽视了公共部门管理和私人部门管理、政治过程和市场过程的差别，过分强调市场机制和私有企业的作用，因此其局限性也日益暴露，[1]这直接促成了"多中心治理"理论的回应性发展。"多中心治理"由以埃莉诺·奥斯特罗姆（Elinor Ostrom）和文森特·奥斯特罗姆（Vincent Ostrom）为代表的印第安纳制度分析学派首先提出。长期以来，西方学界围绕公共事务形成了"公地悲剧""囚徒困境"和"集体行动困境"等分析模型，从而以极端情境呈现出公共事务治理的困难性。"多中心治理"理论认为，公共事务治理的传统制度方案主要包括"以政府为中心"的利维坦模式和"以市场为中心"的私有化模式，然而，这两种治理方案不仅都各自面临"政府失灵"与"市场失灵"的功能困境，[2]受制于信息不足和"搭便车"现象；而且这些过于简化的隐喻式方案本身就是"无制度的"制度；[3]此外，这种非此即彼的方案选择也并非事实的全部，"许多成功的公共池塘资源制度，冲破了僵化的分类，成为'有私有特征'的制度和'有公有特征'的制度的各种混合"。[4]其核心特征就是突破单中心治理的传统思维，允许来自政府、社会和市场领域的多个权利中心

---

[1] 甘永涛：《从新公共管理到多中心治理：兼容与超越——西方国家高等教育管理改革的路径、模式与启示》，《中国高教研究》2007年第5期。

[2] ［美］保罗·萨缪尔森、［美］威廉·诺德豪斯：《经济学》，萧琛译，商务印书馆2014年版，第41—48页。

[3] ［美］埃莉诺·奥斯特罗姆：《公共事物的治理之道：集体行动制度的演进》，余逊达、陈旭东译，上海译文出版社2000年版，第42—43页。

[4] ［美］埃莉诺·奥斯特罗姆：《公共事物的治理之道：集体行动制度的演进》，余逊达、陈旭东译，上海译文出版社2000年版，第31页。

和服务中心并存，①这种多中心一方面意味着无中心，也即"没有政府的治理"，强调社会群体或社区的自组织与自主治理；另一方面意味着多重治理机制和组织结构的交叠与重合，以形成能够适配和应对不同层级、不同类型公共事务的复合治理网络。②作为"多中心治理"的基础，自主治理机制得以构建和运行的关键性制度元素包括制度供给、可信承诺与相互监督三个方面，在一定程度上，这需要依托外部政治制度和法律规则体系的保障作用，可见，在"多中心治理"理论视域下，国家与自主治理机制存在着复杂的辩证关系，后者的有效运行一方面取决于其不受政府干预的自主地位，③另一方面也需要政府提供稳定的制度框架、行为规范和政策支持。此外，自主治理机制的构建还依赖于相互信任和社会资本，而这源于稳定的共同体或成熟的公民社会基础。因此，"多中心治理"理论的核心要义在于政府、社会和市场形成功能互补的合作共治体系，它体现在空间层面，是以政府为核心的单中心管制模式向政府、市场和社会三维框架下的多中心治理模式转变，具有权力分散和交迭管辖的特征；④在主体层面，是作为公共权力中心的政府与第三部门机构，如志愿组织、非政府组织、社区互助组织等的共同参与，彼此之间是由特定规则所协调的合作关系；在权力向度层面，是从自上而下向上下互动的转变。⑤

随着"多中心治理"理论被引介到中国，或有学者试图以之为基础搭建研究中国治理的分析视角，或有学者将之作为引导治理实践发

---

① 熊光清、熊健坤：《多中心协同治理模式：一种具备操作性的治理方案》，《中国人民大学学报》2018年第3期。
② 王兴伦：《多中心治理：一种新的公共管理理论》，《江苏行政学院学报》2005年第1期。
③ 高轩、朱满良：《埃丽诺·奥斯特罗姆的自主治理理论述评》，《行政论坛》2010年第2期。
④ 谭江涛、蔡晶晶、张铭：《开放性公共池塘资源的多中心治理变革研究——以中国第一包江案的楠溪江为例》，《公共管理学报》2018年第3期。
⑤ 吴光芸：《多中心治理：新农村的治理模式》，《调研世界》2007年第10期。

展的理想状态，然而，源于西方的"多中心治理"与我国主流的"社会综合治理"等多元主体合作治理模式虽有相似性，但在治理对象、形成路径和工具方法上均存在显著差异，故而对其在中国情境中的运用也应持审慎的态度。① 首先，"多中心治理"主张"去中心化""去行政化"，反对权力的集中，但在中国的治理实践中，"党的领导不仅是中国特色社会主义最本质的特征，也是中国特色社会主义制度的最大优势"，② 是社会治理效能的来源和保证。同时，我国社会治理体系构建的指导方针是"党委领导、政府负责、民主协商、社会协同、公众参与、法治保障、科技支撑"，这不仅明确了社会治理体系的建设方向，也在现实中指引着社会治理实践的开展。可见，与"多中心治理"相比，我国的合作治理体系突出了执政党与多方主体之间的"领导—服从"关系以及政府在社会治理中的关键作用。其次，中西合作治理格局的分殊，在政治属性的因素之外，还源于彼此所立足的社会情境与社会结构的差异，相比于西方较为发达的基层自治传统和紧致的共同体纽带，以及较为健全、均衡的"权力—权利"法权体系，转型期的中国社会则面临着流动化和异质化的冲击，社会资本存量流失、增量有限，社会自发秩序和自组织力量薄弱，难以生成自主治理的强劲内生动力。最后，综上所述，"多中心治理"的核心与基础是自组织与自主治理，这建基于以成员互信和社会资本为支撑的共同体或公民社会，呈现出自生自发秩序的制度逻辑，相较之下，面对趋向原子化的社会结构，中国社会治理则是一种政治统合的合作治理模式，它强调执政党的政治引领和政府的资源供给、制度保障对于深陷集体行动困境的社会自治、共治体系的赋权与赋能作用，实现了建构性秩序与自发秩序的双向强化。

---

① 王丛虎、王晓鹏：《"社会综合治理"：中国治理的话语体系与经验理论——兼与"多中心治理"理论比较》，《南京社会科学》2018年第6期。
② 《中共中央关于坚持和完善中国特色社会主义制度推进国家治理体系和治理能力现代化若干重大问题的决定》，《人民日报》2019年11月6日第1版。

三 政社融合：对"国家—社会"关系理论的扬弃

目前城市社区治理领域的主流研究范式依然是经典的"国家—社会"关系理论，这一理论预设了相互对峙的两大实体——国家与社会，并衍生出不同的观察视角、关系格局和互动方式。第一，在分析视角层面，西方学界基于国家—社会二分的逻辑预设，先后发展出"社会中心主义"[①]"国家中心主义"[②]和"社会中的国家"[③]等分析范式。第二，在国家与社会的关系格局层面，或以二者的力量对比为标准，将其区分为"强国家—强社会""强国家—弱社会""弱国家—强社会"和"弱国家—弱社会"等关系模式；或以对两者的职责界定为标准，将其区分为"大政府—小社会"和"小政府—大社会"等关系模式。[④] 第三，在国家与社会的互动方式层面，围绕冲突、竞争和合作的关系判定，学界形成了社会主义、多元主义和统合主义（法团主义）三大思潮。[⑤] 第四，在国家治理社会的方式层面，国内学者立足中国政治的现实经验，针对国家（政府）对社会精英、社会组织、社区居民等社会主体的差异化管控与治理路径，分别提炼出了"行政吸

[①] 主要包括：第一，马克思主义经典作家的理论以及属于马克思主义理论谱系的相关理论学说，如［希］尼科斯·波朗查斯：《政治权力与社会阶级》，叶林、王宏图、马清文译，中国社会科学出版社1982年版；［英］密里本德：《资本主义社会的国家》，沈汉、陈祖洲、蔡玲译，商务印书馆1997年版。第二，多元主义、新多元主义、社团主义理论体系，如［美］D. B. 杜鲁门：《政治过程：政治利益与公共舆论》，陈尧译，天津人民出版社2005年版；［美］罗伯特·达尔：《谁统治：一个美国城市的民主和权力》，范春辉、张宇译，江苏人民出版社2011年版；Philippe C. Schmitter, "Still the Century of Corporatism?" *The Review of Politics*, Vol. 36, No. 1, 1974, pp. 85–131.

[②] 主要包括"回归国家"学派的理论成果，如：［美］斯考切波：《找回国家——当前研究的战略分析》，载埃文斯、鲁施迈耶、斯考克波：《找回国家》，方力维、莫宜端、黄琪轩译，上海三联书店2009年版；［美］埃里克·A. 诺德林格：《民主国家的自主性》，孙荣飞、朱慧涛、郭继光译，江苏人民出版社2010年版。

[③] ［美］乔尔·S. 米格代尔：《社会中的国家：国家与社会如何相互改变与相互构成》，李杨、郭一聪译，江苏人民出版社2013年版，第22—24页。

[④] 庞金友：《现代西方国家与社会关系理论》，中国政法大学出版社2006年版，第84页。

[⑤] 刘倩：《统合主义与中国研究：文献综述》，《学海》2009年第4期。

纳政治"① "行政吸纳社会"② "国家嵌入社会""国家控制社会"和"国家创制社会"等分析框架。③

然而,"国家—社会"关系理论在中国治理情境中却存在明显的局限性:首先,这种"国家—社会"二元分析框架忽视了执政党在中国政治系统中的核心作用与重要功能,因此难以充分解释国家与社会治理中的诸多现象,部分学者由此将执政党及其体制要素纳入分析框架,提出了超越"国家—社会"的"政党—政府—社会"④ "行政—政治—公司"⑤ 或"政府—政党—企业"⑥ 的三分法。其次,三元分析范式虽然在一定程度上弥补了"国家—社会"关系范式在处理执政党角色方面的短板,但却与其共享了国家与社会的实体论预设,事实上,无论是国家还是社会都并非铁板一块的整体,国家是由不同层级、不同部门拼合而成的"机构混杂物",⑦ 社会内部形态往往也不是整齐划一而是支离破碎的"网状"结构,⑧ 因此使用"国家"与"社会"的笼统指称过于简化了复杂多样的行动主体,难免遗漏大量多方行动者微观互动的具体细节;复次,在"国家—社会"关系的视域中,作为实体的国家与社会存在清晰的边界,但在党建引领和党组织嵌入的治理运行模式下,无论是政府主体、社会主体还是市场主体,都因成员身份与党员身份的有机复合,而呈现出政治—行政—社会—市场相融

---

① 金耀基:《中国政治与文化》,牛津大学出版社2013年版,第235页。
② 康晓光、韩恒、卢宪英:《行政吸纳社会:当代中国大陆国家与社会关系研究》,世界科技出版公司2010年版,第285—289页。
③ 吴晓林、谢伊云:《国家主导下的社会创制:城市基层治理转型的"凭借机制"——以成都市武侯区社区治理改革为例》,《中国行政管理》2020年第5期。
④ 景跃进:《将政党带进来——国家与社会关系范畴的反思与重构》,《探索与争鸣》2019年第8期。
⑤ 折晓叶:《县域政府治理模式的新变化》,《中国社会科学》2014年第1期。
⑥ 刘倩:《统合主义与中国研究:文献综述》,《学海》2009年第4期。
⑦ 王浦劬、汤彬:《论国家治理能力生产机制的三重维度》,《学术月刊》2019年第4期。
⑧ [美]乔尔·S.米格代尔:《强社会与弱国家:第三世界的国家与社会关系及国家能力》,张长东、朱海雷、陈玲译,江苏人民出版社2012年版,第39—41页。

合的基本态势,这种"结构—功能"相融合的样态与"国家—社会"分化、分工的主体间关系形态存在明显差异,有利于以执政党的领导权为支撑构建起党组织对其他主体的"激励—约束"机制,从而驱动一核多元治理体系的有效运作,促成以党组织为核心和枢纽的社会治理共同体。

虽然"国家—社会"关系理论在中国政治研究中呈现出一定的限度和短板,但由其衍生的部分理论资源却对考察党组织引领的多方共治模式有重要的启发意义,例如,统合主义作为一种分析国家—社会关系的特定范式,突出了两者之间的合作性与和谐性,主张通过受国家认可和支持,在领域内具有垄断地位的等级化法团组织,将不同的利益群体纳入国家决策结构之内,以吸收、控制和调节差异化利益诉求,消弭群体间利益冲突和国家—社会间矛盾。法团作为国家与利益团体之间的中介,一方面,与国家建立制度化的常规协商机制以进行自下而上的利益代表,实现分散利益的集中表达,并为其进入政策过程提供渠道;另一方面,则将国家制定的决策予以自上而下的推行,并确保领域内社会团体的服从和参与。这种国家—社会关系形式,实际上是一种国家对社会结构性冲突的管控模式,其所兼具的利益代表和社会管理两种功能,能够实现群体私益与社会公益的有机统一。[1]有学者进一步结合中国实际,注意到执政党对社会组织进行有效统合的手段包括赋予政治身份以增加政治资本、扩展社会网络,[2]以及组织嵌入[3]组织吸纳等。[4]统合主义所呈现的执政党、国家与社会之间的关系样式与转型期社区治理场域中的主体间关系,尤其是协商治理机

---

[1] 张静:《法团主义》,中国社会科学出版社2005年版,第25—28页。

[2] 李朔严:《政党统合的力量:党、政治资本与草根NGO的发展——基于Z省H市的多案例比较研究》,《社会》2018年第1期。

[3] 罗峰:《社会组织的发展与执政党的组织嵌入:政党权威重塑的社会视角》,《中共浙江省委党校学报》2009年第4期。

[4] 吴新叶:《执政党与非政府组织:理论的超越与现实的路径——以超越"国家—社会"范式的视角》,《学术论坛》2006年第12期。

制有极强的契合性,这也为下文所提出的"政治统合"分析视角提供了有益的思想资源。

第二节　社区协商治理的基本要素

社区协商治理不仅是党政主体赋能社区居民自治和多方共治的主要制度依托,也是居民自治、多方共治与政治整合有机联结的重要制度场域。就此而言,社区协商治理机制的内涵涉及类型、主体与内容等多个方面:第一,在功能层面可视为居民自治、多方共治与政治整合的三位一体、有机复合;第二,在主体层面可分解为作为政治统合主体的纵向公共权力体系、作为自治主体的社区居民以及作为共治主体的社区多方行动者;第三,在内容层面可分解为协商议事与决策落实两个维度,从而在结构层面对应为协商议事平台与支持网络两大构件。

一　社区协商的类型与环节

有学者研究表明,当前各地的基层协商主要属于技术性、平台性和制度性三种,制度性协商主要是影响广泛、特色突出的宣传典型,例如以浙江温岭和云南盐津等为代表的参与式预算制度等,其特征在于将协商民主要素融入既有的基础制度结构;平台性协商即是以协商议事平台为依托,撬动社区多元主体的合作共治;技术性协商则是为解决特定治理议题而引进和使用的协商技术,例如开放空间会议和共识论坛等。作为治理创新举措,这三者协商民主形式具有空间扩散上的差异性,其中,技术性和平台性协商的扩散性显著强于制度性协商民主。[①] 笔者的调研也在一定程度上验证了这一点,北京市西城区推行的"参与式协商"、重庆市部分街道实施的"三事分流"和"院坝

---

① 付建军:《作为治理创新的基层协商民主:存量、调适与内核》,《社会主义研究》2020年第6期。

会"等均属于平台性协商范畴。

社区协商在流程上主要包括"协商议事"与"决策落实"两大环节，分别对应议事平台和支持网络的组织要件。在实践中，社区协商治理机制主要体现为国家和上级宏观政策精神指导下形成的基层治理创新举措，因此呈现出因地制宜、丰富多样的组织形式，但总体上，这些协商议事平台大多通过创设机构或嵌入原有治理体系而具有实体化或半实体化的组织架构，有相对固定的人员、场所和规章制度。比较之下，支持网络则是基于业务关联而形成的纵横交织的主体间合作关系，没有制度化、固定化的组织样态。

社区协商不仅是一种基层民主形式，也是社区公共事务治理的重要方式。因此，协商治理的议事平台，不仅是居民自我管理、自主决策的民主载体，也是各方利益主体平等、自由地表达诉求、沟通交流、作出共识决策的多方共治机制。而对于相关决策的落实，则一方面由居民自我处理简单性的自治事务，另一方面则将居民无力解决的困难问题、专业问题以及关涉多方利益相关者的公共事务纳入多方参与的协同共治网络予以合力处置，这种协同共治体系就是相对于议事平台的支持网络。

二　协商治理的主体构成

社区协商治理作为居民自治、多方共治与政治整合有机联结的制度场域，其中活跃着公共权力组织、居民与其他社会、市场主体，"一事一议"的协商治理运行模式决定了，这三者在范围上始终处于动态的分化重组过程。首先，公共权力主体指向以党组织为核心的公共权力体系，在社区层面主要包括社区党委或党总支、日益行政化的居委会和作为街道办派出机构的社区工作站，同时，社区本身是国家治理体系的基础环节，这一方面意味着更高层级的党政组织随时会因社区公共事务的关联性而进入社区治理场域，成为政治统合的重要实施者；另一方面也意味着更高层级的党政组织能够通过制定政策等形式，使社区公共权力主体成为其意志的化身和代理人，从而呈现为

"虚拟"的在场者。因此，公共权力主体范围体现为一种自下而上层级变动的态势。其次，居民自治主体是指组织化或个体化的社区居民，组织化的居民是指业委会等人格化的居民自治主体，个体化的居民则难以形成整体性的参与者，其内部呈现出异质化、分散化的特征，这也意味着协商治理中的居民自治主体是因特定公共事务而聚合起来的利益相关者，同时，其彼此之间的关系也因具体事项的类型而呈现出合作或对立两种状态。最后，多方主体是指社区公共事务的全体参与者，除了公共权力组织和居民，还包括产权单位、作为市场主体的物业企业以及其他市场化的商品和服务提供者、作为社会主体的社区内外社会组织以及社区民警、驻区单位等，其范围同样随着公共事务治理需求的变化而变化。

三 协商治理的三重功能

首先，居民自治体现着社区协商的民主之维。社区治理中的居民自治问题主要涉及"社区自治""居民自治"等相关概念，有学者认为，"社区自治"与"居民自治"两者之间存在本质差异，前者是居民作为共同体的集体治理，其内部的治理方式可以是威权的也可以是民主的，例如传统社会中的村社、宗族共同体自治或者乡贤、能人主导下的社区自治，均采用一种威权主义的内部治理模式。而后者则是居民个体作为平等主体的民主治理。[①] 就本书的讨论主题而言，并不将"社区"视为横亘于国家与个体之间的中间组织，故而不采用这种区分方式。主流的"社区自治"概念主要包括广义和狭义两种用法，前者认为社区自治就是"不需要外部力量的强制性干预，社区中的利益相关者习惯于通过民主协商的方式合作应对社区公共事务，实现社区自我教育、自我管理、自我服务、自我约束的过程";[②] 后者则认

---

① 李宁、罗梁波：《国家的高地、社会的篱笆和社区的围墙——基于社区治理资源配置的一项学术史梳理》，《甘肃行政学院学报》2020年第4期。
② 陈伟东：《社区自治——自组织网络与制度设置》，中国社会科学出版社2004年版，第196页。

为,社区自治就是"生活在同一社区共同体的居民自己管理和决定着社区内部的事务、对其自身命运负责的一种生存状态,它是一种社会管理机制,也是民主实现的重要途径"。[①] 这两者之间的主要区别在于参与者主体的范围,狭义用法将自治主体范围限于社区居民,而广义用法则将社区内的利益相关者普遍纳入概念范畴。为了与"社区共治"概念进行有效区分,在本书的语境中,"社区自治"采取其狭义用法,在此基础上的"居民自治"则是指社区居民以自治形式行使民主参与和民主决策权利,以及在日常生活中自我管理、自我教育、自我服务的组织形式和行为方式。

其次,多方共治体现着社区协商的治理之维。有学者认为,社区共治是"在一定的地域范围内由政府与社区自治组织、非营利非政府组织、辖区单位以及社区居民共同管理社区公共事务、推进社区持续发展的活动",它强调平等主体在互惠基础上的合作。[②] 也有学者认为,社区共治是指"社区中的利益相关者通过对话、交流与协商的方式,建立起基于社区公共利益至上的多方合作治理模式"。[③] 因此,与对"社区自治"的多样化理解不同,学界关于"社区共治"基本形成共识,"多元主体"、"平等合作"是其核心要义。

最后,政治整合体现了社区协商的政治之维。作为一种中国特色的治理机制,它是指执政党为实现对政府等公共权力组织、社会组织、企业、居民等多元分化主体的政治整合和有效治理,从而维护转型期的政治与社会秩序,确保发展的社会主义方向,而依托"一体双轨"的党政结构,以党的政治领导权和政府体系的行政权为治权基础,以执政党向国家、社会和市场领域的组织延展和组织嵌入为组织基础,以执政党的"先锋队"属性及其承载、表达和落实人民意志和根本利

---

① 夏学銮主编:《社区管理概论》,中共中央党校出版社2005年版,第99页。
② 周晨蔚:《关于建立社区共治平台的探索——以上海市徐汇区为例》,载米有录主编《社会工作文选(第7辑)》,中国社会出版社2008年版,第89页。
③ 李友梅、汪丹等:《改善民生、创新治理:社会发展活力的源泉》,上海人民出版社2014年版,第42—43页。

益的使命和宗旨为正当性基础的系统性治理模式，以及由此形成的治理结构。在社区层面，公共权力主体对协商治理"结构—过程"的深度融入，在事实上形成了以社区协商平台为中介的政治整合机制。

第一，社区协商治理契合了统合主义持有的合作而非冲突的逻辑预设，统合主义认为，社会群体的竞争和冲突并不能实现利益表达的均衡化，相反它会因不同群体所占资源的差异而造成话语权的强弱分化，从而进一步导致利益综合的非均衡化，损害了社会公益的实现。因此，统合主义重视国家主体性的发挥，试图将利益集团与权威当局的联系作为一种制度化上传下达的合作方式，将多样化甚至彼此冲突的利益诉求在政策过程中予以平衡。① 相较之下，社区协商治理机制所呈现的是一种执政党统合主义，而非传统的国家统合主义或社会统合主义，协商治理机制作为一种多方共治平台，在纵向层面发挥着自下而上的民意表达、民意综合以及自上而下的政策咨询、精神宣讲等功能，从而实现了权力与权利的有机平衡。

第二，社区协商治理契合了统合主义对秩序、和谐等价值的偏好。统合主义主张在利益集团和国家之间建立制度化的沟通渠道，其目的在于将体制外生成的社会组织纳入制度轨道，一方面避免国家与利益团体的冲突，另一方面也防止团体之间的争斗危及秩序，从而化冲突为和谐。相较之下，社区协商治理机制的目标同样是管控矛盾与冲突，致力于通过利益协调，实现主体间共识的达成，从而将风险因素遏制在治理一线，维护社会的和谐与秩序。

第三，社区协商治理契合了统合主义确认的主体间权威等级序列。统合主义自我正当性证成的理由在于市场机制和社会机制的失灵，它认为市场过程的自由竞争，不会出现一个对各个集团都公正的政策结果，而社会的自主活动也不足以形成秩序，因此，国家对于社会组织的引导和控制就有其必要性，利益团体虽然具有中介和居间协调国家

---

① 张汉：《统合主义与中国国家—社会关系研究——理论视野、经验观察与政治选择》，《人文杂志》2014年第1期。

与社会关系的功能，但这种功能的发挥必须在国家主导下进行，换言之，这也决定了国家在统合主义结构中的权威性。同时，统合主义的合作机制本身具有层级性，即国家与劳资团体的高峰（宏观）协商、国家与特定产业部门的经济组织的中观协商以及国家与个体性经济组织就具体政策展开的微观磋商。[①] 相较之下，以社区协商治理机制为载体形成的合作治理网络，一方面，在横向上呈现为结构层面的"一核多元"，功能层面的"党委领导、政府负责、社会协同、公众参与"，即公共权力主体与多方行动主体之间的权威等级序列；另一方面，在纵向上也呈现为从楼栋到街道的多级协商体系。

社区协商治理的这三重功能，在一定程度上也在实证调研中，得到相关协商议题的验证。如前所言，学界的既有研究主要根据议题内容和功能属性，将各地的基层协商民主分为决策性、听证性、咨询性和协调性协商，[②] 或回应型、自治型和咨询型协商，[③] 总体而言，这些协商在本质上是基层政府与群众之间的互动方式。部分研究更为聚焦社区层面的协商民主实践，将其划分为更为细致的群众议事型、公共事务型、行政优化型以及"复合型"协商，[④] 或决策型协商、冲突协调型协商和公民教育型协商。[⑤] 但在笔者对北京、重庆等地相关实践案例的调研中发现，实践中各社区的协商治理均属于多种功能目标合一的复合类型，根据议题和功能的区别，主要包括呈现为居民自主决策、业委会征集和解决民意诉求、业委会协调业主与物业关系等形式的自治型协商；社区公共权力主体协调多方主体间利益关系以达成公

[①] 张静：《法团主义》，中国社会科学出版社2005年版，第81—82页；张汉：《统合主义与中国国家—社会关系研究——理论视野、经验观察与政治选择》，《人文杂志》2014年第1期。

[②] 林尚立：《公民协商与中国基层民主发展》，《学术月刊》2007年第9期。

[③] 林雪霏、邵梓捷：《地方政府与基层实践——一个协商民主的理论分析框架》；徐明强：《基层协商治理的问题维度与制度供给——基于多案例的类型比较分析》，《理论月刊》2018年第5期。

[④] 吴晓林、邓聪慧、张翔：《重合利益中的工具性：城市基层协商民主的导向研究》，《学海》2016年第2期。

[⑤] 谈火生：《基层协商中的空间维度初探》，《治理研究》2021年第4期。

共事务合作治理的共治型协商；社区公共权力主体征集和采纳居民意见的咨询型协商；社区公共权力主体搜集和解决民意诉求的回应型协商；呈现为公共权力主体传达政府政策文件、自主决策、建设与激励社区队伍与骨干等形式的动员型协商。其中前两类分别对应着居民自治和多方共治功能，而后三类则对应着政治整合功能。

第三节　政治统合：社区协商治理的一个分析视角

目前学界尚未形成关于社区协商的统一分析框架，其中大部分研究致力于发掘社区协商的民主意涵，并聚焦协商技术的发展与变革，也有部分研究注意到基层协商的治理功能。而社区治理中的其他主要议题，例如多元主体参与的社区共治和公共权力主体的角色行为等，则被分别纳入合作治理、多中心治理、统合主义等研究领域，由此造成了相关研究主题的分割和断裂。本书认为，在中国特色的社区协商治理实践中，社区居民自治、多方共治与党组织的政治统合具有紧密的逻辑关联，三者统一于社区协商治理的运行之中：社区党组织、居委会和社工站所组成的社区公共权力主体，以自上而下推行的公共政策为依托，构建起"事本主义"的社区协商治理架构，不仅以利益关联吸引居民参与，从而丰富基层民主的形式；也凭借自身的治权、领导权和组织网络，动员社区多元主体的参与，从而打造多方共治的合作体系；还通过对社区协商治理"结构—功能"的深度介入与参与，引领和驱动居民自治和多方共治的有效运转。同时，社区层面也由此形成了以协商治理平台为中介，能够有效搜集民意反馈并给予有效回应的政治整合机制，实现了以规避政治风险、维护社区秩序为目标的政治整合功能，从而反过来增进了社区公共权力主体的治理权威，夯实了党在基层的执政基础。

因此，本书认为，以党组织引领社区治理为内核的政治统合，构成了观察和理解协商治理的关键视角,并据此以社区协商治理实践为研究对象和切口,阐释以党组织为核心的社区公共权力主体引领、驱动和规范居民自治、多方共治,并由此实现政治整合功能的基本方式、过程机制、实施效能、梗阻与优化方向等。

在具体内涵层面,本书所指的"政治统合",借鉴自相关研究成果。长期以来,国内学界立足本国治理情境,以政党、政府、市场和社会之间的双边或多边互动关系为主要论域,形成了地方政府公司化、[1] 部门统合主义、[2] "行政—政治—公司"三位一体统合治理、[3] 政企统合治理、[4] 政党统合、[5] 政治统合制、[6] 统合式治理[7]等分析框架。总体而言,既有研究隐含着两条理论线索:一是沿着统合主义的学术脉络,展示地方政府通过身份复合或组织融合,模糊机构边界,打破职能壁垒,从而推动多重治理机制的一体化运作,实现经济增长、扩大权力或规避责任的行为逻辑。二是延续政党组织社会的理论视角,展示执政党通过组织嵌入、政治吸纳等机制,引领其他主体的微观机理。这些研究表明,统合治理的运作方式取决于主体之间的组织嵌合程度,组织合一可以使统合主体集多重职权于一身,获得高度集中的自主行动能力,而部分嵌合则使其能够以领导关系为主轴调节其他主体行为,间接实现自身意志。在本书中,政治统合是指党组织对其他主体的引领和整合,其核心要义在于依托党组织的领导地位,获得其

---

[1] 赵树凯:《地方政府公司化:体制优势还是劣势?》,《文化纵横》2012年第2期。
[2] 史普原、李晨行:《派生型组织:对中国国家与社会关系形态的组织分析》,《社会学研究》2018年第4期。
[3] 折晓叶:《县域政府治理模式的新变化》,《中国社会科学》2014年第1期。
[4] 陈国权、毛益民:《第三区域政企统合治理与集权化现象研究》,《政治学研究》2015年第2期。
[5] 李朔严:《政党统合与基层治理中的国家—社会关系》,《经济社会体制比较》2021年第2期。
[6] 欧阳静:《政治统合制及其运行基础——以县域治理为视角》,《开放时代》2019年第2期。
[7] 陈科霖、周鲁耀:《"统合式治理":一种中国国家治理的权力运行机制》,《学海》2021年第4期。

第二章 社区协商治理的研究省思、基本要素与分析视角

他主体对党组织相关部署的理解与配合，从而实现公共利益对个体私益的协调、平衡与超越。

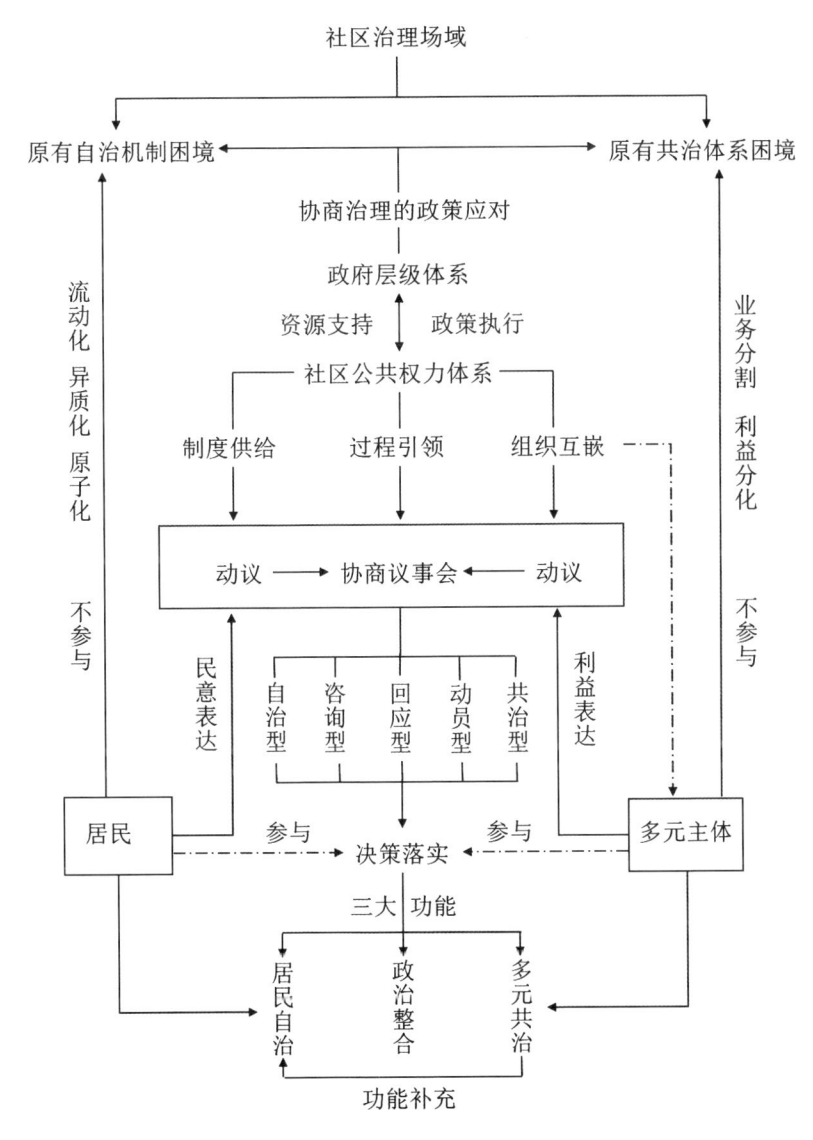

图 2-1 "政治统合"的分析视角①

---

① 注：虚线表示可能存在的运行梗阻。

第三章

政治统合、制度供给与协商治理机制的构建路径

学界的研究成果和本书的调研结果均显示，转型期的城市社区广泛存在着协商治理的制度现象，这种"广泛性"本身意味着各地在实践中面临着相似的治理难题，也由此存在着相似的治理逻辑，并据此给出了相似的应对方案。具体而言，当前的城市社区普遍存在流动化、异质化和利益分化的问题，居民因集体行动困境而难以进行有序、有效的自我治理；同时，城市社区治理普遍存在"属地管理"的责任无限化倾向，这使其面对着各层级政府及其职能部门下派事务所形成的行政压力，也面对居民复杂多样利益诉求所形成的服务压力，[1] 在这种上下双重责任的挤压之下，迫切需要进行体制机制创新以回应治理挑战。在这种背景下，立足城市基层长期的居民议事传统，结合不断发展的新情况、新思维、新技术和新手段，由上层设计与基层创新有机结合而成的协商治理机制，不仅契合了践行基层民主、培育公共精神的价值理性需要，也契合了提升社区公共事务治理效能、降低行政成本的工具理性需要。就其来源而言，社区居民自组织能力的缺陷和自发秩序的失灵状态，使得协商治理机制的构建体现为一种政治统合

---

[1] 吴晓林、谢伊云：《国家主导下的社会创制：城市基层治理转型的"凭借机制"——以成都市武侯区社区治理改革为例》，《中国行政管理》2020年第5期。

的制度供给形式。

第一节　社区中的自发秩序和建构秩序

转型中国的典型特征是高度的社会流动化、个体原子化、利益多元分化与共享规范的流失。具体到社区治理层面，这意味着居民之间、居民与其他主体之间不仅极易发生利益矛盾，还缺乏稳定、成熟的人际网络、交往关系和社会资本。这种内生性秩序的缺失使得社区多元主体之间无法通过合理、有序的方式，以彼此合意的形式，自主解决双边或多边问题。与此同时，目前国家法定的居委会和业委会两种社区自治形式又存在内在梗阻，难以适应居民自治的现实需要。这种层层递进的治理难题决定了，公共权力主体自上而下、由外而内进行的制度供给，就成为满足居民自治需求、充实居民自治能力、进而有效应对诸多社区治理事务的必由之路。

一　构建社区利益协调机制的现实需求

改革开放以来，中国社会进入了剧烈变革的现代化转型期，它不仅意味着经济社会体制的系统性变迁、社会阶层的分化重组，也意味着社会文化、思想观念、价值取向的多元化，还意味着个人本位取得了相对于集体本位的正当性优势。宏观社会背景的变化在微观层面体现为人际关系的革新。计划经济时期，国家通过单位制、公社制和户籍制等刚性社会整合机制对社会流动进行干预和控制，低度的人口迁徙以及相对板结化的职业结构使得人们共处于一种强地缘纽带所联结的熟人社会之中，这种"面对面"的交往方式使其倾向于将彼此间的利益纠纷和矛盾冲突纳入关系网络中予以消化而非诉诸司法渠道，在城市社会，单位有资历、威望的上级领导，街坊的居委会工作人员等集体的代言人，都发挥着利益调节的重要作用。随着各类"集体"的消解以及社会"陌生化"趋势的演变,人际关系逐步契约化,① 然而,由集体成员转化而来的个体却并没有成为成熟的"个人主义者",而是在一定程度上成为缺乏基于"权利—义务"的社会责任感和规则意识的"无公德的个人"。②

在转型期的城市社区治理中,居民之间、居民与其他主体之间的利益冲突和矛盾纠纷构成了治理难题的重要来源。博弈各方通常将个人私利和无理诉求隐藏于"权利"、"情理"的话语之下,而以建筑物区分所有权为支撑的居民权利与其他多元主体的合法权利之间,往往存在对峙并互相锁定的两难关系。对此,缺乏执法权的社区公共权力主体的居中调解难以发挥实质作用,社区内的矛盾纠纷面临进一步发酵的风险,对社区的秩序与稳定构成严重挑战。在实践中,这类问题通常会被导引入司法渠道加以解决,但较长的时间周期、繁琐的流程等所带来的较高的实施成本又使其成为"不经济"的选择。因此,社区各方主体普遍需要有效的利益协调机制,以避免内耗,实现建设性的公益目标。

二 建构秩序对自发秩序的补位与赋能

对社区利益协调机制的现实需求并不意味着这种机制的自发形成。居民虽然因"在场"而具备明确的信息和行动优势,但社区居民本身存在的流动性、异质性和分散性特征使其极易陷入集体行动困境。在公共事务治理中,大多数社区居民都是"冷漠的旁观者",倾向于"搭便车"或寄希望于社区公共权力体系的"统一包办",缺乏参与积极性和主动性。面对广泛存在的"消极居民",社区协商治理机制难以通过居民自组织和自主治理的方式进行构建,而公共权力主体的适时补位则在一定程度上克服了制度供给难题。这种权力补位并不意味着协商治理机制的运行缺乏自主性,也不意味着"管理"对"自治"

---

① 刘擎:《中国语境下的自由主义:潜力与困境》,《开放时代》2013年第4期。
② 周濂:《流沙状态的当代中国政治文化》,《二十一世纪》2016年第6期。

的替代，而是在社区内生力量薄弱的背景下，公共权力主体对社区自治与共治机制的初始赋能和外力保障。

第二节　社区协商治理机制构建的多重逻辑

转型期的城市社区作为国家治理和社会整合的微观单元，既是贯彻落实"以人民为中心"的价值理念，夯实党的执政基础的基层堡垒，也是以提升人民群众的获得感、幸福感和安全感为目标的工作一线。这种重要的功能承载和特殊的区位条件意味着，社区治理体系的主要工作职责和业务内容一方面是直面居民细微、琐碎、冗杂和边界模糊的生活需求和利益诉求，另一方面将上级政策执行任务落实到社区层面。社区因此背负着沉重的职责压力。同时，党的十八届三中全会以来，"治理"作为一种学术概念和理论命题，逐步被实务界所吸收和采纳，并成为国家、社会和基层治理转型的指导思想。这种为社区"减负"的工具理性和践行"治理"的价值理性的双重意愿，成为各层级党政体系和社区公共权力体系发起制度供给，推进社区协商治理的复合动机。

一　"人民性"政治、"兜底性"行政与权责失衡问题

在我国的政治情境中，以执政党、政府体系为主要构成的公共权力主体，其行为方式和职责定位受到民本主义政治文化传统和社会主义国家属性的深刻塑造。计划经济时代的全能主义政治，意味着国家不仅拥有近乎无限的权力，也承担着近乎无限的职责和义务。改革开放后，市场、社会等自主空间的成长，不仅是国家自我收缩权力的结果，也反过来进一步限定了国家的权力边界，并分流了国家的部分职能。这种专业分化的发展趋势是国家治理现代化和行政现代化的应有之义。然而，与政府职能的不断调整、变化形成反差的是，执政党、

政府和人民群众的关系，即"党群关系""干群关系"和"官民关系"模式，则始终为人民中国的政权属性、"人民至上"的政治理念与"为人民服务"的行政价值所界定，从而使得公共权力主体出现了权责失衡问题。具体而言，对民意诉求的高度回应性不仅是执政党和政府的庄严承诺，也是民众对党和国家的价值期待，这既体现了我国政府治理的社会主义"价值—制度"内核，[①] 有利于保持党的先进性、维护党的执政权威，优化政府质量，增进人民群众对党和国家的政治认同；也可能导致公共权力主体任务过重。在政府职能转变的改革导向下，其权力和职能范围都已受到明确的法权规定，这就形成了有限权能与无限责任之间的巨大张力。

为了有效缓解这种张力状态，地方政府尤其是基层政府采取了多样化的应对策略：一是构建整合性的治理模式，例如通过资格认定、资源支持、精英吸纳、党群嵌入和项目合作等手段，对社会和市场领域的多元主体进行隐性控制，从而实现对跨域资源的整合、掌控与运用；[②] 依托融资平台和项目平台，实现政治、行政和企业的一体化运作；[③] 通过"两块牌子，一套班子"而实现政府组织与企业组织合二为一的"政企统合"运作方式，从而实现政府的再集权化。[④] 这些方式的共通性在于打通了政府、市场和社会等领域之间的壁垒，强化了政府的资源汲取和整合能力。二是结合上级下派任务的属性和类型，以及自身的资源禀赋和行为偏好，通过象征性执行[⑤]、选择性执行[⑥]、

[①] 唐亚林：《新中国70年：政府治理的突出成就与成功之道》，《开放时代》2019年第5期。

[②] 杨宏山：《转型中的城市治理》，中国人民大学出版社2017年版，第68页。

[③] 折晓叶：《县域政府治理模式的新变化》，《中国社会科学》2014年第1期。

[④] 陈国权、毛益民：《第三区域政企统合治理与集权化现象研究》，《政治学研究》2015年第2期。

[⑤] 田先红、罗兴佐：《官僚组织间关系与政策的象征性执行——以重大决策社会稳定风险评估制度为讨论中心》，《江苏行政学院学报》2016年第5期。

[⑥] O'Brien, Kevin J., Lianjiang Li, "Selective Policy Implementation in Rural China", *Comparative Politics*, Vol. 31, No. 2, 1999, pp. 167–186.

变通性执行①、适应性执行②,以及自主权变等策略进行自我减负和卸责。③ 三是通过变相增加行政层级,④ 聘用"影子雇员"⑤,以规避编制硬约束,分解和转移繁重的治理任务。

在更为微观的社区治理场域中,一方面,公共权力主体的职责内容和行为方式同样受到这种"干群关系"观念体系和话语体系的支配和影响,并以之为正当性证成,故而受制于无限责任的捆绑,需要应对居民各种诉求,另一方面,社区公共权力主体作为非政府主体,缺乏干预和操控市场、社会主体以获取治理资源的权限和手段,而位于最基层的在地属性,也使其必须在"面对面"的距离尺度直接对居民作出回应,缺乏变通和推诿的腾挪空间,因而面临着更为严重的权责失衡问题。

二 "治理"话语的兴起与公共权力体系的价值内化

在词源学的意义上,"治理"有着较为悠久的语义流变历程,但其具备现行的概念内涵并成为热门议题则是相对晚近的现象。虽然早在古希腊语和古拉丁语中就出现了"治理"(governance)一词的原初形式"kybernan"和"gubernare",但它的本意是操舵(steer),后来又引申出引导(direct)、控制(control)和操纵(pilot)等含义。⑥ 在漫长的发展过程中,"治理"长期泛指管理、控制、统治某个事物或

---

① 刘鹏、刘志鹏:《街头官僚政策变通执行的类型及其解释——基于对H县食品安全监管执法的案例研究》,《中国行政管理》2014年第5期。
② 崔晶:《基层治理中的政策"适应性执行"——基于Y区和H镇的案例分析》,《公共管理学报》2021年第3期。
③ 颜昌武、许丹敏:《属地管理与基层自主性——乡镇政府如何应对有责无权的治理困境》,《理论与改革》2021年第2期。
④ 王印红、朱玉洁:《基层政府"逆扁平化"组织扩张的多重逻辑——基于"管区制度"的案例研究》,《公共管理学报》2020年第4期。
⑤ 吕芳:《中国地方政府的"影子雇员"与"同心圆"结构——基于街道办事处的实证分析》,《管理世界》2015年第10期。
⑥ 宣晓伟:《国家治理体系和治理能力现代化的制度安排:从社会分工理论观瞻》,《改革》2014年第4期。

某个实体（包括国家）的行为和方式，且其使用频率相对较低。[1] 国际学界关于"治理"研究的转折点发生在20世纪八九十，世界银行、联合国开发署等国际机构在开展援助项目时，提出了包括公共部门管理、问责、法治、信息透明等要素的良治指标，[2] 试图据此对受援国的经济社会发展状况进行评估，并将其作为援助的主要目标与着力点。大量相关研究随之跟进，在广泛的讨论中，"治理"概念也逐步被赋予了当前的意涵。这种"治理"主张政府放权和向社会授权，实现多主体、多中心治理，强调弱化政治权力，甚至去除政治权威，企望实现政府与社会多方共治以及社会的多元自我治理。[3]

20世纪90年代以来，随着源于西方的"治理"概念及其理念的引介和传播，国内学术界逐渐形成了关于国家与社会、市场关系的新的制度和秩序构想，认为"治理"作为对传统政治"统治"、社会"管理"模式的缺陷的矫治和替代，在中国场景中的适用，有利于以多方共治、平等协商克服政府一元化主导所产生的权力过大和效率低下等弊端。因此，部分学者突出作为政治变革方向的"治理"价值，认为"治理"与"统治"在权力主体、权力性质、权力来源、运行向度、作用范围方面迥然不同，故而主张政治发展和制度建设应"多一些治理，少一些统治"。[4] 部分学者在吸收这种"治理"含义的基础上，结合本土实际提出了一些新概念，例如多中心协同治理、[5] 多元公共治理、[6] 合作治理等。[7] 此外，学界围绕"治理"这一西方"舶来品"在中国情境中的本土适用性问题展开的讨论与争鸣，也进一步

---

[1] 王绍光：《治理研究：正本清源》，《开放时代》2018年第2期。
[2] World Bank, *Governance and Development*, World Bank, Washington DC, 1992.
[3] 王浦劬：《国家治理、政府治理和社会治理的基本含义及其相互关系辨析》，《社会学评论》2014年第3期。
[4] 俞可平：《推进国家治理体系和治理能力现代化》，《前线》2014年第1期。
[5] 熊光清、熊健坤：《多中心协同治理模式：一种具备操作性的治理方案》，《中国人民大学学报》2018年第3期。
[6] 时和兴：《复杂性时代的多元公共治理》，《人民论坛·学术前沿》2012年第4期。
[7] 敬乂嘉：《合作治理：历史与现实的路径》，《南京社会科学》2015年第5期。

扩大了"治理"理念的学术影响力。

可见，长期以来，"治理"在中国的使用主要限于学术范畴，这一方面是由于理论界与实务界之间存在一定的专业壁垒，另一方面也是由于政治与制度建设本身存在思维惯性和路径依赖。但是，随着高校院所资政辅政意识和能力的不断增强，学术成果实践转化和应用率的显著提升，尤其是国家和各级政府对社会主义智库建设的重视和支持，学术界与实务界之间逐步建立起紧密的交流与合作关系。在具体的合作形式上，各级政府及其职能部门以及其他公共权力主体，主要以购买公共服务等方式委托科研单位、智库等开展横向课题研究、举办专业能力培训班，或邀请学者以个人身份举办学术讲座等。在部分公共治理情境中，专家学者除了通过公共表达、决策咨询等方式进行间接参与，还以直接介入的方式"进场"，为政策执行和治理活动提供智力支持。[①] 正是在这种频繁的互动中，学术界不仅成为实务界的关键助力，也对后者形成了一定的理论指引，一些前沿的思想学说和价值理念由此渗透和浸润到治理实践中去，对党和国家体系的体制改革、机制变革和政策设计产生了重要影响。

2013年，党的十八届三中全会明确提出，"全面深化改革的总目标是完善和发展中国特色社会主义制度，推进国家治理体系和治理能力现代化"[②]，这是"治理"概念首次成为党和国家重要文件的专门表述。此后，在党和国家一系列重要会议决议和政策文件中，又先后出现"国家治理""社会治理""政府治理""全球治理""生态环境治理""基层治理""社区治理"等新用法。[③] 目前，"治理"已然全面取代传统的"管理"概念，成为党和国家实务工作的基本术语。"治

[①] 杨立华、何元增：《专家学者参与公共治理的行为模式分析：一个环境领域的多案例比较》，《江苏行政学院学报》2014年第3期。

[②] 《中共中央关于全面深化改革若干重大问题的决定》，《人民日报》2013年11月16日第1版。

[③] 《中共中央关于坚持和完善中国特色社会主义制度推进国家治理体系和治理能力现代化若干重大问题的决定》，《人民日报》2019年11月6日第1版。

理"概念在实务界的兴起并不是一种简单的话语转换，它不仅意味着执政党、政府与社会、市场关系的系统性变革，也意味着党和国家体制机制、思维方式和工作风格的转型与调整。然而，国家治理的党政结构并非铁板一块的整体，它是纵横交织的"条块"体系拼合成的网络结构，这种非均质的组织成分也使得"治理"理念在其中的传播呈现出不均衡的态势。具体而言，更高层级的党政体系不仅拥有专业素养更高的人才队伍，也有更为多元、宽广的智力成果获取渠道，能够就此形成先进并不断更新的治理理念，采取更高效的治理行动。相较之下，地方党政体系尤其是基层公共权力组织，在人员素质、治理资源和信息渠道等方面均处于弱势。因此，"治理"理念在党政系统内的扩散遵循着自上而下的政策执行逻辑和由外而内的政治社会化逻辑，即一方面上级通过精神传达和方针指引等方式，要求下级在日常工作中贯彻落实"治理"理念，将其贯穿于体制机制改革与创新的全过程；另一方面通过对部门负责人和业务骨干进行专项培训的方式，向其介绍和灌输"治理""协商"等相关知识，引导其将这一理念内化于心、外化于行。在调研中，有街道干部就表示："现在我们主要就是培养社区书记、主任的协商意识，说实话，一开始她们都找不到点，就是这个事可以协商她自己都意识不到，后来就越来越有这个意识了，有什么事就组织协商会议，而且现在就让她们去培养居民，包括楼栋、单元的楼门长（的协商意识），让他们带着居民协商。"（北京市西城区 R 街道社区建设办公室干部 XZ，2020 年 9 月 24 日，北京市）需要注意的是，由于知识传播过程中的偏差与个体认知能力的差异，不同层级、不同部门、不同岗位的工作人员可能也形成了差异化的"治理"观，但是，在总体上，以政府放权、多方共治为要义的"治理"理念已经弥散于政府、社会乃至社区治理的各实践环节。

三 协商治理机制构建的多重逻辑

社区协商治理机制的构建有着强劲的居民"需求侧"动力，但是作为具有实质性权能的"供给侧"一方——纵向的公共权力体系,其意愿和动机在制度供给行动中扮演着极其重要的角色。对于公共权力主体而言,推进社区协商治理,不仅是践行基层民主的可行路径,也是将自上而下传播的抽象"治理"理念转化为具象措施的操作化创新,还是专门应对社区超载,缓解其行政压力和服务压力的可靠手段。正是这种价值理性与工具理性相结合、公共利益与自身利益相统一的"重合性动机",[①] 驱动着公共权力体系构建、完善和推进社区协商治理,以实现多元主体的协同共治。

第一,公共权力主体致力于通过社区协商治理机制,促进公共性生产,以培育社区共同体。转型期的城市社区作为一种陌生化的空间聚落,是由高速流动化、异质化、原子化个体所填充、由行政权力所捏合的松散小区联合体。在时代变迁的宏观背景和利益分化微观格局的共同作用下,无论是以传统单位制小区为代表的老旧社区的社会资本流失,还是以商品房小区为主体的新型商住社区的社会资本缺失问题,都意味着相互信任、相互依存、共同建设的社区共同体之缺位。共同参与、沟通交往虽被视为培育社区成员集体记忆、共通情感、共有规范、共享利益的基本路径,但在现有的社区治理体制机制框架下,却缺乏开放、有效的功能载体,居委会自治与业主自治的空转与失灵,居民自发组织形式的羸弱、无序和边缘化,都使其难以发挥公共性生产的现实作用。面对这种"一盘散沙"的社区状况,公共权力主体试图通过自发探索,并在实践检验和上下政策互动中逐步完善和规范化的公共治理平台,以充分的利益关联为驱动,激励相关居民、主体积极参与,通过商谈、博弈与合作等交往方式的长期磨合,促生互信、公共责任意识、互助意愿和能力等社区公共性要素,从而在个体层面孕育一种带有现代公民共和主义气息的伦理品质,以抑制"无公德的个人"和"精致利己主义

[①] 吴晓林、邓聪慧、张翔:《重合利益中的工具性:城市基层协商民主的导向研究》,《学海》2016年第2期。

者"的极端私利主义倾向;在整体层面形成一种守望互助、命运与共的社区精神和共同体文化。

第二,公共权力主体致力于将社区协商治理机制作为践行"治理"理念、推动治理转型、打造创新案例的重要切入点。"治理"理念在公共权力体系内的传播和扩散,是刚性的政策执行和柔性的政治教化两种形式的有机结合。因此,对于公共权力主体而言,将内化了的"治理"理念落实为治理行为,不仅是执行上级文件精神和政策指示的关键方式,也是自身工作思维转换的自然结果,是契合公益要求和解决社区繁杂治理难题的破局探索。此外,近年来,以地方政府为典型的各级公共权力主体,其激励结构普遍出现了由"为增长而竞争"向"为创新而竞争"的变化,[①] 这是政府内部绩效考核重心和指标调整的直接体现,也对应了国家政策由单一强调经济发展向重视经济、政治、文化、社会和生态全面均衡发展的"治理"转型趋势。正是在这种背景下,各地的公共权力主体在"晋升竞标赛"等现实利益的指引下,积极开展各种类型的治理创新活动,通过"亮点""创新"等吸引上级和社会关注,社区协商治理机制就此被部分基层组织视为彰显"特色"、打造"典型"、输出"经验"的关键举措,并进一步加大了对其的资源投入、规范管理和宣传推广力度。这种获得自身利益的私利动机对实现公共利益的职责动机的加持,构成了公共权力主体探索构建协商治理机制的完整动机,协商治理机制由此得到了充足的"供给侧"动力。但是也要看到,公共权力主体自身的利益动机对协商治理机制构建行为的渗透和影响,可能会造成"形式主义""政绩包装""面子工程"等多种弊端。

第三,公共权力主体试图将社区协商治理机制作为缓解和分担自上而下行政压力的重要渠道。当前,学术界与实务界普遍注意到社区组织的"准行政化"问题,并提出了诸多的解决思路和对策方案。事

---

① 何艳玲、李妮:《为创新而竞争:一种新的地方政府竞争机制》,《武汉大学学报》(哲学社会科学版) 2017 年第 1 期。

第三章 政治统合、制度供给与协商治理机制的构建路径

实上,虽然自 20 世纪 80 年代以来,城市社区被赋予了居民自治的法律定位,但其在功能层面,仍然受到行政权力的持续性支配,这其中存在着深刻的政治统治逻辑与有效治理逻辑。首先,社区行政化是超大规模性国家治理需求的必然结果。为了实现对广土众民的政治整合、有效管理与资源汲取,国家力量始终存在向社会纵深延展的冲动,这体现为 1949 年之后的现代国家建构和政权建设时期,国家以改造和瓦解中间层的方式重构了基层社会秩序,消除了横亘在国家与社会之间的竞争性势力,第一次将国家实质性的控制能力扩展到"编户齐民"。改革开放以来,为了与国家职能转型相适应,城市社区开始了自治的进程,但是,一方面社区本身缺乏内生秩序和自治能力,另一方面这种自治也在一定程度上与地方政府的施政和维稳目标发生冲突,因此,地方政府尤其是基层政府始终试图通过隐性控制的方式维持社区与之的"命令—服从"关系。就此而言,社区"准行政化"不仅是以治理重心下移应对庞大行政事务的体制变通,也是基层政府与社区之间实质性上下级关系的具体呈现。其次,社区行政化也是高度流动化社区治理需求的必然结果。转型期社会流动性的增强造成了传统的以"人"为对象的管理体制的失灵,在"以不变应万变"为原理的"属地管理"模式逐步成为社会治理和综治维稳的关键依托。相比于远离治理一线的上级政府和职能部门,社区公共组织具有"在场"的信息优势,能够快速发现和处置问题,因此,从政府的角度来看,通过将社区嫁接到行政体系上,使之成为政府在基层的"一条腿",有利于保障行政执行链条的完整性,提高行政效能。然而,社区行政化不仅有悖于基层自治的法定功能,也给社区带来了沉重的行政负担。因应于此,目前在理论与实践层面产生了三种解决思路:一通过制定"清单"的方式重塑政府与社区的关系,经由划定双方的职责边界以抑制其"准行政化"倾向,为社区"减负";[①] 二是依托社区党组织,以区

[①] 付建军:《清单制与国家治理转型:一个整体性分析框架》,《社会主义研究》2017 年第 2 期。

域化党建为枢纽，吸纳辖区内的驻区单位等公有经济组织，构建单位化的空间共治体系，形成共治合力，从而以强化外部助力的方式为社区"减负"；① 三是通过构建协商治理体制机制赋能社区自组织力量，从而使其分流部分社区内部公共事务治理责任，以整体减量的方式为社区"减负"。

第四，公共权力主体试图将协商治理机制作为分流社区面向居民的服务压力的重要路径。后单位制时代的城市社区，一方面在职住分离的背景下成为较为纯粹的居住空间，居民的核心利益诉求指向居住品质、环境安全、环境品质、社会交往和自主参与五个方面，② 另一方面单位制解体后分离出来的部分社会服务和民生保障职能也转由社区承接。这使得社区在居民日常生活中扮演着一种较为复杂的角色。首先，在大多数日常生活场景中，对除以部分老年人为主体和骨干的积极分子和热心居民之外的大多数中青年，尤其是在职人员而言，社区公共权力组织与其仅存在着微弱的利益关联和较少的行政服务关联，可感知度较低。其次，以房屋产权为基础，以居住体验为核心的利益取向决定了社区居民与开发商、物业服务企业等市场主体之间存在着紧密的业务关联与利益关联，但彼此之间利益分歧和利益冲突又使其矛盾成为社区综治维稳的焦点所在。这些情形的交织意味着社区公共权力组织与普通居民之间的潜在和偶发关联，必须由矛盾化解和利益纠纷等特定的治理事项所触发和激活，在这些极端情境中，社区公共权力主体及其所依托的党政体系始终面对着极其分散、零碎的居民服务诉求，并对之承担着近乎无限的"兜底"责任。此外，社区事务的特殊属性也暴露出传统治理体制机制的限度和短板，从而对社区治理机制的转型与创新提出了要求。与传统的国家—社会两分法的本体论

---

① 李威利：《空间单位化：城市基层治理中的政党动员与空间治理》，《马克思主义与现实》2018年第6期。
② 吴晓林：《城市社区的"五层次需求"与治理结构转换》，《国家治理》2018年第3期。

预设不同,城市社区位于由正式制度所规定的结构化领域与由非正式民情和习惯法所支配的日常生活领域的贴合面上。[1] 这意味着治理主体必须直面居民日常生活中交叠着偶然性与恒常性、合理性与无理性、细微性与复杂性,裹杂着理性算计与情绪宣泄的私人或公共事务。日常生活事务的微小性与不规则性,使得存在着做"大事"而忽略"小事"的选择性治理和标准化供给倾向、以科层制为组织依托的行政中心主义治理模式陷入失灵困局。[2] 因此,转型期城市社区治理迫切需要通过体制机制的变革来回应科层治理失灵和社区服务压力过载的双重难题。相较于公共权力主体单独进行的"行政包办式"治理,社区自治具有分摊行政责任、消解居民阻力、凝聚治理合力、降低治理的信息成本、管控社区利益矛盾和风险因素等多重工具优势,也具有契合居民实际关切、发扬居民主体性和提升居民认同感等价值意义,故而被作为社区治理转型和创新的重要内容和发展方向。不同于协商治理发挥的"行政减负"功能,这是一种对社区公共权力主体面向居民的"服务减负"。

第三节　社区协商治理的政策供给:上下联动与政策推行

在实践中,协商治理机制的形成路径呈现出"政治统合"与"上下联动"的基本特征。"政治统合"意味着社区协商治理机制的构建在本质上是社区党组织、居委会等嵌入其中的党政层级体系发起的制度供给。"上下联动"意味着相关体制机制的构建不只是高层级党政主体自上而下的政策推动,也不只是基层公共权力主体随意性的自发

---

[1] 肖瑛:《从"国家与社会"到"制度与生活":中国社会变迁研究的视角转换》,《中国社会科学》2014年第9期。
[2] 欧阳静:《强治理与弱治理:基层治理中的主体、机制与资源》,社会科学文献出版社2018年版,第210页。

摸索，而是上层设计与基层创新的有机结合，既是上级对基层有效经验总结提炼后的政策推广，也是基层结合在地实际，对上级统一政策精神的灵活贯彻。具体而言，党的十八届三中全会的召开是我国社区协商治理发展进程中的关键节点，会议决定明确提出，"在党的领导下，以经济社会发展重大问题和涉及群众切身利益的实际问题为内容，在全社会开展广泛协商，坚持协商于决策之前和决策实施之中"，"构建程序合理、环节完整的协商民主体系，拓宽国家政权机关、政协组织、党派团体、基层组织、社会组织的协商渠道。深入开展立法协商、行政协商、民主协商、参政协商、社会协商"，尤其是要求"开展形式多样的基层民主协商，推进基层协商制度化，建立健全居民、村民监督机制，促进群众在城乡社区治理、基层公共事务和公益事业中依法自我管理、自我服务、自我教育、自我监督"。[①] 其后，中共中央印发《关于加强社会主义协商民主建设的意见》，[②] 中共中央办公厅、国务院办公厅印发了《关于加强城乡社区协商的意见》，[③] 对十八届三中全会决定精神进行细化。各地、各级也先后出台了相关实施细则等指导性和操作化文件，这构成了从中央到基层的完整政策体系，为社区协商治理实践探索提供了宏观的政策框架、基本依据和实施动力。

一 政策试点与政策扩散：协商治理机制构建的政策过程

调研发现，社区协商治理机制形成的路径之一是政策驱动型，这种模式的基本原理在于将构建协商治理机制作为重要议题纳入行政体系的政策过程，依托上级党政主体的位阶所具有的领导权威与"政治

---

① 《中共中央关于全面深化改革若干重大问题的决定》，《人民日报》2013年11月16日第2版。

② 《中共中央印发〈关于加强社会主义协商民主建设的意见〉》，《人民日报》2015年2月10日第1、9版。

③ 《中办国办发〈关于加强城乡社区协商的意见〉》，《人民日报》2015年7月23日第1、9版。

势能"，①为社区协商治理机制的构建与推广提供自上而下的政治保障和执行压力，使得基层和社区的公共权力主体在日常工作的注意力和资源分配中，明确其优先性。而在具体的政策实施环节，则采用中国特色的"政策试点＋政策推广"方式，②即在缺乏成熟做法和行动方案的情况下，为了积累经验、优化完善以及避免失误和损失，根据宏观政策精神和基本原则，选择基础条件相对较好的工作单位作为试验样本，并对其运行过程和成效进行全面检视，在不断提炼有效措施的基础上形成更可靠、更普适的结构化"模式"，进而予以推广。需要注意的是，这种政策运行方式并非从"政策试点"到"政策推广"的单向度、线性演变，而是呈现出二者在整体与局部同步进行、周期循环的发展态势。

以北京市西城区为例，2013年党的十八届三中全会以后，各地已经开始对基层协商治理进行了初步建设，其中西城区明确采用政策试点办法，于2014年起在全区范围内共选定60个试点社区，分两批实施。而2015—2016年先后出台的《中共中央关于加强社会主义协商民主建设的意见》、《中共中央办公厅国务院办公厅印发〈关于加强城乡社区协商的意见〉的通知》、《中共北京市委关于加强社会主义协商民主建设的实施意见》、《中共北京市委办公厅北京市人民政府办公厅印发〈关于加强城乡社区协商的实施意见〉的通知》则成为西城区推进相关工作规范化运作的重要契机，其据此于2016年制定《关于加强社会主义协商民主建设的实施意见》、《关于进一步推进社区参与型协商工作的通知》和《西城区"参与型"社区协商治理工作推进计划》等，并先后两年发布《西城区社区参与型协商工作指引目录》，对各街道、社区，尤其是试点社区的协商治理机制的建设进行总体设

---

① 贺东航、孔繁斌：《中国公共政策执行中的政治势能——基于近20年农村林改政策的分析》，《中国社会科学》2019年第4期。
② 韩博天：《通过试验制定政策：中国独具特色的政策制定过程是如何形成的？》，载朱佳木编《当代中国与它的发展道路——第二届当代中国史国际高级论坛论文集》，当代中国出版社2010年版，第211—227页。

计和规划安排。政策试点作为后续政策推广的前提和基础，被赋予了重要的先行使命，这种"试验"性不仅体现为公共权力主体对其运行过程的针对性扶持、技术指导和资源投入，也体现于政策实施中反复进行的细节推敲、机制调适与主体间互动。这一过程的核心要点在于：

第一，试点单位的实践探索与专业指导的有机结合。在政策实施的早期，使协商治理机制在社区运转起来是首要任务，因此区里的主管单位和相关部门要求各街道及其辖区内的试点社区要因地制宜，一方面，在内容上要结合自身特点，创新性地构建楼栋、门院、网格、居民小组等不同层级的社区自治单元，并在社区协商议事规则的基础上，拟定出相应层级协商治理机制的议事规则、程序和章程等；另一方面，则要求试点单位加大协商议事的力度，保持每月一次的频率。[1] 这样不仅可以通过高密度的协商治理操作发现问题、培养能力、营造氛围，还能促使相关责任人产生工作压力，以推进协商治理机制的制度化、常态化发展。同时，协商治理作为超越基层议事传统的新理念和新机制，对于区、街道和社区来说都是全新事物，基层工作人员的"全能型"职业属性和业务要求又使其缺乏相应的专业知识和技术能力，为此，区里一方面采取了统一聘用和派遣指导专家的支持举措，通过建立、完善专家与街道、社区工作信息联络表，要求专家每月至少一次到定点社区进行实地指导等具体配套措施，畅通两者的沟通与合作渠道；另一方面通过举办试点社区协商议事工作能力建设培训活动，以邀请专家集中授课和专门讲解的方式，就协商治理的主要内容、实施方式，操作流程等工作重点和难点，对试点社区的议事会主持人选进行专项素质培训，以提升其对协商治理的认知和理解，为进一步深入开展相关工作培养人才队伍，奠定人力资源基础。[2] 专家指导与专业培训的结合，有利于切实保障基层实践与专业指导的有效对接与

---

[1]《北京市西城区民政局关于进一步推进社区参与型协商工作的通知（2016年）》，调研资料。

[2]《北京市西城区"参与型"社区协商治理工作推进计划（2016年）》，调研资料。

有机融合,从而实现专业知识对实践短板的纠偏与补充,克服凌乱与随意的实施倾向,提升运行过程的有序性和规范性。

第二,各街道、社区的自发探索与横向交流、学习的有机结合。在实施过程中,各街道和社区结合自身资源状况和前期基础,以降低执行阻力、提升治理效能为目标,充分发挥主观能动性,设计和构建了差异化的协商治理工作方案,这一方面突出了特色,呈现出基层协商治理建设与发展的多样可能与可行路径,有利于为上级提供更为丰富、多元的方案选择;另一方面也可能使各单位形成各自为战、分散行动的"信息孤岛",不利于街道之间、社区之间群策群力、相互借鉴,以解决彼此之间的共性问题。为此,主管部门通过在区一级组织年度协商治理工作经验交流和研讨会,[①] 为辖区内的不同单位提供互动与学习平台,而会议中的"典型"宣传和经验介绍,实际上也是发挥着中国特色的"组织学习+政策扩散"功能,[②] 有利于特定单位的先进和有效做法被其他单位有选择性地引进、吸收。

第三,自下而上的意见反馈与自上而下的监督、考核与经验总结相结合。在协商治理工作试行阶段,这种尚未定型的治理机制在组织架构、运行规则和开展方式层面都存在精细化、操作化不足等问题,因此,"试点"工作本身就是上下级之间围绕如何健全、完善、优化实施方案而沟通、反馈的循环式联动过程。为了充分了解试点单位的工作状态和协商治理推进的基本状况,区里一是要求试点社区构建工作指导日志和相关表格、清单,翔实记录专家实地指导意见,并统一交付区民政局备查;二是区民政局每个季度定期听取专家指导定点单位开展协商治理工作的进展汇报;二是要求各街道撰写自评报告,提交区民政局审查。[③] 从功能上说,这种多样式的汇报制度,不仅是社

[①] 《北京市西城区"参与型"社区协商治理工作推进计划(2016年)》,调研资料。
[②] 林雪霏:《政府间组织学习与政策再生产:政策扩散的微观机制——以"城市网格化管理"政策为例》,《公共管理学报》2015年第1期。
[③] 《北京市西城区民政局关于进一步推进社区参与型协商工作的通知(2016年)》,调研资料。

区、街道反映意见、建议和困难的重要渠道，也是上级主动识别问题、搜集经验素材、督促下级工作的重要手段。以之为媒介，不仅试点单位与主管单位形成了推动协商治理工作发展的双向合力，也有利于在上下级频繁的协调中优化、完善协商治理的主要方式方法，并在提炼、总结有益经验的基础上形成更为一般性的协商治理"模式"，为政策推广创造条件。

经过2014—2016近两年的"试点"工作，西城区于2017年制定《西城区民政局落实北京市民政局关于北京市社区议事厅工作指导规程（试行）文件的通知》、《西城区关于推进社区协商工作的实施意见（试行）》等指导性和规范性文件，试图在前期工作的基础上初步进行社区协商治理的统一政策推广。与此同时，西城区试图在60个试点社区的基础上，进一步筛选出3—5个典型社区，作为经验提炼和模式归纳的样本，其中TR街道的网格议事会受到重视，上级试图对其基本做法进行定型和固化，以构建出结构化的协商治理"模式"。

更为微观的街道层级，一方面构成了"市—区—街道—社区"这一宏观政策运行链条中的一环，另一方面则在辖区范围内复制着这种"政策试点＋政策推广"的小循环。举例来说，西城区R街道在2014和2015年度共获得JD、YD社区等4个试点名额，这构成了其推进协商治理工作的政策背景和任务来源。街道在行政体系中的结点作用，使其不仅扮演着上级要求的执行者角色，通过对试点社区进行指导与监督，将试点社区协商治理的工作材料和文档记录统一报送区民政局等主管部门；还作为社区的直接领导，积极发挥主体责任，尝试以试点社区为工作重点，总结和提升出街道自己的协商治理模式，以供街道内的其他社区学习和采纳。在长期的实践摸索、试错、调试和上下互动的基础上，R街道以政府购买公共服务的形式，引入西城区M社会工作事务所，对试点社区的典型做法、经验以及存在的问题、梗阻等进行全面分析和理论提炼，于2018年制定出《西城区R街道参与型协商工作指导手册》，启动了街道层面的政策推广进程。

第三章 政治统合、制度供给与协商治理机制的构建路径

而对区级党政主体而言，其行动一方面受到上级决议和政策的影响，在推进协商治理工作方面存在指导思想和重点内容的变动性，另一方面要对辖区内差异化极大的各街道、社区进行综合平衡，因此政策推广的前期准备更为繁复和漫长。具体而言，从2018年起，北京市开始在全市范围内发起三级协商联动机制试点工作。2019年，北京市进一步制定《中共北京市委、北京市人民政府关于加强新时代街道工作的意见》，要求"建立分层协商和公共沟通互动制度，完善区、街道、社区三级协商联动机制，建立社区月协商制度，推进议事协商常态化、机制化"[1]。2019年，西城区发布了《西城区社区参与型分层协商工作指导手册》，为全区范围内的协商治理工作提供了统一的指导和规范。2020年，西城区基层民主协商被纳入国家标准委印发的《关于下达第六批社会管理和公共服务综合标准化试点项目的通知》，要求将相关试点建成"'参与型'社区分层协商标准化体系，形成协商程序、议事规则等重点标准，打造'参与型'社区分层协商典型样本，形成可参考、可复制、可推广的北京经验"[2]。这既标志着由局部的政策试点向全域的政策推广的逐步转换，也意味着之前由基层各街道、社区分散试验的工作模式逐渐转向标准化实施。

2020年，北京市委社会工委和市民政局提出了新建100个社区协商议事厅示范点的工作安排，西城区在此基础上制定了《关于做好2020年社区协商重点工作的通知》，明确了组织开展社区月协商活动，推进三级协商联动试点以及打造社区协商议事厅示范点等工作任务。[3]这表明，市、区和街道各自进行着自主而又彼此嵌套的"政策试点+

---

[1] 《中共北京市委北京市人民政府关于加强新时代街道工作的意见》，北京市人民政府网站，http://www.beijing.gov.cn/zhengce/zhengcefagui/201905/t20190522_61849.html，2021年2月8日。

[2] 《北京市4个项目获批建设国家级社会管理和公共服务综合标准化试点》，北京市市场监督管理局网站，http://scjgj.beijing.gov.cn/zwxx/scjgdt/202003/t20200311_1689556.html，2021年2月8日。

[3] 《中共西城区委社会工作委员会西城区民政局关于做好2020年社区协商重点工作的通知》，调研资料。

政策推广"的政策循环,不仅意味着任一层级的政策推广都受制于上级的政策安排及其变动,因而相应的政策属于相对而非绝对的"定型"状态,政策推广可能存续于一定的时期和空间范围内;也意味着不同层级推广的政策会进行层层叠加并相互作用,使社区协商治理实践呈现出复合而又动态演变的形态。

二 次级试点与组织学习:专业组织的介入与政策执行优化

街道与社区作为协商治理实践的直接实施者,不仅构成了多层级政策链条和政策过程之一环,也形成了相对自主的政策运行系统。以北京市西城区R街道为例,自2014—2015年获批JD、YD等社区作为协商治理试点以来,该街道结合各年度上级政策要求和重点工作安排,以街道年度项目和常态化工作任务相结合的方式,在辖区内推进社区试点社区协商治理体制机制的探索、创新、完善,并在此基础上将街道、区和市级先后形成的实施方案和工作模式统一推广。目前R街道各社区已经初步形成了以参与型分层协商组织架构,以居民议事厅为治理平台和主要场所,以"月协商"为开展频率的协商治理的运行机制。

由于各社区接触相关工作在时间上先后不一,对协商治理的内容、理念的理解和操作的水平参差不齐,为了进一步指导各社区的工作难点,规范各社区协商治理的运行过程以及优化提升各社区的协商治理质量,从而推动社区协商治理深入、长效发展,R街道采取了在辖区范围内建设次级政策试点的行动路径。具体而言,2019年,R街道依托"三社联动"的基层工作新思路,以政府购买服务的方式,委托北京市WY社会工作服务中心设计和运行参与型协商机制建设与工作创新项目,致力于以合适的试点社区为切口,通过引入专业社会组织和社工力量的指导和实际参与,以主题培训、实践项目为主要形式,提升社区工作人员的组织、协调能力以及居民的议事能力,协助构建社区议事厅、网格议事会、楼院自管会等协商治理的基础平台,发现和

第三章 政治统合、制度供给与协商治理机制的构建路径

培养骨干力量，从而形成居民积极参与、协商程序有序规范、治理活动切实有效的社区协商治理机制。在这一目标的指引和驱动下，街道、社区和项目团队有机配合。第一，在广泛走访和考察辖区内各社区基本情况和协商治理实施现状的基础上，选定了SF、KM等4个试点社区作为协商治理的培育对象和示范单位。第二，邀请社工服务中心的兼职顾问YS教授，为街道相关科室和各社区的社工代表进行主题培训，帮助其深化对协商治理的理解，为其讲授专业的社会工作知识成果和操作技术。第三，在街道层面集中培训的基础上，项目团队进一步聚焦各社区的具体困难，在SF、JW等社区现场开展工作坊，一方面围绕"协商议事会如何有效组织"的问题，对社区工作者和居民骨干进行更具针对性的专业指导；另一方面协助社区制定议题选择、议事流程等方面的行为规则。第四，直接参与和介入各社区协商治理活动中，在议程设定、规则制定、程序引导、总结评估等各个环节发挥指引和技术辅助作用，以现场示范的形式，帮助社区工作人员和居民掌握协商议事的方法、技巧和意识。第五，在试点社区实施创新项目，以新形式、新方法设计、建构和探索行之有效的协商治理新路径，从而不仅验证了协商治理工作方式在社区治理、社会资本培育、公共文化营造方面的效力，也证明了协商治理形式和路径的多元性。第六，在充分梳理各社区，尤其是试点社区有效经验和做法的基础上，提炼出了不同的协商治理特色，为其他社区的学习和后续的政策推广准备了理论素材。[1]

2020年初，R街道以北京市建设300个楼门院治理示范点的为民办实事项目为契机，继续委托WY社会工作服务中心在2019年项目的基础上，一方面继续跟进部分社区未完成的协商治理主题活动；另一方面则结合楼门院治理和社区议事厅示范点建设的上级任务要求，探索议事协商的民意表达功能与政府民生工作民意立项机制的有效对接，

---

[1] 北京市YW社会工作服务中心：《2019年R街道参与型协商机制建设及工作创新项目总结报告》，调研资料。

继续推进社区协商治理工作的精细化发展。在近四个月的时间里，项目团队在JW、KM、JD、HF、RF和CW等试点社区，分别开展了以手工和文体活动、议事厅空间设计、楼院议事、垃圾分类宣传等主要形式与手段，以楼门公共文化建设、环境整治、楼门治理为主要功能指向的参与型分层协商项目，不仅将《北京市生活垃圾管理条例》《北京市文明行为促进条例》等蕴含的敦风化俗、文明教化等价值贯穿其中，而且使得社区工作人员、居民骨干、普通居民等都在多样化的活动参与中提升了自治意愿、意识和能力，还使得公共权力体系有效吸纳和回应了民生诉求，解决了环境改造、管道更新、加装电梯、有序停车等困扰居民日常生活的难事，有效提升了居民的幸福感、获得感，维护了社区的和谐与秩序。这种"活动+议事"的方式创新了吸引居民参与的激励机制，"服务+议事"则创新了居民协商结果的落实机制，在实践中取得了积极成效。据统计，WY项目团队在2020年6月至10月间，共在各试点社区围绕协商治理主题工作组织座谈会5次，活动13次，议事会11次，初步总结出了JD、KM社区的楼门示范点、HF社区的议事厅示范点和物业管理、JW社区的"小巷公约"等典型案例。在项目团队的工作过程中，辖区内的其他社区多次组织社工代表到场观摩、学习，并将其经验引入各自社区，从而以地缘性组织学习为中介，实现了由政策试点向政策扩散的转化。[①]

R街道推进协商治理的实践表明，第一，在社区层面，由社区党政体系工作人员、社区党员、楼门院长、社区队伍领袖、志愿者、居民代表为主体的骨干力量是社区协商治理体系有效运转的重要依托，他们以自身的关系网络为基础，发挥着标杆示范、党群动员的重要作用，不仅能够带动其他居民的参与，也能在协商治理过程中维护秩序、执行规范、协调人际关系等，这实际上是将协商治理作为一种特殊的

---

① 北京市YW社会工作服务中心：《2020年R街道社区参与型分层协商项目阶段性工作汇报》，调研资料。

"政策"纳入传统的政治动员渠道,实现政治统合力量对自治力量的培育与赋能。第二,协商治理机制不仅被赋予了居民自治的功能定位,还在实践中加入了联结自下而上的民意采集和自上而下的民生服务的枢纽功能,在一定程度上体现了"统合主义"的治理特征。但是,社区协商治理推进方式在实践中也出现了一些问题。一是这种"次级试点+组织学习"与打造宣传典型未能有效区分,过于突出对典型经验和特色做法的总结,弱化了对政策推广方式的探索,因此,这种短时间内经由资源投入而塑造出的"试点",可能被工具化为政绩宣传素材,缺乏持续性。二是这种自上而下输入的协商治理机制,带有强烈的建构主义色彩,能否与社情、民情有机融合,从而真正获得自发运转的内生动力则有待观察。正如 WY 项目团队在总结中所指出的,项目设计之初曾选定 4 个试点社区,然而只在一个试点社区和一个非试点社区基本实现了预期成果,其他试点或非试点社区的工作任务则分别进行了调整。[①]

三 政治引领、精英动员与协商治理机制的构建

调研发现,除了这种"政策试点+政策推广"的建构主义模式,协商治理在基层的生成和发展还具有社区公共权力主体自发探索和建构的路径。以重庆市两江新区 H 街道 SW 社区、重庆市沙坪坝区 B 街道 YN、DZ 社区为例,相比于北京市西城区进行的统一、详细的政策方案设计,重庆市两江新区和沙坪坝区尚未就社区协商治理的具体操作模式形成明确的指导手册。自 2015 年中央出台《关于加强社会主义协商民主建设的意见》和《关于加强城乡社区协商的意见》两份指导性文件以来,重庆市于 2015—2016 年出台了《中共重庆市委关于加强社会主义协商民主建设的实施意见》《中共重庆市委组织部重庆

[①] 北京市 YW 社会工作服务中心:《2020 年 R 街道社区参与型分层协商项目阶段性工作汇报》,调研资料。

市民政局关于做好城乡社区协商有关工作的通知》,① 此后,各区陆续出台了诸如《关于扎实做好城乡社区协商工作的通知》②《关于进一步规范村(居)务公开和村(社区)协商工作的通知》等相关文件。这些文件对协商内容、协商主体、协商形式、协商流程和协商成果进行了原则性规定,而在具体实施方法上,则要求基层因地制宜、因事制宜,依托社区现有的村(居)民议事会、小区协商、业主协商、民主听证会、民主评议、社情民意恳谈会、村(居)务公开日、楼栋(院坝)议事会、村(居)民论坛等平台开展协商。总体来看,上级的宏观政策思路在于将协商治理纳入已有的社区自治体系、机制和平台,但是在行动上并没有形成非常清晰的路线图,也没有制定统一的操作方案。

对基层的调研发现,经过长期的探索,沙坪坝区 B 街道于 2020 年初步制定了《院坝会工作方案》,而两江新区 H 街道则尚未制定类似的指导性文件。该街道某社区居委会主任就表示,"(关于社区协商治理的一些做法)都是社区根据自身实际弄出来的,不存在很高大上的方案",此外,她也对上级没有在这方面为社区提供具体的工作思路和操作指引表示不满,"上面只是强调要从社区'管理'走向社区'治理',具体怎么办也没有明确说明"。(重庆市两江新区 H 街道 SW 社区居委会主任 DL,2020 年 12 月 2 日,重庆市)在这种情况下,B 街道 YN 社区和 H 街道 SW 社区均是在日常工作中,为解决小区停车等复杂的居民纠纷和历史遗留问题,逐步摸索出了以党建引领为工作抓手,由社区党组织和居委会牵头,在片区、党建网格等现有的组织体系基础上,依托社工、党员、居民代表、积极分子等骨干力量成立

---

① 《中共重庆市委组织部重庆市民政局关于做好城乡社区协商有关工作的通知》,重庆市人民政府网,http://www.cq.gov.cn/zwgk/wlzcwj/hmlm/hmlmszfbm/202001/t20200114_4604775.html,2021 年 2 月 16 日。
② 《关于进一步规范村(居)务公开和村(社区)协商工作的通知》,重庆市渝北区人民政府网,http://www.ybq.gov.cn/bm/qmzj/zwgk_70831/fdzdgknr_70834/lzyj_70835/qtgw_70838/202009/t20200902_7839101.html,2021 年 2 月 16 日。

第三章　政治统合、制度供给与协商治理机制的构建路径

的自治小组、院坝会等居民协商治理的形式和机制。其中，调研发现，"三事分流"，即"政府牵头解决'大事'，居民自治解决'小事'，社区引导解决'私事'"是社区协商治理中广泛使用的工作方法。"三事分流"自2013年由南岸区峡口镇首次使用以来，经过总结提升已作为民政部"2014年全国社区治理和服务十大创新成果"而受到重视，并在全市范围内予以推广。[①] 这表明，由基层自发开展的协商治理实践，在缺乏上级政策明确要求和统一实施方案的情况下，通常会采取在现有体制机制的框架下，最大程度利用既有资源的"叠床架屋"模式而非"另起炉灶"模式。这种方式一方面将协商治理嵌入完善且成熟的社区治理体系，降低了实施和调控成本，另一方面也有利于为其提供政治统合的驱动力。但是，这种做法也容易使得协商治理本身成为社区公共权力主体日常事务中的一个方面，受到其工作优先性排序的影响，从而降低了主体性意义。

此外，作为一个"农转非"的回迁型社区，SW社区居委会主任DL表示，社区协商治理有效运转的重要条件是社区工作人员在工作中，有意识地发现和培育起一些有威望、有能力的热心居民，使其担任楼门长等，形成居民与社区之间的"缓冲"。同时，协商治理所需的社会资本、居民自治能力等也是在长期的实践中逐步孕育出来的。她说，"2005年刚成立社区的时候，大部分居民都是以前的村民，有什么事都指望社区兜底，帮他们管理，也没有什么公德心，农具都是随处乱放在楼道、门口。从2008年左右，社区设置一些志愿服务岗位，通过积分奖励，鼓励他们来做，让他们树立'大家的家园要共同来治理'的观念。刚开始的时候，自治什么的他们都做不来，需要我们提方案，他们来参与，经过大概十年，才慢慢调整过来，有了一些自我管理的文体组织之类的。"（重庆市两江新区H街道SW社区居委会主任DL，2020年12月2日，重庆市）

---

① 《南岸：用"三事分流"工作法推进社区治理》，《重庆日报》2018年10月22日第7版。

第四章

互嵌与融合：政治统合与社区协商治理体制建构

转型期城市社区对自治、共治等公共事务治理机制的功能需求与社区自发秩序生成困境之间的矛盾，使得协商治理机制的构建路径呈现为自上而下、由外而内的政治统合式的制度供给模式，它既包括上级党政体系统一制定的政策在基层的执行和生长过程，也包括社区公共权力主体结合社区实际，在长期的实践中探索各种体制机制形式自治平台、渠道，对缺乏自组织能力的居民等社区多元行动者的赋能过程。调研发现，这种政治统合的制度供给模式，倾向于实现协商治理机制与社区既有治理结构的互嵌与融合，即一方面推进协商治理机制对社区治理层级体系的功能嵌入，使协商治理成为治理体系的重要职能构成和工作任务；另一方面推进社区公共权力体系对协商治理机制的结构嵌入，从而为其提供政治保障、组织依托、治权基础、人力资源和行为规范等。社区协商治理机制与社区公共权力体系的互嵌与共生关系意味着，社区公共权力主体不仅能够基于事本主义的逻辑，对存在业务关联和利益关涉的居民自治主体与物业服务企业、社区组织、驻区单位等共治主体进行政治统合，从而实现自治与共治网络的有机联结，确保居民利益诉求和决策结果得到有效的执行与落实；也能沿着纵向的社区治理链条实现协商治理平台和单元的上下位移，释放协商治理的利益聚合和层级分流优势；还能基于党组织的领导权威和对党员的纪律要求,构建有力的"命令—服从"和"激励—约束"机制,为政治统合提供重要支撑。由此,社区协商治理机制在结构维度呈现出自治与共治体系相结合,多层级协商共治平台上下联动的网络组织形态。

第一节 社区治理的公共权力体系

在政治统合模式中,社区协商治理机制与社区公共权力体系的互嵌与融合是其有效运转的前提与基础。作为协商治理的重要依凭,社区治理场域中的公共权力体系一方面是中国特色的党政结构在基层的微观投射,另一方面其也为国家与社会交汇处的特殊区位环境所塑造,具有党政社有机融合的基本特征。此外,为了适应转型期混合化、差异化社区空间布局和异质化社区人群的治理需求,契合社会治理重心下沉的宏观政策要求与发展趋势,社区还在党组织、居委会和社区工作站等一体化建设的基础上,依托党员、居民代表、积极分子、楼门院长等骨干力量,进一步从社区延伸至楼门院,形成了纵横交织的社区公共权力体系和层级治理架构。

一 社区公共权力组织的一体化

社区是社会的基础,[①] 社区治理体现着国家与社会治理的一般逻辑,社区治理的体制机制也与国家治理体系存在着一定的同构性。当前我国城市社区治理体系所呈现出的党政社一体化形态具有深刻的政治逻辑、功能逻辑和政策背景。具体而言:

第一,社会主义的宪制框架、执政党的领导核心地位构成了社区公共权力组织一体化建设的政治动力和政治依据。中国共产党执政地位来源于以党建政的革命历程和社会主义的建设进程,其"以人民为

[①] 《坚持新发展理念打好"三大攻坚战"奋力谱写新时代湖北发展新篇章》,《人民日报》2018年4月29日第1版。

中心"的宏伟使命、奋斗宗旨和本质属性，则进一步夯实了长期执政的正当性基础。反过来，为了有效践行党的使命宗旨，确保国家建设和经济社会发展的社会主义方向，满足超大规模性国家的治理需求，在长期的探索、试错和调适中，我国逐步形成了以党"总揽全局、协调各方"，对其他多元行动主体进行集中统一领导为根本原则和治理路径的宪制安排。这种制度框架在国家治理和政府治理领域，体现为执政党组织与政府体系有机融合而成的党政结构，[1] 或言党政体制、[2] 党国体制等；[3] 在社区治理领域，则体现为对党组织以领导权威为依托，对其他治理主体，尤其是居委会和社区工作站等社区公共权力组织进行有机整合，以及由此形成"一核多元"协同共治体系的政治要求。

第二，凝聚社区治理合力、实现社区良善治理构成了社区公共权力组织一体化建设的功能需求。社区作为国家治理、社会治理的微观单元，是"社会建设的着力点和党在基层执政的支撑点"，[4] 是兼具政治、行政和自治功能属性的复合场域，在其中，党组织作为执政党的基层单位，承载着国家法权体系赋予的政治权威和领导地位；社区居委会作为法定的自治组织，却一直呈现出行政化的趋势；社区工作站作为街道办的派出机构，承载着一定的行政职能。因此，首先，这种公共权力主体的共有身份属性，使得三者共同承担着"属地管理"的兜底职能和无限责任，并由此成为休戚与共的利益共同体；其次，三者之间也因授权来源的差异而存在摩擦、龃龉甚至冲突的现实可能，会耗散社区本已薄弱的治理力量；复次，三者的差异化职能在社区治

---

[1] 王浦劬、汤彬：《当代中国治理的党政结构与功能机制分析》，《中国社会科学》2019年第9期。
[2] 景跃进、陈明明、肖滨主编：《当代中国政府与政治》，中国人民大学出版社2016年版，第4—8页。
[3] 王绍光：《中国政道》，中国人民大学出版社2014年版，第94页。
[4] 《民政部关于进一步推进和谐社区建设工作的意见》，http://www.gov.cn/gzdt/2009-11/26/content_ 1473425.htm，2021年2月19日。

理情境中呈现出不均衡的态势,相比于党组织和居委会面对的繁复任务,社工站例行化的行政服务任务有限,三者的分离造成了权责的横向失衡,不利于人力资源的合理配置和充分利用。在调研中,有社区书记就表示,"现在党建和服务居民的工作内容实际上是增加了的,因为要强调党的领导,动员群众参与社区治理。入户也是居委会的工作。但是书记和主任就各带七个人——当然,这里面有交叉的,但是工作站长带一帮子人,他就会觉得这帮人就应该只听我的,我们做事务性的工作,书记就应该只管党务和居委会的事。这样二者之间就容易产生矛盾。"(北京市西城区 R 街道 JD 社区书记/居委会主任 YY,2020 年 10 月 30 日,北京市)因此,以一体化建设为契机,消解三者之间的职能分割状态,强化彼此的利益关联,有利于打造整全性的社区治权,提高社区治理效能。

第三,加强基层党的建设引领基层社会治理的发展思路构成了社区公共权力组织一体化建设的政策指引。改革开放以来,随着社会结构和社会文化的转型与变迁,一方面,部分基层党组织在一段时期内出现了对自身角色定位和主要任务的认知偏差,将党的领导理解为对少数重大事项的决策和监督,将工作重心集中于内部建设,从而脱离了具体的治理事务;另一方面,社会思想价值的多元分化,也在一定程度上解构了党的意识形态优势,并对部分党员的政治信仰产生冲击和挑战。在这种情况下,部分党组织出现了脱离人民群众的悬浮化倾向,[1] 甚至一些基层党组织陷入弱化、虚化、边缘化困局。[2] 为了有效应对和解决这些问题,2017 年 6 月,中共中央、国务院出台《关于加强和完善城乡社区治理的意见》强调,要充分发挥基层党组织领导核心作用,探索加强基层党的建设引领基层社会治理的路径。[3] 党的十

---

[1] 王浦劬、汤彬:《基层党组织治理权威塑造机制研究——基于 T 市 B 区社区党组织治理经验的分析》,《管理世界》2020 年第 6 期。

[2] 习近平:《决胜全面建成小康社会 夺取新时代中国特色社会主义伟大胜利——在中国共产党第十九次全国代表大会上的报告》,人民出版社 2017 年版,第 58 页。

[3] 《中共中央 国务院关于加强和完善城乡社区治理的意见》,《人民日报》2017 年 6 月 13 日第 1 版。

九大报告进一步指出，基层党组织要"成为宣传党的主张、贯彻党的决定、领导基层治理、团结动员群众、推动改革发展的坚强战斗堡垒"。① 因此，社区公共权力组织的一体化建设，正是社区治理体系为适应党建引领社区治理的工作需要、弥合党务与业务之间的裂隙，而进行的机制调整和组织重构。

第四，社区党组织书记、居委会主任"一肩挑"和"两委"交叉任职的基层探索构成了社区公共权力组织一体化建设的实践方式。20世纪80—90年代，为了有效规范和指导农村和城市地区新成立的村民委员会和居民委员会，国家先后出台了以《中华人民共和国村民委员会组织法》、《中华人民共和国居民委员会组织法》为基础的一系列法律规章和政策文件，但由于这些文件对"两委"关系都没有作出明确规定，因此在各地的实践中，二者经常发生摩擦、矛盾和冲突，严重干扰和损害了党组织的领导权威、自治工作以及基层秩序。为此，部分农村地区探索出了党组织书记、村委会主任"一肩挑"和"两委"交叉任职的解决办法，在一定程度上缓解和消除了"两委"的紧张关系，产生了积极影响。2002年中共中央办公厅和国务院办公厅颁布《关于进一步做好村民委员会换届选举工作的通知》，首次对"一肩挑"和"两委"交叉任职予以提倡。② 其后，这种"两委"关系模式进一步被复制到城市社区，并在全国范围内陆续扩散。党的十八大以来，在全面加强党的领导制度建设的背景下，社区党组织书记、居委会主任"一肩挑"和"两委"交叉任职模式的发展速度大大加快，部分地区以统一政策文件的形式进行引导和推广。例如，《中共天津市委办公厅印发〈关于加强基层党组织对城乡基层治理领导的实施意见〉的通知》明确要求在全市范围内"全面推行社区党组织书记、居

---

① 习近平：《决胜全面建成小康社会　夺取新时代中国特色社会主义伟大胜利——在中国共产党第十九次全国代表大会上的报告》，人民出版社2017年版，第58页。
② 《中共中央办公厅国务院办公厅关于进一步做好村民委员会换届选举工作的通知》，中国政府网，http://www.gov.cn/gongbao/content/2002/content_61679.htm，2021年2月21日。

民委员会主任'一肩挑'"和"全面推行社区'两委'交叉任职、合署办公"。① 北京市西城区 R 街道制定的《社区"两委"换届选举工作实施方案》也明确要求,"除 KM、JW 社区外,全部实现社区党组织书记、居民委员会主任'一肩挑','一肩挑'比例达到89.47%。尽量增加'两委'交叉任职比例","努力提高社区居民委员会成员中的党员比例;社区居民委员会主任的党员比例力争达到100%。"② 这种人员交叉、身份复合的举措,成为社区公共权力组织一体化的根本保证和重要体现。

此外,在实践中,有利于维护和推进社区党组织、居委会和社区工作站一体化建设的机制还包括:一是办公场地的一体化。在北京、天津、重庆等地的实地调研中发现,各社区由于办公条件和场地空间的限制,普遍采取在"党群服务站"、"社区服务站"等办公场所加挂"党委/党总支部委员会"、"居民委员会"、"居务监管委员会"、"退役军人服务管理站"、"社会组织管理服务站"等标识牌的方式实现社区公共权力组织的合署办公。二是社工队伍的一体化。调研发现,北京、天津等地出台的《社区工作者管理办法》均将"社区工作者"的范围界定为"在社区党组织、社区居委会和社区服务站专职从事社区党建、社区管理和服务"并与相关单位签订劳动合同或服务协议的工作人员。③ 这意味着社区公共权力组织的成员拥有社区工作者的共同身份,并因此而具有共享职业伦理、工作技能、身份认同和利益来源。三是职责运行的一体化。调研表明,当前社区普遍面临"人少事多"

---

① 《中共天津市委办公厅印发〈关于加强基层党组织对城乡基层治理领导的实施意见〉的通知》(津党办发〔2018〕18 号),调研资料。
② 《北京市西城区 R 街道社区"两委"换届选举工作实施方案(2018 年)》,调研资料。
③ 参见《中共天津市委办公厅天津市人民政府办公厅关于印发〈天津市社区工作者管理办法〉的通知》(津党厅〔2017〕104 号);《滨海新区完善社区工作者薪酬管理工作实施办法》(滨党组发〔2018〕21 号);《西城区关于贯彻〈北京市社区工作者管理办法(试行)〉的实施细则》(京西办发〔2008〕24 号),调研资料。《〈北京市社区工作者管理办法〉印发实施》,http://www.cnr.cn/bj/jrbj/20181010/t20181010_524380775.shtml,2021 年 2 月 22 日。

的难题，为了以有限的人力应对和处置繁重的工作任务，社区采取了打破组织和专业壁垒，推进"一专多能、一岗多责"的职责一体化运行模式，①以实现人力资源调配的灵活性，例如居委会下属专门委员会的委员就由社工站的站员担任。这种职责内容的模糊化和履职过程的协同化也有助于提升党组织、居委会和社区工作站成员的凝聚力和共同体意识。

二 从社区到楼院：社区公共权力体系的层级单元

转型社会的高度流动性和异质性为基层治理带来了前所未有的冲击和挑战，也使得传统的治理体系面临超负荷运转的困局，为了解决这一问题，各地政府、部门或基层组织利用编制硬约束和预算软约束之间的弹性空间，②发展出了不同的应对策略：一是城管、交警等政府内部的"兜底部门"通过购买公共服务、劳务派遣等市场化渠道招聘临时工，以扩大执法队伍，缓解人手不足的问题。③二是部分基层政府通过在其与村居之间设置实体化的治理层级"管区"，这种"准行政组织"是在基层政府难以进行横向扩张的情况下采取的权宜之计，它虽然缺乏明确的法律地位和正式编制安排，却在事实上发挥着增设机构以扩大人员队伍、延长行政链条以缩小治理单元的双重功能，在一定程度上纾解了行政压力与人员短缺之间的巨大张力，也契合了"服务下沉"基层社会治理转型要求。④

作为国家治理的微观单元，社区治理体系的调适与变化也遵循着相似的策略逻辑。转型期的城市社区并非自然形成的生活共同体，而

---

① 王浦劬、汤彬：《基层党组织治理权威塑造机制研究——基于T市B区社区党组织治理经验的分析》，《管理世界》2020年第6期。
② 叶静：《地方软财政支出与基层治理：以编外人员扩张为例》，《社会学研究》2016年第1期。
③ 吕德文：《"混合型"科层组织的运作机制——临时工现象的制度解释》，《开放时代》2019年第6期。
④ 王印红、朱玉洁：《基层政府"逆扁平化"组织扩张的多重逻辑——基于"管区制度"的案例研究》，《公共管理学报》2020年第4期。

是自上而下由行政权力捏合而成的治理单元。笔者在调研中发现，当前的城市社区普遍存在着辖区范围广、人口数量多、内部空间结构和人员构成异质化程度高等问题。例如作为本书主要研究案例的北京市西城区 R 街道的 JD 社区包含各类住宅小区 5 个，楼房 17 栋，户籍总数 2845 户，总人口 8527 人，社区工作者 18 人；KM 社区内含各类住宅小区 4 个，楼房 5 栋以及 34 个平房院落，户籍总数 3589 户，总人口 8823 人，社区工作者 15 人。重庆市沙坪坝区 B 街道 YN 社区内含各类住宅小区 3 个，户籍总数 4733 户，常住人口 20350 人，社区工作者 16 人。重庆市两江新区 H 街道 SW 社区内含各类住宅小区 3 个，户籍总数约 4000 户，9000 余人，社区工作者 11 人。也有学者发现深圳宝安区的社区人口普遍超过 4 万人，个别社区甚至包含 14 个小区，总人口 7 万余人。① 可见，比较而言，位于老城区、中心城区的社区主要面临产权单位混杂、历史遗留造成的异质化问题，位于新城区、郊区的社区则主要存在规模大的困境，而这两种特性都意味着巨量而繁复的工作任务。

表 4-1　　　　　　　　　样本单位的治理压力情况

城市	社区	空间布局	居民人口	社区工作人员	社工配置比例
北京	西城区 R 街道 JD 社区	各类住宅小区 5 个，楼房 17 栋	2845 户，8527 人	18 人	2‰
北京	西城区 R 街道 KM 社区	各类住宅小区 4 个，楼房 5 栋以及 34 个平房院	3589 户，8823 人	15 人	1.7‰
重庆	沙坪坝区 B 街道 YN 社区	各类住宅小区 3 个	4733 户，20350 人	16 人	0.8‰
重庆	两江新区 H 街道 SW 社区	各类住宅小区 3 个	约 4000 户，9000 余人	11 人	1.2‰

---

① 韩冬雪、胡晓迪：《社区治理中的小区党组织：运作机理与治理效能——基于党、国家与社会关系的研究》，《行政论坛》2020 年第 3 期。

一方面是沉重的行政与服务压力,另一方面是有限的工作人员,这种"人少事多"的结构性困境深刻构建了社区治理的组织生态。社区公共权力组织的一体化结构在很大程度上源于外部压力倒逼后的组织调适,此外,由于社区与基层政府面对着相似的任务函数,也因此在一定程度上存在着相似的行为动机和策略选择。然而,基层政府的职能属性、法律地位和财政自主权使其可以凭借预算软约束而突破编制硬约束的限制,采用增加治理层级或临时工等变通办法。而社区作为非政府的自治单位,缺乏相应的权能资源,无力增设实体化的层级与机构。在这种情况下,社区一方面自行划定"片区",经由社区工作人员的内部分工而形成"包片干部"的工作队伍,另一方面则充分"借势",以贯彻落实"网格化管理"政策为契机,将原来的片区与上级所划的网格进行有效融合。

在各地的网格化政策规定中,社区网格一方面被视作多级网格管理体系的最基层环节,承担着党建、便民服务、环境整治、综治维稳等多重功能;[1] 另一方面也被视为治理资源下沉的目标界面。在区级层面,例如北京市顺义区实行了"三级指挥、四级管理"的层级化模式,其中,在社区第三级网格的基础上,以居民楼栋(每300—500户)等为单位,划定了第四级单元网格,并明确要求结合街镇实体化综合执法队伍和平台建设,将公安、城管、市场监管、应急、交通、环保、住建、劳动监察、文化等部门的执法人员或协管员都直接下沉至网格或专门负责处置网格内的问题,同时,在网格内设置专职和以社区党员、小巷管家、楼门长、物业管理员、志愿者等为主要来源的兼职网格员,打造多元化的网格员队伍,并为其提供专门的APP作为案件上报、派遣、处置、反馈的渠道。[2] 在街道层面,例如北京市西城区R街道,在社区工作者"分片包户"工作责任制的基础上,以

---

[1] 《中共天津市委关于全面加强城市基层党建工作的意见》,调研资料。
[2] 《顺义区网格化体系建设工作联席会议办公室关于印发〈顺义区推进"多网"融合发展若干措施〉的通知》,调研资料。

500居民户左右的规模,按照权属和服务管理人口数量等标准,将辖区内各社区统一划分为41个网格责任区(每个社区包含1—4个网格),将人、地、物、事、组织、服务资源、管理项目等全部纳入工作网格之中,实现城市管理网格、综合治理网格、社会服务管理网格的有机合一,并设置了网格管理员、网格服务员、网格执法员、网格协调员、网格共建员等"一格五员"工作队伍。[①] 在社区层面,例如重庆市两江新区H街道SW社区,以基层党建为引领,根据辖区内各小区、楼栋、商圈的空间分布特征,共划定6个党建网格,网格内设有网格长、网格员、先锋管家等日常工作人员,其下分设综治安全小组,负责本网格内的治安巡护、法制宣传、邻里纠纷协调、环保、维稳等;政策宣传小组,负责宣传党的路线、方针、政策,发挥党的基层战斗堡垒作用;社区自治小组,负责搜集网格内的社情民意,了解居民需求,组织、召集居民参与楼栋自治、商议公共事务等;便民服务小组,负责帮扶困难居民、开展维修、义务理发、健康义诊等志愿服务;文体服务小组,负责组织居民开展邻里互助、精神文化生活,协助维护健身器材等;物业服务小组,负责协助调解物业纠纷、协调物业矛盾、参与小区管理,监督物业服务、听取业主意见建议等。同时,各网格还组建了一支包含党员、居民代表和综合服务人员在内的工作队伍。[②] 由此可见,就组织形态而言,这种"网格"由明确的工作职能所驱动,由上下联动的专职和兼职管理人员所运营,由信息化的数据平台所支撑,也能够调动一定的治理资源,俨然成为"准实体化"的社区次级治理单位。

"网格化"作为管理和服务下沉的政策举措,带有自上而下的建构主义色彩,虽然在方案设计中强调因地制宜、合理设定,但在具体实施中,部分主管部门和工作人员为符合上级方案关于网格人员规模

[①] 《北京市西城区R街道全响应网格化社会服务管理工作办法(2015年)》,调研资料。

[②] 《重庆市两江新区H街道SW社区网格党建示意图》,调研资料。

的原则性要求以及提高该项政策的执行效率，忽视社区之间、小区之间和楼院之间的复杂空间关系，采取"一刀切"的简单主义做法，使形成的网格体系近似于整齐划一。然而，在部分社区，尤其是老城区的社区，其辖区各小区、楼院呈现出混杂与交错的空间结构，以人口规模为主要标准的网格划分方式造成了人口分布与建筑格局之间的张力关系，也给社区日常工作和居民自治等带来了不便。调研中，有街道干部就表示，"网格设置不够科学合理，没有充分考虑到楼门院之间的空间重叠问题，工作中作用相对有限。"（北京市西城区 R 街道社区建设办公室干部 XZ，2020 年 9 月 24 日，北京市）因此，网格在社区治理体系中的实际地位，在很大程度上取决于社区本身的类型和空间形态，比较之下，重庆市 SW 社区由于地处新城区，且小区住宅时间相对晚近，类型较为单一，空间布局较为均匀，故而网格本身的划分也比较合理，而北京市 R 街道所属的各社区则与之相反，二者的这种差异使得网格在各自治理体系中表现出虚实有别的功能定位和运行效能。

此外，相较于"网格"这种自上而下的政策产物，小区及其下的楼院更贴近居民生活共同体的基本属性。就小区而言，其在社区治理体系的层级结构中，扮演着较为尴尬的角色，一方面部分老旧社区可能不完全由封闭小区组成，还存在没有围墙的独立楼栋；另一方面小区所处的层级结构与网格构成一定的竞争性关系，而以人数为标准构建的网格比自然形成的小区在治理规模上更为均匀，也因此更适合纵向的行政管理需求。就楼院而言，它作为社区居民生活其中的最基础建筑单元，所具有的封闭性与排他性，天然具有将居民紧密联结起来的地缘与利益纽带，有良好的自治条件。同时，它也是更贴近居民生活，是名副其实的治理一线，在治理重心下移的背景下，其重要作用日益凸显。在实践中，社区普遍重视发掘居民骨干和积极分子担任楼门院长，并由其发挥带领、示范作用以及上传下达的枢纽功能。

综上所述，在治理重心下移和网格化管理的政策推动下，目前城市社区已经基本形成了"社区—网格—楼院"的层级治理体系，并与传统的作为"两级政府、三级管理、四级网格"的"市—区—街道—社区"体系有机衔接，共同组成民意表达与政府回应相贯通，政策下发与基层落实相统一的纵向信息传递渠道和资源传输渠道。

三 社区工作队伍：社区公共权力体系的关键结点

当前城市社区已经构建起了从社区到楼院的多层级公共权力体系，为社区治理的运行与发展奠定了一定的制度基础，而这种"制度"优势向治理效能的实质转化则有赖于"人"的作用，换言之，以社工、下沉干部、政府购买服务人员、党员、居民代表、积极分子等为主体的骨干力量构成了维系和驱动社区公共权力网络和开展社区治理工作的关键结点，总体而言，这些社区工作的骨干力量主要包括两个维度：

首先，社区存在着程度不一的"体制内"工作人员。第一，以社区党委/党总支成员、居委会成员和社区工作站成员为主体的社区工作者，构成了社区工作队伍的核心。他们不仅是社区公共权力主体的人格化呈现，也是拥有国家正式编制的专职工作人员，还是社区治理、管理和服务工作的主体责任人。这种权责统一的身份属性使其面临着超强的激励函数，对推进社区各项事业具有高度的职业热情和行动意愿。此外，社区工作者还扮演着社区工作队伍构建者的关键角色，致力于在日常工作中，动员社区党员，规范和引领居民代表，以及有意识地发现、考察、培养和吸纳居民中的精英分子、活跃分子，并选拔其担任网格员、楼院长、社区组织负责人等，从而组建起一支有机勾连体制内外，专职与志愿互补协同的社区工作团队。第二，区或街道的下沉干部以及执法部门向社区派驻的专业人员，在社区内的工作内容具有兼职性，这意味着其与社工相比，与社区存在着有限的"激励—约束"关联，因此其功能主要在于就社区治理的相关问题向上级反馈信息和协调资源，是社区治理的外部支持力量。第三，协管员、巡防员和保安等政府购买服务人员，受到一定的体制内"激励—约束"

机制的影响，是社区工作者稳定的协同力量。第四，居民代表、居民小组长等一方面是与国家存在着一定利益连接渠道的"体制内"成员，另一方面其又不面临强劲的物质奖赏或惩罚威胁，而是一种以纪律或荣誉为支撑的柔性"激励—约束"机制，这也使其一方面成为了社区工作者不稳定的协同力量，另一方面也有被转化为稳定协同力量的潜在驱动机制。

其次，楼门院长、志愿者、居民骨干、积极分子等社区"能人"是来自"体制外"的社区工作人员。所谓"体制外"，即他们不具备正式的体制内身份，也因此较少受到刚性或柔性"激励—约束"机制的直接调控。作为一种志愿性的社区公益事业参与者，他们的行为动力主要是内生性的，包括退休后发挥"余热"的价值实现意愿、热心的性格使然以及寻找情感归属等。[①] 因此，这种类型的社区工作队伍成员，一方面在功能上同样是社区工作者不稳定的协同力量，另一方面也是社区工作者借助社区人际关系网络，开展群众工作、深入居民、动员居民的重要依托，在某种程度上，这些骨干的力量和作用，决定了社区工作的成效。在实践中，部分由街道或社区发起成立的"法团化"社会组织或为社区所吸纳的"草根组织"，也以组织或个体的形式被吸纳进社区治理队伍之中，例如 R 街道组建的老年人协会等枢纽型组织，就以分会的形式积极参与各社区的日常活动，帮助社区开展群众工作、矛盾调解和便民服务等。

复次，社区党员群体是治理队伍中独特而又关键的构成部分。随着"基层党建引领基层治理"的社区治理理念的贯彻和治理路径的探索，各地普遍采取多种手段充实城市社区党组织力量：一是实施"双报到"制度，即要求机关企事业单位党组织到所在地区的街道党工委报到，按照街道党工委统一安排，参与街道或下辖社区的党建工作协调委员会工作；机关企事业单位的在职党员，回居住地社区党支部报

---

① 杨荣：《社区权力与基层治理：基于北京市 L 街道的实证研究》，社会科学文献出版社 2019 年版，第 142—151 页。

到，按照社区统一安排开展服务。① 因此在实践中，"双报到"意味着社区党组织拥有了接收、掌握和督促在社区内居住的在职党员以及在辖区内工作的企事业单位党员的权限，通过要求和引导"双报到"党员参与社区志愿活动，社区工作队伍获得了重要的补充性力量。二是打造"红色物业"，即推动在社区物业服务企业、业委会、物业管理委员会中建立党组织，以及要求其在社区治理中接受社区党组织的领导，② 这意味着社区党组织获得了对辖区内相关治理主体的直接领导权和约束权。他们与社区内的退休党员和普通党员共同组成了社区党员队伍。在社区治理中，党员群体的独特性主要体现在其政治身份与其他职位身份的充分兼容性，例如，与党员相比，居民代表、居民小组长、积极分子的居民身份就是其不可能成为下沉干部、社区工作者或物业企业工作人员，而复合身份则是社区党员的基本特征。党员群体的关键性在于其所兼具的社区工作者、物业服务企业人员和业主身份，正是以社区党组织为核心的一体化公共权力体系对社区其他多元主体进行有机嵌入和整治统合，从而构建和驱动社区共治体系的主要支点和凭借。

第二节　结构互嵌与功能集成：协商治理的组织依托

调研发现，在实践中，无论是以上级政策扩散形式进行的社区协商治理机制的统一构建，还是社区基于上级相关政策文件精神自发进行的协商治理探索，都没有采取全盘新建的方式构造协商治理制度和平台，而是赋予现有的公共权力层级体系以新的协商治理功能，这种

---

① 吕和顺：《"双报到"：城市基层治理的北京经验》，《前线》2019年第2期。
② 《北京市物业管理条例》（北京市人民代表大会常务委员会公告〔十五届〕第24号），2020年，北京市住房与城乡建设委员会网站，http://zjw.beijing.gov.cn/bjjs/xxgk/fg-wj3/fggz/1793593/index.shtml，2021年2月23日。

协商治理机制的功能集成与协商治理机制对社区公共权力体系的嵌入是一体两面的关系。与此同时，为了驱动协商治理有效运行，引领和规范议事协商程序，促成协商结果的有效落实，社区公共权力体系也通过人事安排而嵌入到协商治理机制之中。由此，社区协商治理机制与社区公共权力层级体系实现了结构互嵌与融合共生，这不仅为社区自治与共治机制的有效运作提供了组织支撑，也在社区层面形成了一种统合主义式的治理结构。

一 协商治理机制对社区治理层级体系的功能嵌入

治理重心下移、治理力量下沉以及网格化管理的施行，使得社区构建起"社区—网格—楼院"的公共权力层级体系，而北京、重庆等地的多案例调研结果表明，社区协商治理机制不仅同样具有层级化的协商议事平台，且其与公共权力层级体系具有高度的同构和重合性。

以北京市西城区 R 街道为例，在西城区和 R 街道统一政策方案的指导下，各社区普遍构建起协商治理体系和相应的"社区议事厅"平台，这种"参与型分层协商"主要包括四个层次：一是最低层级的楼院/胡同协商，其所面向的是只关涉本楼院或胡同的部分居民利益，且能够经由民主协商，由居民自主解决的公共事务。在工作流程上，楼院/胡同议事会由楼门院长组织发起，会议解决了的事项，需按时向社区居委会登记备案，经多次协商解决不了的事项，则需要由楼门院长上报上一层级的网格长，申请召开网格议事会予以协调解决。二是高一级的网格协商，其所面向的是关涉社区内某一网格或网格交叉区域的部分居民利益，且能够通过民主协商，依托社区内的资源予以解决的公共事务。在工作流程上，网格议事会由网格长组织发起，会议解决了的事项，需按时向社区居委会登记备案，经多次协商仍无法解决的事项，需要由网格长上报社区"两委"，申请召开社区议事协商会进行协调解决。三是再高一级的社区协商，其所面向的是关涉社区多数居民切身利益，且能够通过民主协商，依托社区的资源进行解决的重大公共事务。在工作流程上，社区协商议事会由社区党组织书记或居委会主任组织发起，会议解决了的事项，需按时向社区居委会登记备案，经多次协商仍无法解决的事项，需要由社区党组织书记或居委会主任上报街道。四是最高层级的街道协商，其所面向的是超越社区自身能力，涉及多方利益，经由社区协商无法解决，需要由街道办事处或政府相关职能部门协调多方资源，给予支持的重大公共事务。在具体工作方式上，需要由街道主管领导或相关职能部门主管领导召集地区管理委员会或相关部门专题议事会，形成解决方案。[1]

以重庆市两江新区 H 街道 SW 社区为例，在协商治理的自发探索中，该社区强化网格的基础功能，立足重庆市"三事分流"工作法、院坝（楼院）会等传统议事形式，构建出网格"四访四送四色四事"工作机制和民主协商"五步工作法"，并将二者有机结合，形成了自身独特的社区协商治理机制。其主要内容包括：第一，通过线上 QQ 群、微信平台和线下院坝会、网格议事会、重点走访、楼栋走访、院坝走访、单位走访等民意采集渠道了解居民日常需求和利益诉求。第二，由网格办公室对搜集到的相关民情信息进行分类整理，构建居民需求数据库和矛盾问题的数据库，并基于这两大数据库，筛选和设定协商治理的议题，并根据其属性，予以"四事分流"。第三，建立以"社区＋社工组织＋居民代表＋利益相关方＋上级职能部门"为参与主体的议事平台和共治机制，作为"四事分流"的总体制度框架，其中，对于"家事"与"私事"，在社区参与下由居民自行协商解决；对于"小事"，在居民参与下由社区解决；对于"人事"，由社区居民、党员、辖区单位、社区协商解决；对于"难事"，由街道科室或上级职能部门办理。同时，如果各类事务通过分流得以解决，就建立档案及时反馈群众，如果该事务在相应分级未得到有效解决，就逐级

---

[1] 参见中共北京市西城区委社会工作委员会、北京市西城区民政局《西城区社区参与型分层协商工作指导手册（2019年）》，调研资料；《北京市西城区 R 街道参与型协商工作指导手册（2018年）》，调研资料。

上报，由上级相关职能部门办理。[①] 在实践中，事务的"大小"和"难易"主要取决于利益牵涉范围，而这又与层级单元紧密相关，因此，民主协商之下的分流治理在也是依托楼栋/院坝—网格—社区—街道的层级体系而展开的。相比之下，北京市 R 街道的社区协商治理模式强调了居民和各层级在议题创设和自主行动中的自主性作用，各层级发挥着比较均衡的功能，而 SW 社区则侧重于政治统合力量在协商治理过程中的主导性作用，事实上将协商治理作为民生需求和民意诉求满足机制的构成环节，居民协商带有一定的工具性色彩，协商治理因此可能出现以"为民做主"替换"由民做主"的偏差。

在治理单元的选择上，SW 社区通过综合权衡单元规模和治理能力，突出了更适应行政管理需要的"网格"在层级体系中的枢纽功能。在这种党建网格中，兼具居民和党员身份的"先锋管家"发挥着上传下达的重要作用："党员积极性要更高一点，一方面他们把搜集到的居民的意见反馈给我们（指社区工作人员兼任的网格长），说这个问题居民是怎么考虑的，对于不能解决的，我们就让他们去向居民解释，这个问题确实做不了。对于牵涉面广的大事，我们认为需要由居民自己决定的，就组织网格议事会，让他们去通知居民，'这次要开网格会了，开网格会的主题是什么，大家要一起来商量什么事情'。这些事情如果让我们来做，哪里行嘛，又要通知又要接收反馈，必须要他们这种住在这里的人才能做。另一方面涉及安全稳定的，如果有的问题居民表示不服，要去政府去（静）坐，他们也会告诉我们。所以他们就相当于是我们放在最基层的信息员和沟通员，发挥桥梁作用。有些不需要我们出面的，他们都可以在下面帮我们跟居民解释，'这个问题确实没办法啊，我们开了会也传达了'，这对我们来说也是一种减轻工作量的办法。"（重庆市两江新区 H 街道 SW 社区居委会主任 DL，2020 年 12 月 2 日，重庆市）

[①] 《重庆市两江新区 H 街道 SW 社区网格"四访四送四色四事"工作机制、民主协商"五步工作法"》，调研资料。

二 社区公共权力体系对协商治理机制的组织嵌入

一方面是协商治理机制对社区公共权力层级体系的功能嵌入和组织融合，另一方面，社区公共权力体系也进一步通过特定的人事安排而实现对协商治理机制的组织嵌入。例如，北京市西城区规定，社区组建协商议事团队专门负责相关工作，其中，协商议事的工作主持人根据协商层级的不同，主要分为：楼院层次的协商议事工作主持人，主要由社区居委会副主任、负责具体工作的社区工作者或者能力较强的楼门院长等担任。网格层次的协商议事工作主持人，主要由该网格的"网格员"担任，也可以由能力突出、声望较高的网格党员、积极分子等社区骨干担任。社区层次的协商议事工作主持人主要由社区居委会主任或工作经验丰富、能力突出的副职担任。街道层次的协商议事主持人主要由议题所涉及社区的居委会主任或第三方人员担任。[1] 社区在自主实践中，则成立议事协商理事会或议事协商小组等作为协商治理的主要工作团队，例如 R 街道 JD 社区，在 2014 年探索建立了由社区党委书记牵头的议事协商理事会，主要成员包括居民代表、物业企业、驻辖区单位负责人、社区民警等主要业务相关方，以及不确定范围和数量的利益相关方，[2] 其中居民代表主要是党员，"（成员是要）有威望和调解能力的，因为上议事厅的（事务）都是需要调解相关利益方的（矛盾）关系的。党员一是政治站位高，二是在做群众思想工作方面有一定能力，而且由于议事会基本是白天开，所以党员也是以退休老党员为主。"（北京市西城区 R 街道 JD 社区书记/居委会主任 YY，2020 年 10 月 30 日，北京市）YD 社区则成立了由社区党委书记担任组长的议事协商小组，核心组员包括社区居民代表、社区民警以及热心公益、参与能力较强的各方代表，以及不确定范围和人数的

---

[1] 《西城区社区参与型分层协商工作指导手册（2019 年）》，调研资料。
[2] 《北京市西城区 R 街道 JD 社区分层协商工作总结（2018 年）》，调研资料。

利益相关方。①

可见，社区公共权力体系对协商治理机制的组织嵌入主要表现在两个方面，一是楼院长、网格长、网格员、社工、"两委"负责人等社区公共权力组织成员作为各级协商议事会的发起人和召集人，公共权力层级体系作为协商治理有效运作的支持系统，直接体现了公共权力体系与协商治理体系的组织互嵌；另一方面，社区党委书记直接担任议事协商工作团队的负责人，"两委"成员或专职社工担任议事会的主持人，也体现了社区公共权力体系以人事安排和人员嵌入的形式实现了对协商治理机制的组织嵌入。这种深度的嵌入关系，不仅为协商治理提供了公共权力保障，也有利于社区公共权力组织实现对自治、共治和协商治理体系和过程的引领、规范和政治整合，有社区工作人员就强调了党员带动的重要意义："党员确实（觉悟）要高一些，我们每个月要开（党）会，加强学习，所以党员至少有组织性。我们直接去给居民灌输或者教育，他会很反感，只能从党员着手，让他们去带动，效果会好一点。"（北京市西城区 R 街道 JD 社区书记/居委会主任 YY，2020 年 10 月 30 日，北京市）

三　空间匹配的层级协商网络

社区协商治理机制与社区公共权力层级体系的互嵌与融合，使之具备了能够纵向移动的组织结构。与此同时，社区公共权力主体也在日常互动与治理活动中，依托上级给予的行政资源和社区自身的关系资源，不断摸索对其他多元主体的整合、嵌入与吸纳方式，从而有利于在横向层面形成协同合作的多方共治体系。这意味着，经由社区公共权力主体的政治统合与枢纽功能，社区的多方共治体系被集成于公共协商平台的层级架构之上，并成为其有机组成部分，由此形成了纵横交织的社区协商治理网络。这种协商治理机制的灵活性在于，它能

---

① 《北京市西城区 R 街道 YD 社区分层协商工作总结（2018 年）》，调研资料。

够充分依据公共事务的类型和属性，一方面划定利益相关者群体的范围，调动居民的自治积极性；另一方面则针对公共事务治理的难度，确定所需借助的多方共治主体范围以及协商治理的具体层级，以确保治理力量、治理资源与协商治理事项的适配。

第三节　多方共治的政治统合机制

社区协商治理机制与社区公共权力体系的互嵌与融合，使得社区权力网络成为协商治理的组织基础和治权依托。分级协商作为一种由特定事项所触发的社区公共事务治理机制，利益关联和业务关联分别构成了居民和房屋产权单位、物业企业、社区社会组织、驻区单位等多元主体参与其中的基本动机。然而多元主体之间的利益分歧甚至利益矛盾，却在一定程度上抵消了其合作动力。因此，社区整合的关键就在于通过利益协调缓和或化解利益矛盾，而利益协调的媒介则是"激励—约束"关系。这也意味着，政治统合的重点在于如何构建有效的"激励—约束"机制，以调控和规制多元主体行为，疏通从"有机整合"到"有效协同"过程链条的问题。

在现有文献中，部分研究预设了接近理想状态的正式制度环境，因而将党组织与其他主体之间的引领关系以及据此展开的"整合—协同"过程理解为沿着既定制度轨道运行的程式化行为，这就使其一方面只关注正式制度层面，聚焦政策驱动的价值引领、组织建设、社会动员等整合方式，而没有将非制度行为纳入研究视域，另一方面则消解了主体的能动性，忽视了主体之间的策略性互动。实际上，城市社区在法权定位上是自治空间而非行政单元，这一属性使之在行政意义上不具备详备的正式规则，而有限的官方政策文件虽然就相关主体的权责范围、行为规范进行了一般性规定，却不具有强制实施的法律依据。作为对这种非正式制度环境的回应，在实践中，为了调动居民之外的其他主体的积极性，使其掌握的治理资源成为对居民自治的有效补充,从而推动自治机制向共治网络的转化,一体化运作的公共权力主体不仅积极塑造治理权威,并借助非正式资源巩固领导权威,丰富整合机制的类型与形式,以调节多元主体所处的"激励—约束"结构,形成对制度性整合机制的补充与强化,还结合具体情境,权变性地对多重整合机制进行策略运用,以提升统合成效。

一 复合的治理权：社区共治体系建设的权力基础

城市社区具有鲜明的二重性,它既是国家在基层的延伸,也是社会的自治空间,这种角色张力集中体现为自上而下的繁重任务与行政执法、独立财政等权力资源缺失之间的矛盾。权小责大的困局,使社区难以对辖区内的多方主体施加刚性规约。[1] 随着基层治理体系的变革,在国家宪制的政治逻辑、追求良治的功能逻辑和政策驱动的实践逻辑等因素的共同作用下,当前城市社区的党组织、居委会、社区工作站以及其他社区公共管理机构形成了一体化结构,这意味着,社区公共权力体系作为由多种法权组织组成的集成结构,具有由党组织的政治领导权、居委会的自治权、社区工作站和其他社区公共管理机构的行政服务职能所衍生的复合性治理权。而在业委会、物业企业、社区社会组织等多元主体缺乏足够的集体行动动力和能力的背景下,社区共治体系的建设在本质上就是公共权力主体以领导权和治理权为依托和纽带,构建与多元主体的"领导—服从/协同"关系的过程。具体而言：

第一,社区党组织在社区治理中的领导核心地位,是其统摄多元主体的重要权力来源。在我国的宪制框架和治理格局中,中国共产党不仅是代表人民执掌政权、运用治权的执政党,更是带领人民治理国家、建设社会主义的领导党,因此,领导与执政是党的有机统一的双

---

[1] 桂勇：《邻里空间：城市基层的行动、组织与互动》,上海书店出版社2008年版,第201—202页。

重功能。[①] 但是，这两种功能在党的层级结构中呈现出不均等的分布态势。就组织形态而言，中国共产党包括各级党委、党组和基层党组织（基层委员会、总支部、支部）等分支，[②] 其中前两者大多位于国家领域，存在与其同级的政府及其职能部门，这也使得与行政体系层级对应、紧密融合的各级党委、党组等党组织，能够贴近乃至直接行使国家政权。相比之下，基层党组织则主要位于社会领域，[③] 不是国家体系的组成部分，不具有行政权、执法权等国家权力。因此，社区党组织在社区治理中所拥有的权能和权威，是其作为党的体系的有机成分所有的政治领导权。在法权规定的基础上，2017年中共中央、国务院出台的《关于加强和完善城乡社区治理的意见》提出了"基层党建引领基层治理"的创新路径，党的十九大报告、党的十九届四中全会决议均明确了"党委领导"在社会治理体系建设中的首要地位。在党和国家的这些重要文件精神的指导下，在各级政策的支持和保障下，基层党组织在社区治理中的领导作用得到进一步强化和提升。与强制性的行政权、执法权等相比，社区党组织所具有的领导权在本质上是一种基于政治权威的影响力，是一种基于党的理论先进性、行为正确性和榜样示范性的政治感召力。[④] 在实践中，社区党组织虽然无法以直接的行政命令构建多元主体间的协同关系，但是"党的领导"的弥散性话语系统及相关政策体系的支撑，则使得党组织与多元主体间的"领导—服从"关系获得了正当性依据。

第二，居委会、社区工作站等公共权力组织的专项管理和服务职能，在特定治理情境中具有拟行政权的特性，这有利于使其生成相对

[①] 林尚立：《领导与执政：党、国家与社会关系转型的政治学分析》，《毛泽东邓小平理论研究》2001年第6期。
[②] 景跃进、陈明明、肖滨主编：《当代中国政府与政治》，中国人民大学出版社2016年版，第54—61页。
[③] 景跃进：《将政党带进来——国家与社会关系范畴的反思与重构》，《探索与争鸣》2019年第8期。
[④] 张明军：《领导与执政：依法治国需要厘清的两个概念》，《政治学研究》2015年第5期。

于其他社区主体的治理权威。在社区治理体系的日常运行中，居委会、社区工作站和社会组织管理服务站等挂牌机构分别围绕其自治、行政服务等职能，处理社区内的各类公共事务。在理论层面上，社区公共权力主体与物业企业等市场主体、社区社会组织等社会主体各有其职能边界，彼此之间只因服务对象的重叠而具有松散的业务关联。在实践中，居委会、社区工作站等一体化的公共权力组织普遍呈现出准行政化特征，成为上级政府及其部门在基层的"一条腿"，一方面这使得大量自上而下的行政任务挤占了社区公共权力组织服务居民的精力和资源，另一方面，这也使其在实际上被视为行政体系之一环。而包括物业企业、社会组织等成员在内的普通人，倾向于将"国家"想象为整全性的实体，因此在这种认知结构中，国家权力体系所拥有的权威和权能也会被转移和投射到作为其"末梢"的社区公共权力主体身上。在社区公共权力主体与其他多元主体的互动中，这种虚拟出来的权势理解，在一定程度上构成了二者间"领导—服从"关系的心理基础。

可见，一方面社区公共权力组织作为上级党政体系在基层的具象"化身"以及权力关系网络的重要节点，具有获取上级资源投入和权力支持的直接渠道，也具有在辖区内配置部分资源、资金的相对自主权和对其他主体的考核建议权，这在一定程度上使其能够借"势"而为，将柔性的治理权"硬化"起来；另一方面，普通人关于"国家"的整体想象也有利于社区公共权力组织将虚拟的权能转化为实质性的影响力。同时，社区公共权力组织的一体化也模糊了党组织的政治领导权与居委会、社区工作站等组织的业务领导权，法定权力和治理权威的区别，从而促生了一种混合了多种权力、权威要素的复合性治理权。这种治理权构成了社区公共权力组织整合多元主体，构建共治网络的基础性权力纽带。

二 嵌入与吸纳：社区共治体系建设的组织纽带

社区治理权在本质上是一种基于政治权威的柔性影响力，缺乏强

第四章　互嵌与融合：政治统合与社区协商治理体制建构

制能力。因此，社区公共权力主体为了强化对其他多元主体的政治统合，提升社区共治体系的稳定性，还以"基层党建引领基层治理"、"区域化党建"等政策创新为契机，依托党组织网络本身的拓展与联动，以及社区公共权力组织对物业企业、业委会等组织的党员嵌入、人员吸纳等，将党组织内部不同层级之间、组织与个体之间的"领导—服从"关系转化为社区公共权力主体与多元主体之间的"激励—约束"关系，从而为构建共治体系奠定了有力的政治基础。具体而言：

第一，社区党组织对物业企业、业委会等组织的党建嵌入，是社区共治体系建设的组织手段。作为"基层党建引领基层治理"的应有之义和主要内容，近年来，各地普遍开始实施党的基层组织全覆盖，其中在社区层面，物业企业和业委会中的党组织建设是重点工作领域。例如在《中共北京市委组织部关于印发〈关于党建引领物业服务企业和业主委员会建设的指导意见〉的通知》《中共北京市西城区委组织部、北京市西城区房屋管理局关于加强党建引领改进住宅小区物业服务管理的意见（试行）》以及《北京市物业管理条例》（2020）等文件的指导下，北京市西城区 R 街道制定了《关于党建引领物业企业和业主委员会参与社会治理试点工作方案》，要求：一是按照"应建尽建"的原则，大力推进物业企业和业委会的党组织建设，"对于未组建党组织的，条件成熟时要尽快组建党组织，不具备单独组建条件的，可以组建联合党组织。暂不具备组建条件的，要通过选派党建指导员、转入党员组织关系、发展新党员等方式组建党组织"；二是优化新成立的党组织的设置方式，例如业主委员会可以成立功能型党支部，跨区域的物业企业党组织可以成立项目党支部或党小组等；三是明确了社区党组织对业主委员会和物业企业党组织的领导关系。[①] 这三种具体的实施方式意味着，社区党组织最大限度地实现了对物业企业和业

[①] 《中共北京市西城区委 R 街道工作委员会关于党建引领物业企业和业主委员会参与社会治理试点工作方案（2020 年）》，调研资料。

委会的组织嵌入，并经由不同主体中的党组织的有效衔接和位阶安排，将公共权力主体与其他主体的分工协作关系转换为党组织内的上下级关系，从而打通了公共权力主体统合多元主体的职能壁垒。

第二，社区党组织对物业企业、业委会等组织的党员嵌入和人员吸纳，是社区共治体系建设的人事手段。一方面，社区党组织通过"1. 支持和鼓励符合法定条件的社区'两委'班子成员、回社区报到的在职党员，参与业主大会成立和选举、通过法定程序成为业主委员会委员；2. 要求身为党员的业主委员会主任兼任业主委员会党支部书记；3. 不断充实和提升党员在业主委员会中的比例，要求筹备成立或换届的业主委员会中的党员比例不低于50%"等主要路径加强对物业企业、业委会等民事主体的党员嵌入。另一方面，社区公共权力组织也通过"1. 推荐业主委员会委员、物业企业负责人中的党员担任社区'两委'兼职委员或社区党建协调委员会成员；2. 推选优秀的业主委员会主任、物业企业项目负责人担任社区居委会兼职委员或其下属委员会委员"等方式有意识地吸纳物业企业和业委会中的党员和骨干成员。[①] 党员嵌入和成员吸纳在一定程度上促进了公共权力主体与其他主体之间的人员交叉，并进而形成了彼此之间的组织互嵌，这种特殊的主体间关系不仅有利于将物业企业、业委会成员纳入公共权力组织的规范之下，使其产生新的责任激励和行为约束，进而抑制其追求私益的片面倾向，也有利于通过成员之间的身份复合进一步缩小其他主体与公共权力主体之间的"距离"，[②] 增大二者的重叠利益，从而推动一体化社区治理体系的生成。

第三，区域化党建为构建跨越社区边界的共治体系提供了条件。例如，区域化党建工作要求驻区单位党组织到所在地社区报到，即

---

① 《中共北京市西城区委R街道工作委员会关于党建引领物业企业和业主委员会参与社会治理试点工作方案（2020年）》，调研资料。
② 陈明明：《在革命与现代化之间》，载陈明明主编：《革命后社会的政治与现代化：复旦政治学评论（第一辑）》，上海辞书出版社2002年版，第257页。

第四章 互嵌与融合：政治统合与社区协商治理体制建构

"双报到"的两大内容之一。例如天津市要求驻区单位党组织通过主动认领共建服务项目、参与区域化党建联席会议等，以及赋予社区党组织对驻区单位党组织党建考核、绩效考评权等方式，形成驻区单位党组织与社区党组织共建共联的一体化格局，实现"组织联建、党员联管、资源联用、活动联办、服务联做"。[①] 北京市西城区 R 街道党工委要求扩大对城市新兴领域党建覆盖，一方面加强"两新"组织党建和商圈楼宇党建，另一方面将其纳入区域党建一体化网络中，构建其与社区党组织的"联建、联动、联系"机制。[②] 区域化党建打破了社区党组织与辖区其他主体内部的党组织之间的分割与区隔状态，实现了由单位内部的自我党建向更大地域范围内的党建联动转变，这不仅改变了各个基层党组织的"孤岛"问题，也以之为基础，将各个党组织所依托和引领的市场、社会或政府主体串联起来，纳入社区治理过程，并由党组织内部的政治性"激励—约束"机制予以规范，从而形成了勾通社区内外的协同共治网络，扩大了社区协商治理机制所能调用的外部支持系统。

第四，党组织内部的"领导—服从"关系、党员自身的先锋作用与政治素养是社区公共权力主体与其他多元主体间"激励—约束"机制的政治基础。社区公共权力主体以党的领导权威和党建引领社区治理的政策为依托，构建了一系列体制机制以促成社区多元主体间形成稳定的合作共治关系，而这些体制机制的功能实现，一是依赖于对其他多元主体中的党员身份的发掘，对其主动性、先锋性的激励，例如北京市 R 街道通过在物业企业党组织中开展党组织、党员亮牌服务，建立党员示范岗、先锋岗，要求组织关系不隶属社区党组织的物业企业的党员到所在社区党组织报到等方式，激活物业企业中的党员并使其发挥起模范带头的引领作用；通过进一步丰富创新活动内容，引导小区党员业主积极参与社区党组织活动，加大宣传教育和思想引导力

[①] 《中共天津市委关于全面加强城市基层党建工作的意见》，调研资料。
[②] 《北京市西城区 R 街道 2017 年组织工作要点》，调研资料。

度，提升党员业主带动全体业主主动参与小区治理的积极性和责任感。"街道提出了'四亮四得四力'的标准，主要要求党员在日常生活中要'看得见'，在工作当中要'站得出'，面对利益的时候要'退得下'，在社区服务的时候要'站得出'等，尤其是在与居民存在利益冲突的时候要让步。"（重庆市两江新区H街道SW社区居委会主任DL，2020年12月2日，重庆市）二是依赖于党组织内部的"领导—服从"关系以及由此衍生的社区公共权力主体与其他多元主体间的"激励—约束"关系的有效运行，相比于对党员主体性和党性素养的期待，这两种关系实际上是一种较为刚性的外部制度保障，它试图通过党纪约束以及荣誉或物质激励以确保其他主体中的党员、党组织服从社区党组织的统一领导，并经由党组织和党员在这些主体中的领导和引领作用，确保多元主体本身服从社区公共权力主体的部署和安排，共同服务于社区公共事务的治理需要。

三 社区共治体系建设的"关系"资源

关于社区治理中的"关系""人情"等相似元素，既有研究注意到面子互动、人情关联等非正式方式在群众动员、矛盾调解和基层执法等社区工作中的关键作用，[1] 但对这些相互交织的日常现象及其属性的理解却存在明显的歧异性和含混性。其中一种进路是"关系主义"视角的延伸，认为中国语境下的"关系"就是"包括了从高度的个人间忠诚到礼节性贿赂等种种实用性私人关系"，[2] 或是"以某种认同为基础、建立在个人交往之上的特殊主义的人际关系"，[3] 在社区治理中，"关系"往往体现为个体之间的利益交换。相对于这种个体层

---

[1] 王德福：《主辅结构与模糊化运作：城市社区的简约治理机制》，《北京行政学院学报》2019年第3期。
[2] 华尔德：《共产党社会的新传统主义》，龚小夏译，牛津大学出版社1996年版，第202页。
[3] 樊红敏：《县域政治：权力实践与日常秩序》，中国社会科学出版社2008年版，第127页。

第四章 互嵌与融合：政治统合与社区协商治理体制建构

次的、带有贬义色彩的理解方式，另一种进路衍生自"社会资本"视角，一方面关注社会资本的"增量"问题，强调人际交往、人际信任交互演进所生成的"邻里社会资本"有利于培育社区公共性，[①] 另一方面聚焦社会资本"存量"的动员功能，认为基层党组织、居委会依托党员、社区精英等居民骨干在社区网络中的节点地位和关系连带效应，是实现社区动员的有效手段。[②] 可见，这两种进路的区别在本质上属于私人取向与公共取向、特殊主义与普遍主义、功利性与情感性的分殊。[③]

可见，多元主体深嵌其中的社区社会网络构成了统合治理的结构背景和重要资源。而这种网络本身的伸缩性也使得主体互动呈现出私益与公益、利益与情感相互缠绕的双重面相。为了加以区分，本书将基于利益考量的"人情"、"关系"纳入利益机制的范畴，而将情感性的维度提炼为多元整合的人情机制。因此，在社区治理过程中，对于"体制外"的社区积极分子以及因缺少党员而难以有效构建起"领导—服从"关系的物业企业、社区社会组织、社区"草根"组织和驻区单位等，社区公共权力主体通常会通过人情关系、利益互惠等方式，争取对方的业务配合。

第一，基于利益互惠与资源吸引的利益机制。利益调节是抑制私益侵蚀公益的重要举措，在实践中，社区基层组织的一体化运作使其得以统筹党委、行政等系统的资源渠道，包括党组织服务群众专项经费、党群共建专项资金、政府购买服务专项资金等，进而将上级下拨资金、政策配套资源与主体之间的互惠关系融合起来，打造针对相关

[①] 刘春荣：《国家介入与邻里社会资本的生成》，《社会学研究》2007 年第 2 期。
[②] 参见王浦劬、汤彬：《基层党组织治理权威塑造机制研究——基于 T 市 B 区社区党组织治理经验的分析》，《管理世界》2020 年第 6 期；刘威：《街区邻里政治的动员路径与二重维度——以社区居委会为中心的分析》，《浙江社会科学》2010 年第 4 期。
[③] 参见孙立平《"关系"、社会关系与社会结构》，《社会学研究》1996 年第 5 期；石发勇《准公民社区：国家、关系网络与城市基层治理》，社会科学文献出版社 2013 年版，第 65—68 页。

主体的支持体系和奖惩工具,并通过利益分配施加影响,从而形成了多元整合的利益机制,它表现为以"花钱办事"、"购买服从"[①]为典型的一系列实施方式。对于社区培育或居民自发组建的趣缘性、公益性、志愿服务性"草根"组织,基层组织通过为其提供活动场地、资助其日常运营和开展特色活动等方式,将其纳入基层治理的工作体系。而部分"草根"组织本身就具有"法团化"特征,依赖于基层组织的资源扶持。对于驻辖区单位,社区基层组织一方面通过举办联谊性的文体活动,为其提供更为丰富的"团建"形式,另一方面创设志愿服务岗位,帮助其完成党建考核任务,从而建立起了二者之间的低度互惠关系。对于社区志愿者、居民代表、楼门长等居民骨干和积极分子,基层组织利用优先安排公益服务岗位,发放劳务补贴,赠送小礼品,嘉奖表彰等手段,给予其物质报酬和精神鼓励。在调研中,有社区工作人员就表示,"他们也有经济和生活压力,有时候可能有时间(但不一定有动力),所以要纯粹让他们做公益(服务)的话也是挺难的",所以"(楼门长等骨干分子)开会有补贴,年底也会发几百块钱"。(重庆市两江新区 H 街道 SW 社区居委会主任 DL,2020 年 12 月 2 日,重庆市)这种相对稳定的补贴措施也在一定程度上将"非正式化"的积极分子转变为"半正式化"的工作人员,激发了其参与意愿。[②]对于物业企业,基层组织凭借彼此之间因地域空间、服务对象重叠而形成的紧密业务关联,以及长期互动所产生的"重复博弈"效应而构建利益互惠关系。物业企业作为营利性的市场主体,缺乏公共权威,甚至还与业主存在纠纷和利益冲突,这种尴尬处境使之不仅在日常工作中需要基层组织的支持,以增强面向居民的行为正当性和说服力,也需要基层组织作为中立的"第三方"介入,缓解和协调其与

[①] 叶敏:《下位协调依赖:对属地管理扩张的一个解释框架——以沪郊 P 街道的经验为例》,《公共管理学报》2022 年第 2 期。
[②] 王德福:《治城:中国城市及社区治理探微》,广西师范大学出版社 2021 年版,第 84—85 页。

居民之间的紧张关系。正是对互惠关系及其惩罚机制的稳定预期，构成了物业企业配合基层组织的利益动机。

第二，基于人际交往与情感互动的人情机制。城市社区的有限地域空间和服务对象的重叠，一方面使得多元主体在长期的业务往来中结成了熟人化、半熟人化的关系网络，另一方面这种密切联系也为情感积累创造了条件。人情关系一方面体现为社区公共权力主体与居民骨干、积极分子等建立起的私人交情，它作为一种"粘合性社会资本（bonding social capital）"[①]，有助于强化社区工作队伍内部的团结和凝聚力；另一方体现为社区公共权力主体与其他治理主体在长期业务往来过程中所逐步培养出的良好合作关系，例如帮助物业公司开展日常工作、在矛盾纠纷中予以支持等，[②] 在"半熟人化"的社区治理情境中，这种非正式的关系网络是润滑多元合作梗阻的重要助力。在实践中，人情机制的运作原理就是将个体之间"面对面"的私人关系嵌入公共性的业务关系之中，它涉及两种功能：一是"约束"，例如基层组织为了在争议性问题或牵涉广泛的棘手问题中获得相关利益主体的支持与配合，通常由党委书记或居委会主任出面，借助与对方的私人交情施加情感压力、润滑工作阻力。二是"激励"，在缺乏支配和约束手段的情况下，基层组织为了培育和动员积极分子和居民骨干，通过模糊公私边界的交往策略将"公事"转化为友情帮忙的"私事"，从而经由私人交情的浸润与情感纽带的黏合，激发积极分子对基层组织所布置工作的参与意愿。

四 政治统合机制的运用策略

在转型社会环境、社区利益分化结构和非正式制度环境的约束下，

[①] ［美］罗伯特·D. 帕特南：《独自打保龄：美国社区的衰落与复兴》，刘波等译，中国政法大学出版社 2018 年版，第 11—12 页。
[②] 石发勇：《准公民社区：国家、关系网络与城市基层治理》，社会科学文献出版社 2013 年版，第 65—68 页。

各类整合机制在运行中也面临着一些梗阻因素。而为了压紧与社区多方主体之间的整合纽带，社区公共权力主体致力于将治理情境、对象属性与机制类型结合起来，综合调用所属资源和治理工具以"拼凑应对",[1] 并形成了组合运用和分类运用等实践技巧。

第一，组合运用。这些整合机制自身的梗阻与限度意味着任一机制都无法确保基层组织与其他主体之间形成牢固的联结纽带，因此基层组织通常根据情境需要多管齐下，对单一主体使用多重机制，以实现机制之间的功能互补和功效叠加。其中最为典型的方式就是将依托社区社会网络的利益和人情关系嵌套进制度框架下的权力机制或组织机制，从而在主体间利益兼容的情况下，以利益与情感转变沟通形式，消除引领关系所产生的严肃感和压抑感，表现为"正式机制的非正式运作"；而在主体间利益相悖的情况下，利益和情感则有助于调节其他主体的"激励—约束"函数，降低基层组织面对的配合阻力。

第二，分类运用。整合机制和整合对象各自的属性差异，使得不同整合机制对于不同主体的整合效果存在差异。例如在法定职责、合约义务、政治纪律、政策要求的驱动下，侧重于"约束"的权力机制、政治机制和组织机制成为社区党组织整合居委会、社工站、党员、基层政府、社会组织和驻辖区单位的有效路径。相形之下，社区公共权力主体由于对社区"草根"组织、积极分子、普通居民的整合，往往缺乏刚性制度约束和组织依托，因而更加侧重于通过互惠关系、资源吸引和情感往来进行激励的关系互动。

---

[1] 陈家建、赵阳：《"低治理权"与基层购买公共服务困境研究》，《社会学研究》2019年第1期。

第五章

政治统合与社区协商治理的过程检视

  社区协商治理机制的构建与完善,有赖于基层政府与社区公共权力组织上下联动的制度供给。而为了进一步维护协商治理机制的有效运行,公共权力主体则不仅以自身的层级体系和工作队伍为依托,为其提供纵横联结的组织支持,还充分参与和规制协商治理的具体过程,以发挥议题筛选、议程引领、技术指导、程序规范、决策落实等功能。

  笔者在调研中发现,北京市西城区的"参与式协商"(图5-1)与重庆市部分街道、社区的协商治理机制在具体流程上存在一定的区别。相比之下,"参与式协商"更为强调议程设定的层级性和协商议事的主体性,着重于吸引居民和多元主体的广泛参与,公共事务的治理则被作为"协商议事"的决策落实环节。重庆市两江新区H街道SW社区的协商治理本质上是将"三事分流"的公共事务治理机制嵌入到居民议事会("院坝会")之中(图5-2),协商议事本身成为公共事务分类治理的实现手段。因此,前者重在"协商",后者重在"治理"。重庆市沙坪坝区B街道的"院坝会"也在决策落实环节吸收了"三事分流"工作法。[①] 总体而言,这些协商治理机制普遍遵循"协商动议""议题确定""主题确定""协商议事""决策落实"和

[①] 《重庆市沙坪坝区B街道院坝会工作方案》,调研资料。

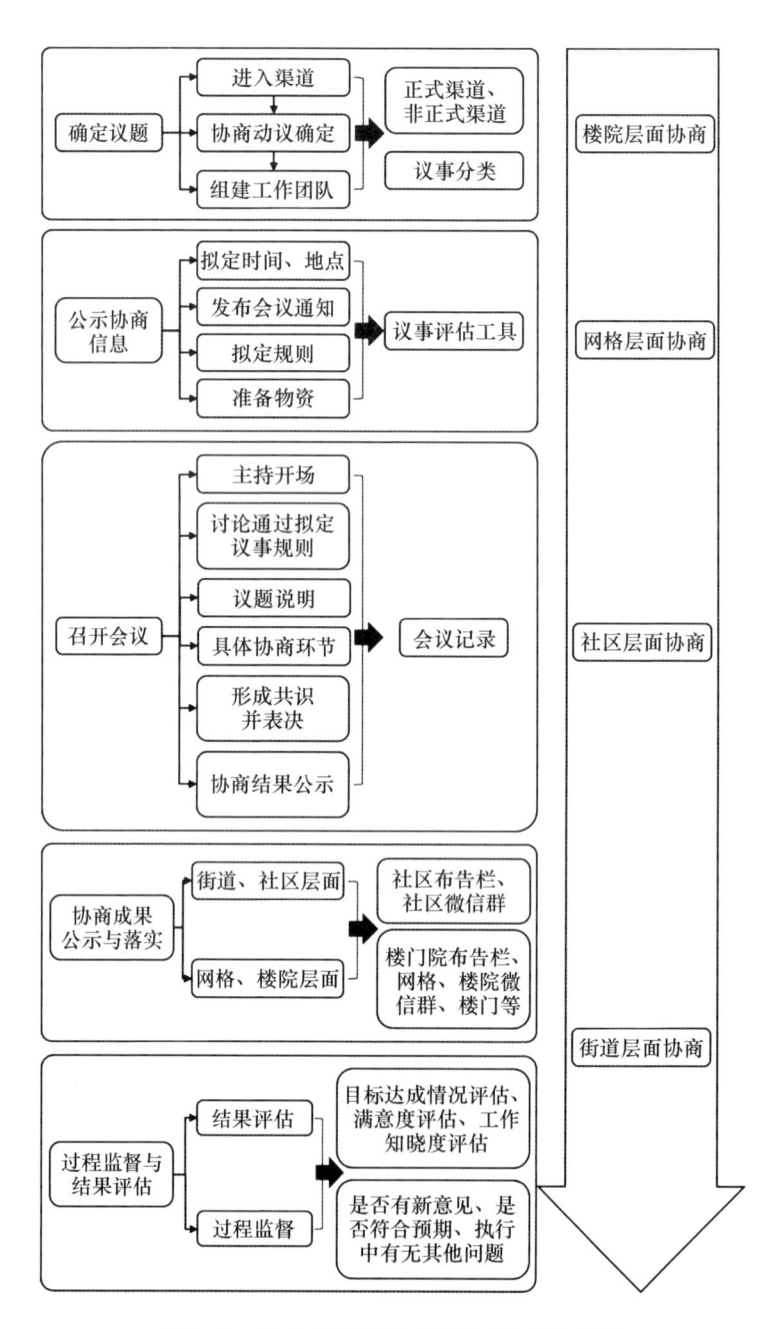

图 5-1 北京市西城区"参与式协商"流程

第五章　政治统合与社区协商治理的过程检视

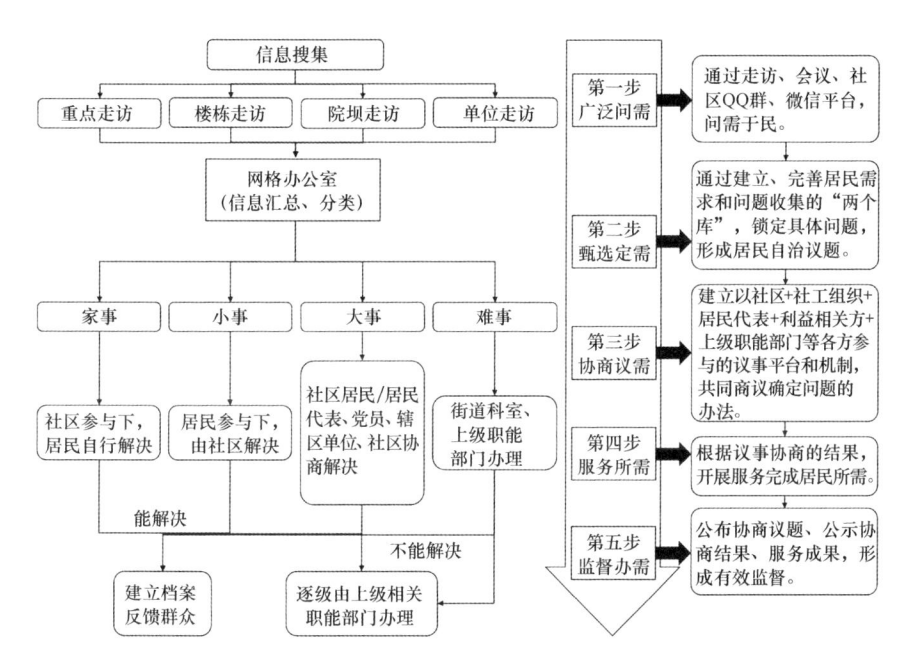

图 5-2　重庆市两江新区 SW 社区院坝会+"三事分流"机制流程

"监督评估"等过程环节。社区公共权力主体也在其中发挥着过程引领、参与和规制的重要功能。在调研对象中，北京市西城区的"参与式协商"具有最为完备、规范的工作流程，虽然在实践中，各社区的具体实施方式并不与规则文本完全一致，但其基本过程环节较为一致。例如有社区书记就表示，"我们基本上是按照自己的一套程序在操作，包括议事规则等等，因为我觉得大同小异，没有太多的区别"。（北京市西城区 R 街道 JD 社区书记/居委会主任 YY，2020 年 10 月 30 日，北京市）因此，本书以西城区的协商治理流程为主体参照，能够基本还原各地社区协商治理实践的运行过程。

第一节　协商议事的事前准备

在时间维度上，协商动议、议题确定与信息公示等是召开正式协

141

商议事会的前置工作环节。以北京市西城区参与型分层协商为例，区里统一制定和推行的制度规则表明，社区公共权力主体不仅需要发挥主动性和主导性，围绕街道办、政府职能部门的政策事项以及由其自身发起的公共事务形成政策咨询型和回应型协商议题，或是由社区围绕居民、社区社会组织、物业企业、商户、驻区单位等主体的利益诉求构建自治型、共治型协商议题，也需要结合政治标准、适用度等对待选议题进行综合评估，并在此基础上明确予以分类处置和层级分流的具体路径。对于将进入协商议事环节的议题，社区公共权力主体不仅需要组建工作团队，就会议筹备和组织、会议主持、会议记录、会议监督等开展工作，也需要根据议题的涉及范围，以一定的遴选方式，确定具体的参与人选，并进行公示。总体而言，公共权力主体规避风险的政治考量主要决定了其在此阶段的工作模式和行为方式。

一 协商动议与议题选定

协商动议作为协商治理过程的初始环节，不仅决定着其他环节的走向，也直接体现着协商治理本身的类型和属性，其关键在于"议题准入"和"议题设定"，前者意味着"什么人能够发起协商动议"，后者意味着"什么事能够成为协商议题"。在实践中，协商动议是公共权力主体对协商治理进行政治统合的重要支点，通过把控议题进入渠道和严格筛选协商议题，公共权力主体一方面试图主导协商过程，将其转化为落实相关政策或协助化解问题的手段，另一方面则试图在源头处防范风险因素，将来自居民等多元主体的利益诉求纳入可控轨道，并依托上下联动的治理力量，在社区范围内有效解决问题，协调利益矛盾，避免其外溢和扩散。以北京市西城区 R 街道为例，具体而言：

第一，协商动议的主体主要包括基层政府和社区多元主体两类，在 R 街道协商治理的运行规则中，街道办、职能部门等贴近社区并与之存在直接业务关联的基层政府主体，一方面可以出于吸纳民意，优化政策方案的科学性、提升其合法性的目的，就拟开展的对居民生活

第五章　政治统合与社区协商治理的过程检视

可能造成较大影响的事项提出协商动议；另一方面也可以经由"12345"热线、信访等方式获取和搜集来自社区相关主体的利益诉求和意见反馈，并根据自身的工作职责和有关事项的影响范围等，为帮助社区主体解决现实问题而发起协商动议。与之相对，在社区层面，居委会、居民个体、楼门院、社区社会组织、物业企业、商户、驻区单位、辖区内施工单位等多元利益行动者也构成了协商动议的另一群体，其中居民群体可以因利益协调、矛盾化解、公共决策诉求而提出协商要求，而包括居民在内的社区多元主体也都能基于自身利益或公共利益，针对涉及多方、多层利益的公共事务，发起协商动议。①

第二，协商选题具有严格的准入条件，而待定的协商选题也只有接受进一步的评估才能成为正式的协商议题。一方面在政治层面为了防止部分敏感问题进入协商议事环节而激化社会矛盾、引发政治风险；另一方面在技术层面为了防止治理资源浪费，提高议事协商效能，目前的协商议事规则中设置了"六议五不议"的待议事项准入原则，包括"社区公共事务可以议；社区公益事业可以议；社区公共矛盾可以议；涉及社区公共秩序管理可以议；涉及社区公共设施的建设、管理、使用可以议；属于社区党组织、居委会管理权限内的其他重大事务应'还权于民'的可以议"、"涉及党的政策、国家相关法律法规有明文规定的事项不议；上级党委、政府有明确要求、明文规定的事项不议；只有愿景没有动议的事项不议；明显带有歧视性、明显不公平的事项不议；属于个体矛盾、两方纠纷的事项不议"等，② 在基层实践中，社区工作人员还会结合自身理解和工作经验，对相关标准进行修订，例如 JD 社区规定"须居民会议或居民代表会议审议的事项不议"，③ 一是防止协商议事会议对居委会自治系统的功能替代和架空，避免对

---

① 参见《西城区社区参与型分层协商工作指导手册（2019 年）》，调研资料；《西城区 R 街道参与型协商工作指导手册（2018 年）》，调研资料。
② 《西城区社区参与型分层协商工作指导手册（2019 年）》，调研资料。
③ 《北京市西城区 R 街道 JD 社区分层协商工作总结（2018 年）》，调研资料。

居委会制度架构和政治权威造成实质性损害,二是以此进一步提高"准入门槛",避免各类事务的过量涌入。此外,对于待定的协商选题,社区还会组建相应的工作团队,由一名社区负责人牵头对其进行进一步的评估。①与准入条件所发挥的议题审查功能不同,议题评估的重点是对待选议题的操作性进行技术审核,包括"科学判断提出的议题是否适合采取社区协商的方式"、"明确该事项是否属于议事协商范畴、属于何种议题,应当在哪个层面开展"以及"了解议题所涉及的问题或事项的影响范围和严重程度,动议提出方的利益诉求和可能涉及到的利益主体及他们的诉求"等,从而为后续的正式协商议事环节的实施和操作做好技术准备。这些条件意味着,一方面,任何挑战法律法规和国家政策,可能对政治秩序产生冲击的事务及其衍生的主题都被排除在社区协商议事的范围之外,协商议题主要集中于社区中的公益性、民生性公共事务;另一方面,一些家庭琐事或其他牵涉面较小,但是数量庞大的事务会被排除在协商治理机制之外,以防止"井喷式"涌现的诉求造成社区治理体系的超载。

在规则层面,协商治理的操作规定赋予了社区公共权力主体对协商议题的选择权,其目的在于对易激化矛盾的敏感议题设置准入门槛,避免政治风险。然而在实践中,负有评估和把关之责的社区公共权力主体面对上级对社区协商治理工作的绩效考核要求,为了满足上级提出的"月月有协商"标准,②提升协商议事的频次和成功率,将协商重心置于一些琐碎、利益牵涉面小甚至利益无涉的生活小事,而较少主动触及利益关系复杂、解决难度大的事务,这固然体现出社区作为日常生活空间,其公共事务所具有的剩余性和琐细性特征,另一方面

---

① 领导议题评估的负责人选由待议事项的发生层级所决定:对于街道、社区层面的问题,可由社区"两委"、社区服务站的工作人员担任主要负责人;对于网格、楼院层面的问题,则可由网格员、楼门院长、居民带头人等担任主要负责人,参见《西城区社区参与型分层协商工作指导手册》。

② 中共西城区委社会工作委员会、西城区民政局:《关于做好2020年社区协商重点工作的通知》,调研资料。

也反映了社区公共权力主体的行为策略以及协商治理可能出现的"形式主义"偏差。

根据北京市西城区 R 街道社区协商情况统计表,各社区在 2020 年前三个季度分别举行协商议事活动 23 次、44 次和 57 次,其中线下开展 109 次,线上开展 8 次,线上线下相结合 5 次,电话联系 2 次。在协商议题方面,西城区提出了涵盖"社区自治""社区环境""社区服务""社区团队建设""社区综治"和"社区文体建设"6 大类别的 29 项的参考目录,在具体的实施过程中,各社区基本是以此框架为指导,举办了大量协商议事活动。经过整合、优化,笔者对分类标准作了进一步调整(如下图)。①

表 5-1　　2020 年第 1—3 季度西城区 R 街道各社区协商议题的内容分布与频次统计②

协商议题类型	协商议题内容	次数
社区自治	制定居规民约	2
	业委会、物管会成立和工作开展	18
	小区物业管理问题	5
	社区活动经费使用问题	4
	社区公共活动场所建设	1
	居民议事厅设计和维护	3
社区环境	社区物理空间提升和改造	6
	楼门院文化环境提升和改造	7
	社区公共设施维护和改造	3
	小区、楼院违建整治	1
	施工、装修噪声扰民问题	5
	社区、楼院卫生保洁问题	4
	废弃自行车清理	1
	垃圾分类、垃圾桶管理	36

---

① 《北京市西城区 R 街道社区月协商工作统计表(2020 年第 1—3 季度)》,调研资料。
② 《北京市西城区 R 街道社区月协商工作统计表(2020 年第 1—3 季度)》,调研资料。

续表

协商议题类型	协商议题内容	次数
社区服务	慰问、关爱社区特定人群和弱势群体	4
	买菜难等生活服务问题	3
	文体、培训等公共服务	5
社区队伍	社区治理队伍（"两委"、社工、居民代表、志愿者等）建设	4
社区综治	小区、楼院公共安全问题	3
	疫情防控问题	9
总计		124

研究发现：

第一，各社区确定的协商议题，一方面内容五花八门，涉及社区治理的各个方面，体现出协商治理机制对社区公共事务的充分吸纳，以及居民自治的普遍性和广泛性；另一方面也体现出作为协商治理对象的社区事务大多具有琐碎、细微和冗杂性。与国家体系和政府科层组织所直面和处理的例行化、规则化事务相比，包括协商治理在内的社区治理机制，在日常运行中所应对的事务呈现出"因人而异"、"因事而异"的个性化特征。

第二，在协商议事的效能方面，在各社区开展的 124 次协商议事活动中，共有 117 次是由居民、社区公共权力组织和其他利益关联主体在协商议事现场形成决策，并明确了方案落实的可行性；有 3 次是各方表达了利益诉求，但未明确达成决策共识；有 4 次是形成了决策方案，但后续能否有效落实尚不明确。由此可见，各社区的协商议事会普遍具有达成共识的超高成功率。

第三，无论是上级下发的协商议题指导目录，还是基层开展的协商议事活动，都表明，实务领域的政策制定者与执行者所理解的"协商治理"，与理论界的学术认知存在着一定的距离。这种运行于基层日常实践中的"协商"侧重于"讨论、磋商"等形式要素,而对作为商谈和沟通媒介的话语本身,所要实现的公共理性以及参与主体的关系模式则缺乏关注,换言之,这种"协商"的主要目的是传达讯息、集思广益、沟通交流和获得决策的程序合法性。

二 利益相关与协商主体的确定

协商议题的设定标志着相关事项顺利进入协商治理的工作流程,在此基础上,协商主体的确定则不仅明确了与之相对应的社区协商治理机制的功能属性,也意味着特定支持网络的启动与运作。在相关政策规定中,政府相关部门、街道办事处、社区党组织、社区居委会、驻区单位、产权单位、业委会、物业企业等组织主体,小区业主、社区常住居民等个体主体,以及其他利益相关方都具备成为协商议事代表的资格,但是在特定协商治理事项中,不同的参与主体决定了协商治理的类型分殊。为了进一步增强协同共治力量,社区通常还会吸纳有一定威望和社会影响力的社区党员、群众代表、人大代表、政协委员以及基层群团组织负责人等参与到协商治理过程中。

具体而言,在横向上,以居民为主体并以居民之间的利益协调、问题化解或利益实现为主要内容的协商治理机制,发挥了居民自我管理、自我服务和自主治理的主体性和能动性,是基层民主和居民自治的重要体现。在参与范围上,正如重庆市某社区居委会主任所说,"我们就是用广播吼'今天我们要开议事会,议事的内容是……,大家有空都下来',涉及的利益相关方都可以过来,比如只涉及到这个网格里面的其中一栋楼,我们就通知这栋楼里的居民来讨论。现在我们(议事会)的模式基本上是按照这个方向在发展。"(重庆市两江新区 H 街道 SW 社区居委会主任 DL,2020 年 12 月 2 日,重庆市)但社区公共事务的复杂性和棘手性显然超出了居民协商自治的能力限度,社区存在着大量牵涉面广的公共问题,这些事项一方面直接关涉其他多元主体利益，使之成为协商治理的当然参与主体，另一方面这些问题的解决也依赖于多元主体所掌握和调用的治理资源的投入和使用，因此多元主体的积极参与是社区居民自治发展为多方共治的重要体现和主要路径。需要与之相区别的是，自治型的协商治理，包括协商议事会议和决议落实等环节都有其他治理主体，例如社区民警、物业企业等因业务关联而参与其中，但这种参与在本质上是发挥着服务保障和协同配合的功能，是对居民主体性的补充和实现手段，二者在某种程度上构成了"决策—执行"关系，所以这种包括多元主体的治理形式依然被纳入居民自治的框架之中。同时，在纵向上，由于特定事项的利益关涉范围存在差异，因此协商治理机制也呈现出层级分流的态势。

在实践中，协商议事代表的确定不仅需要专项工作团队根据相关事项的利益关涉范围、影响范围界定利益相关者群体范围，还要通过一定的技术手段使其真正参与进协商治理过程中，以维护和实现其主体利益。通常而言，需要运用协商治理方式进行处置的公共事务，基本都牵涉到楼院及以上范围的居民群体和多元主体，而协商议事会议本身的有限容量与利益相关者数量之间的张力关系就使得代表机制成为一种必然选择。在代表的选择上，工作团队不仅提前在社区公告栏、社区微信群、线上平台等公开发布包含协商议事内容简述、协商议事代表报名条件、报名方式、报名截止时间等关键信息，以招募符合条件的协商议事代表——主要是居民代表；也通过主动邀请的方式，调动驻区单位、产权单位、物业企业等关键群体的参与积极性；还通过综合采用随机抽样法、重点配额法等多种办法以保证各类利益相关主体具有均等的参与机会。可见，在协商议事代表的选择方面，相关规则安排试图实现平等性、广泛性与专业性的有机统一，在充分发扬民主的同时，确保公共治理有效性。

表 5-2 2020 年第 1—3 季度西城区 R 街道各社区协商议事类型统计①

协商类型	协商目标	主导者	参与主体	次数
自治型	居民自主决策	社区公共权力主体	居民/居民骨干	42
	征集和解决民意诉求	业委会/物管会	居民（业主）	3
	协调业主与物业关系	业委会/物管会	物业企业	1
共治型	协调多元主体间利益关系	社区公共权力主体	居民/居民骨干 物业企业	3
	公共事务合作治理	社区公共权力主体	产权单位 社会组织	5
	公共事务合作治理	物业企业	社区民警 驻区单位	4
咨询型	征集和采纳居民意见	社区公共权力主体	居民/居民骨干	9
回应型	搜集和解决民意诉求	社区公共权力主体	居民/居民骨干	14
动员型	传达政府政策文件	社区公共权力主体	居民/居民骨干	8
	社区公共权力主体自主决策	社区公共权力主体	社区公共权力主体	5
	社区队伍建设与骨干激励	社区公共权力主体	居民代表/居民组长 社区党员 楼门院长 志愿者 积极分子 "双报到"党员	28
其他	阅读、培训等	社区公共权力主体	居民/居民骨干	2
总计				124

对 R 街道各社区组织的 124 次协商议事活动的记录分析表明：

第一，各社区根据上级指定的操作规范，以居民自治为核心、多方共治为凭借，不仅组织了由居民自主决策、自主行动的自治型协商，社区公共权力主体协调居民与社区其他多元主体之间利益或业务关系的共治型协商；也组织了由社区"两委"、社工站等公共权力主体为完善公共决策方案而征集居民建议的咨询型协商，为搜集民意需求并予以解决的回应型协商；还组织了由社区公共权力主体向居民传达上

---

① 《北京市西城区 R 街道社区月协商工作统计表（2020 年第 1—3 季度）》，调研资料。

级政策精神、自主决策或激励居民代表、楼门院长、志愿者等社区治理骨干的动员型协商议事会。其中，自治型协商超过了总数的30%，咨询型、回应型和动员型协商共计占比超过了50%，而由社区公共权力主体作为主导者组织的协商议事活动占比超过了90%，这一方面意味着社区协商议事会为居民提供了表达利益诉求的重要渠道，有利于发挥居民自治在社区公共事务治理中的关键作用；另一方面也意味着社区公共权力主体是协商治理的核心主体，其在绝大多数的议事情境中，都承担着政府代理人、居民代言人和工作领导者的功能，并由此发挥着主导性作用，协商议事平台也成为其自下而上提取和解决民意需求，以及自上而下落实公共政策、实施社区动员的有效制度依托。

第二，各社区组织普遍将参与协商议事的"居民"界定为普通居民或居民代表，这体现了社区公共权力主体在社区居民政治冷漠、消极参与的情况下，利用相关法律规定的解释空间，所采取的行为策略。一方面，居民代表经由广大居民的选举认证，是社区居民的法定代表，也具有当然的居民资格，是协商议事的正当主体；另一方面，居民代表具有一定的体制内身份，是社区治理团队的重要成员，不仅与社区公共权力主体的立场较为接近，其行为也受到治理团队内部"激励—约束"机制的调节。因此，以居民代表置换普通居民，有利于使居民自治在形式上运行起来，并使协商议事活动以公共利益为导向，达成共识。

第三，对各社区协商议事主题与类型的综合研判表明，协商议事的高成功率是社区公共权力主体围绕协商内容和协商形式而采取的行为策略的结果：第一，经社区公共权力主体主动筛选的协商议题，主要是关乎居民日常生活的琐细小事，大多无关于居民群体、多元主体之间的重大利益分配、协调与资金筹措，因此价值分歧小、利益分化低，易于达成共识甚至不涉及共识问题。由多元主体参与的共治型协商占比仅约10%，这不仅进一步说明社区公共权力主体有意回避了牵涉多元主体利益纠纷的重大治理难题，也表明在社区公共权力主体主导的协商治理机制中，多元主体的共治功能主要被置于决策制定后的落实环节而非协商议事现场，从而在避免多元协商的共识达成困境的同时，汇集多元协同的治理合力。

与之相比，重庆市沙坪坝区 B 街道的"院坝会"工作机制则虽然将参与主体界定于"联系社区街道机关干部、社区居民委员会成员、居民小组长、居民代表、党代表、人大代表、政协委员"等公共权力组织成员，开放度有限，但各社区在实际操作中则在一定程度上突破了这个范围，呈现出与 R 街道各社区比较相似的参与情况（见表 5-3）。

表 5-3 2020 年重庆市沙坪坝区 B 街道各社区协商议事类型统计[①]

协商类型	协商目标	主导者	参与主体	次数
自治型	居民自主决策	社区公共权力主体	居民/居民骨干	3
共治型	协调多元主体间利益关系	社区公共权力主体	居民/居民骨干 物业企业 产权单位	4
	公共事务合作治理	物业企业	社会组织 社区民警 驻区单位	1
咨询型	征集和采纳居民意见	社区公共权力主体	居民/居民骨干	9
回应型	搜集和解决民意诉求	社区公共权力主体	居民/居民骨干	19
动员型	传达、宣传政府政策	社区公共权力主体	居民/居民骨干	15
	社区公共权力主体自主决策	社区公共权力主体	社区公共权力主体	10
总计				61

除了选定协商议题和确定协商主体之外，协商议事的前置工作环节主要还包括协商信息的公示。一方面，在支持和扩大民主参与的意义上，对协商议题、会议时间、地点、出席人员、会议主持人等关键信息的公示，不仅有利于保障居民和其他主体的知情权，为可能被遗漏的潜在利益相关者提供寻求事前救济的时间和渠道，也为关心社区

[①] 《重庆市沙坪坝区 B 街道各社区院坝会统计表（2020 年）》，调研资料。

公益事业,有意于旁听和了解相关事务的热心居民提供了有效资讯。另一方面,对于协商治理的主体责任人——社区公共权力主体而言,公示协商信息不仅是程序正当性的重要体现形式,是协商治理制度化建设的题中应有之义,也有利于"留痕备查",以形式规范应对后续可能出现的对协商治理结果的挑战和质疑。正是在日益增强的绩效考核压力和民众权利意识的双重倒逼下,社区公共权力主体及其行为的制度化、规范化水平有了显著进展。

第二节 公共权力主体对协商过程的引导、指导和参与

作为协商治理机制的核心要素和基础平台,正式的协商议事会议不仅是利益相关者表达意见诉求、说理、争论以至消除分歧、形成共识的主要场域,而且在当前社区多元主体自组织力量和自发秩序尚不成熟的情况下,公共权力主体对协商过程的介入与政治统合一方面是协商议事会议和治理机制的有效运转的政治保障,公共权力主体的组织、协调、引导、规制作用,不仅有利于维护现场秩序,规范议事程序,实现协商目标;也有利于凝聚各方合力,依托协商议事会议的分级流转渠道,引入和配置多线资源,以促成公共利益的生成,从而实现政治对自治、共治的使能与赋能。另一方面,公共权力主体的"在场"还有利于对下传达、解释和落实上级政策指示和文件精神,对下搜集社情民意,对居民和其他主体通过协商议事会议传达的多元化利益进行综合与平衡,并将其共识性决策吸纳和转化为操作性的政府惠民项目,从而实现政治整合与居民自治、多方共治的有机统一,由此形成的纵横联动治理结构,在一定程度上呈现出政治统合主义的基本特征。

在正式的协商议事现场,社区公共权力主体不仅以协商工作团队的身份,发挥着主持、指导和规制作用,以规范协商议事的基本程序,

维护各方代表沟通与协商的正常秩序；也作为社区治理的领导者和参与者，以公共利益为指引，对各方利益相关者的意见与诉求进行综合平衡，并促使协商共识和决策方案的达成。具体而言，公共权力主体在协商议事会中的主要功能在于：

第一，会议主持人通过介绍议题内容和强调议事规则，为协商会议确定讨论基调。为了排除敏感性的协商议题，提高议事有效性，协商工作团队根据"六议五不议"的准入原则对待议事项进行了初步筛选，从而为规避风险因素设置了第一道屏障。在正式的协商议事会议环节，围绕议题展开的讨论和争论，也极易因利益相关者情绪的宣泄和话语策略而偏离既有议程，陷入失范和无序状态，甚至可能再一次触及违反准入原则的话题。因应于此，会议主持人需要就议题本身的情况和协商议事的具体规则向与会人员进行说明和强调。其中对议题的说明涉及"议题的由来、发展变化、当前问题、过去采取的解决方法及成效等"技术细节，而在政策咨询型协商中，这种说明还具有将书面化、公文式的相关政策文件话语"转译"为居民所熟悉的日常话语的重要功能，以便于居民理解；为了提升规则的约束力，公共权力主体则通过将议事规则纳入协商议程，[①]使其在多次会议中，经由议事代表的自行协商、共同制定和反复完善而获得广泛的合法性认可，并由此得到各方参与者的自愿遵从。有社区书记就表示，"（参会的人）都要签承诺书，必须要有规则意识，你发言的程序得是举手，发言的时长5分钟，发言的内容不能偏，就围绕这个主题来说，说这个院的问题，不扯历史问题，不提邻里纠纷，就事论事。必须理性发言，不能带脏字。"（北京市西城区 R 街道 JD 社区书记/居委会主任 YY，2020 年 10 月 30 日，北京市）

第二，会议主持人和工作团队通过多种方式引导、指导和规范协商议事的具体过程，以维护协商议事的民主性和有效性。协商议事会

[①] 《西城区社区参与型分层协商工作指导手册（2019 年）》，调研资料。

议作为协商治理过程的核心环节,各方代表围绕议题展开的协商,不仅有利于培养居民形成公正平等的民主意识、包容妥协的公共精神和自主治理的参与能力;也有利于通过主体间广泛、充分、深入的沟通和说理,以增进相互理解、协调利益矛盾;还有利于通过规范的程序和互动,促成协商共识,提出解决方案。因此,这一环节是作为协商治理领导者和组织者的公共权力主体的工作重点,其主要工作内容包括:坚持中立立场,不参与议题的讨论,不表达偏好和意向,仅就议程实施情况履行提醒和监督职责;根据现场需要,为代表提供不同的议事方法和技术选项,促进协商的展开;通过分配发言权保证参会人员的平等发言权利,使其能够不受打扰地自由表达;捍卫和执行议事规则,及时制止可能发生的违反协商议事规则的行为;维持协商秩序,控制讨论过程,制止和纠正偏题、跑题、重复以及干扰会议进程的行为,调解协商中可能出现的冲突行为,确保讨论的聚焦性。[①]

协商议事对于化解多方矛盾的重要作用,JD 社区书记深有感触:在 2018 年某小区的院内停车矛盾化解案例中,部分居民因为找不到停车位就将车辆私自停在了小区院子里,车辆也越来越多,住在一楼的老人们认为存在尾气、噪声和消防安全隐患,还占用了活动空间,意见很大,要求社区把车清理出去,其中一位某政府部门的退休干部甚至拿出了相关的法律条文,认定停车不合规,但这不仅超出了社区的权限范围,也牵涉了太多利益主体,可能会影响社区稳定。在小区产权单位和物业企业近乎"弃管"的情况下,社区就按照既定程序,组织各方召开了协商议事会。在社区工作人员的主持下,双方围绕"停还是不停"、"有多少辆车"、"怎么停"展开讨论。那位退休老干部也很有意识,遵守了举手发言的规则,拿着法律书逐条说明。另外一方的代表也表示,"我们也不是想把车停到这院里,现在哪哪停的都是车,但凡能找到地儿我们也愿意出去",除了表达困难的,也有表示

---

① 《西城区社区参与型分层协商工作指导手册(2019 年)》,调研资料。

不满要离开会场的,说"你凭什么让我们出去",还有居民就直接将问题推给了政府,说"这问题不用在这解决,就是你们街道的事"。局面一度很僵。社区工作人员也在中间调和,说"大家都是为社区好,只要有条件,谁也不愿意让自己住的地方塞满车",也给居民详细说明了街道和社区做了哪些工作,比如在周边寻找到多少停车位资源等。最后,双方就达成了妥协,一些明白事理的车主们陆续把车撤出去了。YY表示,"当时我们也没想到(能这么顺利解决),那个老领导开始还不同意(开会),说'我觉得你们基层肯定解决不了这个问题,我要往市里找,不行我还要往上找',我说'您先给我们一个机会,先一起聊聊,解决不了您再向上反映,我们都不拦着,但是这个过程咱们得走,逐级反映'。在会场上,我们就是给另一方说清楚政府做了哪些努力,停车资源紧张是个普遍问题,不可能平均,也希望大家理解。结果聊一聊就这么解决了。"(北京市西城区R街道JD社区书记/居委会主任YY,2020年10月30日,北京市)

第三,会议主持人和工作团队通过引入表决技术、撰写相关记录,为促成协商共识、制定有效决策或开展后续协商提供保障和助力。对于主要议题,各方代表经由讨论和协商消除分歧、达成共识的,由主持人和工作团队为其提供表决方式的技术选项,例如举手表决或投票表决等;未能达成共识的,可暂时搁置,等待二次协商。为了准确呈现协商的过程和结果,以备上级或利益相关者查询,工作团队需要留下完整的协商议事记录,就"会议主题、会议时间、地点、主持人、参会人员、旁听人员、会议过程、协商结果、表决情况等"进行说明。此外,会后工作团队不仅要做好相关记录的归档,形成细致的"台账",还要对协商议事会进行总结,尤其是对未达成共识的议题、参会人员提出的反对意见等进行综合分析,[①]评估其中的难点、重点和矛盾焦点,为后续的协商和解决提供工作思路。对于已达成共识的

[①] 《西城区社区参与型分层协商工作指导手册(2019年)》,调研资料。

协商结果，还要在社区布告栏或楼栋布告栏、微信群等公共空间予以公示，以接受来自社区居民的监督，从而进一步保证协商议事程序的完整性、规范性和正当性。

第三节　政治统合、资源整合与协商决议的落实

协商议事环节通过的共识性决策，作为居民自治的重要体现，其落实依赖于多方共治的支持网络。而社区公共权力主体作为社区治理的领导核心，不仅在横向上驱动着社区内外的共治体系，也在纵向上链接着多层级政府的治理资源，还发挥着对纵横资源进行有效整合和配置的作用。在协商决议的落实过程中：

在主体维度，对于能够在相关协商层级内予以解决的简单事务，主要是由该层级的公共权力主体动员居民自发处理；对于牵涉面广或较为专业、但仍在社区能力范畴内的复杂事务，则由社区公共权力主体动员物业企业、社区社会组织、驻区单位、社区民警等多元主体和支持网络共同处理。对于需要资金支持的特定议题，由社区公共权力主体进行研判，确认"该项议题涉及的事务是否属于民意立项工作范畴，属于哪一类别；该项议题是否有必要进入民意立项工作程序，通过社区协商议事是否已经取得相应资源支持、问题得到较好解决；该项议题是否有其他解决途径或方式，新的途径或方式是否比民意立项工作更加方便、有效、快捷"，对于符合民意立项工作标准的，则纳入社区现有的"社区公益金、党服务群众经费、民意立项"等资金支持项目，以支持和保障协商成果的落实。对于超出社区能力范畴的复杂事务，尤其是需要较大资金投入和多方联动的治理难题，则由社区向街道反映，采取政府兜底的方式进行解决；涉及多部门职权范围的，可以引入"接诉即办、吹哨报到"联合执法机制，由社区或街道发出协同要约，由相关业务部门派出工作人员或专业队伍，进行合作治理。

在层级维度，还可能会触发协商治理的分级流转机制。规则要求：第一，当该层级公共权力主体发现决策结果的落实会涉及更多利益相关者群体，或是发现潜在受影响的群体比前期确认的协商主体范围更为广泛时，就需要根据新的利益关联情况，及时中止实施过程，对该议题进行纵向流转；第二，当公共权力主体发现该层级协商主体的无法依托自身能力实现治理目标时，就需要结合新的治理权能需求，及时中止实施过程，对该议题进行纵向流转。这种分级流转的具体步骤包括：楼院层面发起的协商会议，牵涉面超出楼院范围，或经由多次协商无法在此层面解决的事项，由楼院长上报网格长，并将前期议事会材料进行整理，打包上交，在此基础上召开新的网格协商议事会，就该议题或落实方案组织协商；网格层面发起的协商会议，涉及社区多数居民的利益，或经由多次协商无法在此层面解决的事项，由网格长上报社区负责人，并将前期议事会材料进行整理，打包上交，在此基础上召开新的社区协商议事会，就该议题或落实方案组织协商；社区层面发起的协商会议，涉及多个社区的利益，或经由多次协商无法在此层面解决的事项，由社区负责人上报街道相关科室，并将前期议事会材料进行整理，打包上交，在此基础上召开新的街道协商议事会，就该议题或落实方案组织协商。

然而在实践中，协商议事的发生层级相对单一，据统计，在上文所统计的 R 街道 124 次议事会中，共有 46 次属于楼门院/小区协商，有 76 次属于社区协商。分析表明，首先，R 街道位于老城区，辖区内各社区普遍具有混合型住房形态和产权结构，楼门院与小区的边界较为模糊。楼门院/小区作为与居民日常生活最为贴近的空间单元，产生了大量日常小事，其解决也通常由这一层级的居民自行处理。其次，楼门院的自主治理能力比较有限，社区公共权力组织的统筹和协调作用在众多复杂公共事务的解决中必不可少。复次，在空间布局复杂、面积有限的混合社区中，网格在治理体系中的功能并不明显，甚至在一定程度上被虚化。但重庆市两江新区 H 街道的 SW 社区，由于其位于新城区，社区布局较为规整，网格边界较为清晰，因此协商治理活动就集中于网格层面。

此外，对协商决议落实情况的监督和评估也是协商治理的重要一环。从过程上看，协商决议的落实涉及社区公共权力主体、协商工作团队其他其他共治主体的各自行为和彼此互动，因此需要关注其中的程序正义问题；从结果上看，协商决议的落实意味着协商目标得以充分、完全的实现，协商主体的利益诉求得到有效满足，因此需要考量其中的实质正义问题。在实践中，协商治理的操作规则要求"对于工作周期较长的协商议事事宜，应从协商议事会议参与人员、热心居民中选出监督员，在协商议事成果公示后，针对该结果的执行进行监督，并做好过程监督记录"，监督的重点内容包括"协商议事成果公示后是否有新的意见反馈，是否需要重新召开协商议事会；协商议事成果落实是否符合预期计划，过程是否顺利；协商议事成果落实中是否有产生了其他问题或影响；协商议事工作团队的工作表现如何"。而对决议落实结果的评估则包括"目标达成情况评估，即对协商议事成果的可操作性、落实情况、落实结果与预期目标的差距等进行评价。满意度评估，即对协商议事代表、利益相关方尤其是居民群众关于协商议事主持人、工作团队、协商议事形式、协商议事过程、协商议事成果落实等方面的满意度进行测算和衡量。工作知晓度评估，即关注该事项的利益相关方尤其是居民群众是否了解该项协商议事工作的过程"。[①] 评估可以采取协商议事工作团队自评、协商议事代表评价、利益相关方评价等形式，并在社区布告栏、社区电子屏和微信群等线上线下渠道进行公示，接受各方监督。

[①] 《西城区社区参与型分层协商工作指导手册（2019年）》，调研资料。

第六章

"任务—资源"约束与社区协商治理中的策略行为

调研发现,社区"两委"等公共权力主体对协商治理过程的深度介入不仅引起了其与居民、产权单位、物业企业、社区草根组织等直接利益关联者之间的复杂互动关系,也呈现出其与街道和政府职能部门、驻区单位、社会组织、社区民警等外部业务关涉者之间的联动机理。协商治理实践的复杂性与困难性始终考验着各方参与者的操作技术、话语技巧和行动策略,对于公共权力主体而言,规避风险的政治考量、遵从规则的技术考量以及解决问题的绩效考量,分别型塑了其在协商治理各环节的行为逻辑和行动策略。这种贯穿于协商治理各环节的政治统合机制,一方面有利于赋能和使能居民自治和社区共治,促成公共事务的解决,并实现治理效能与社会秩序的有机统一;另一方面,也始终存在着"唯结果主义"或形式主义的扭曲倾向,挑战着协商治理的程序正当性、手段合法性和实质有效性。

第一节 社区协商治理的案例考察

在社区协商治理机制的设计构想中,社区居民等利益相关者能够在公共权力主体的引导和规范下,经由彼此之间的充分说理,一方面有利于缩小甚至弥合分歧,达成共识,作出有普遍约束力的决策,以解决相关治理事项；另一方面也有利于培养参与者的民主和自治能力。在实践中，公共权力主体统合下的社区协商治理因公共事务的类型差异而呈现出不同的运行方式：对于易于形成决策共识的简单事务，社区公共权力主体倾向于根据协商治理机制的程序规定，常规性地加以推进和处置；而对于各方利益高度分化、难以短时间内达成共识的复杂事务，一方面解决问题的即时性需求与居民民主素养提升的渐进性趋势之间存在着强劲的张力；另一方面各方的利益在道理、情理和法理的包裹下都获得了一定的正当性支撑，多样化的权利诉求之间形成刚性的对峙状态，这使得居民难以在协商规则的指引下，以说理的柔性方式进行解决。为了打破程序正义无法实现实质正义的困局，作为协商治理领导者和组织者的社区公共权力主体，在解决问题的工具理性驱动下，就呈现出强烈的策略主义行为特征。

一 平台搭建与协商共治：YP 小区网络升级改造项目（案例1）

1. 经由民意反馈，形成协商动议

YP 社区是西城区 T 街道在 2018 年经划调整，重新组建的混合型社区，辖区内包含商品房小区、平房院和写字楼，居住人口约 974 户，常住居民约 1984 人。建立于 2004 年的 YP 小区是该地区最早的商品房小区，外来购房人员多，居民中既有公职人员，也有公司职员，一方面其需求层次高、多样化，另一方面其参与社区公共生活的意愿相对较低，社区也因此缺乏制度化的居民自治渠道。

为了满足居民的上网需求，YP 小区分别引进 3 家网络公司，分别是中国联通、歌华有线、光电，其中联通公司的用户占比最高，超过了有网居民的半数。2019 年，在社工入户走访过程中，居民普遍反映小区网络和手机信号不好，例如有居民购买的是 200M 的光纤套餐，实际网速远远低于这个标准；手机信号不稳定，经常接收不到来电。为了帮助居民解决问题，社区工作人员分头行动，分别与居民、物业公司、联通公司进行了沟通。

第六章 "任务—资源"约束与社区协商治理中的策略行为

在社区的直接干预和督促下,联通公司技术人员通过后台数据监测和实地勘测对小区网络问题进行了全方位的诊断,查明了问题的技术原因。经过多方了解,社区工作者对问题的现状和解决思路有了初步的认识:第一,路由线槽圈有限,因此不具备引进其他网络公司的条件,根据现有情况,最有效的方案就是由联通公司自行进行网络升级;第二,社区有源型网络站点建设的基本方式有三种,既楼顶飞箱式、飞视杆站、飞式墙面站,这些方案各有利弊,需要进一步综合权衡。

此外,在多次沟通的过程中,社区工作者还发现,居民与联通公司、物业公司等主体之间通常只有双边的业务沟通,缺乏多边交流平台。例如居民找联通公司反映网络问题,联通公司就认为问题源自开发商的设计缺陷,让居民联系物业公司处理。居民联系小区物业时,物业公司却表示已经多次跟联通公司交涉,后者一直没有给出有效的解决方案。如此一来二去,导致困扰居民的网络和手机信号问题一直没有得到解决,究其根源,不仅是各服务方的相互推诿和消极应对的结果,也是彼此职能分割、各自为战的后果。据此,社区工作者决定通过搭建沟通与协作平台,将相关各方组织起来,经由协商讨论形成最终的决策方案,以妥善解决问题,便利居民生活。

2. 通过科学研判,确定协商议题

为了提升协商议事的有效性,社区工作者与居民、联通公司、物业公司、业委会分别进行了多次交流,以了解各方的利益诉求和对策建议,为确立科学合理的协商议题准备条件。其中,在需求侧,大部分居民一是希望联通公司对网络进行升级改造,以达到与纸面数据匹配的网络质量;二是希望解决手机信号差的问题。也有部分居民表示之前已经进行过升级,但是网速没有达到预定的标准,需要进一步排查原因。在供给侧,联通公司根据社区的现状,一方面建议通过"居民登记—入户改造—专业测试"的工作流程,对光纤进行升级改造;另一方面则希望由居民自行在"楼顶飞箱式、飞视杆站、飞式墙面站"三种微基站设置方案中进行选择。物业公司则表示会积极配合联通公司工作。

3. 聚焦议事主题，达成决策共识

2019年7月底，社区组织居民、业委会代表、物业公司负责人、联通公司工作人员、支部党员等利益相关者30余人，参加由社工主持的协商议事会。在议事会上，主持人提出了"小区网络（宽带和手机信号）要不要改善"、"小区网络应该采用哪种方案进行改善"两个议题，并引导参会人员围绕中心议题，按照充分协商、公益优先、多数裁决、平等友好等原则，以分组讨论的形式，开展磋商。经过热烈讨论和集思广益，参会代表很快达成共识，一致决定：第一，需要对网络光纤进行技术升级；第二，根据居民住房的结构确定采用明线还是暗线的施工方式；第三，在5号楼和6号楼设置楼顶飞箱；第四，由社区发布通知，要求所有需要整改的住户在下个月15号之前到社区进行申请登记。

4. 合作共治，推进协商决策的落实

针对议事会达成的共识，社区要求联通公司、业委会、物业公司分别履行各自职能，合作联动加以落实，由社区工作者负责跟踪和监督相关工作的实施进度。在议事会的次日，联通公司就在社区设置办事点，登记需要升级改造的用户，紧接着由公司的片区经理带头，逐户进行光纤改造和专业检测，并及时向社区汇报工作情况；业委会以小区广大业主的名义跟联通公司签订网络升级服务协议，明确双方权利和义务，避免出现法律纠纷；物业公司则与联通公司签订了购电协议，为网络改造提供电力支持。在各方的努力下，相关工作有序推进。截至9月中旬，已登记的299名申请升级的用户中，已完成升级改造的达223户，用户对升级后的服务表示满意，确认网速已经达到设计标准；而为了解决手机信号问题而设置的微基站也已经准备就绪，通电后就可以测试、入网，正常使用。整体而言，长期困扰居民的两大"烦心事"已经得到初步解决。[①]

---

① 《西城区社区参与型分层协商工作指导手册（2019年）》，调研资料。

（二）上下联动与居民自治：JD 社区协商治理的两个案例（案例 2、3）

R 街道 JD 社区辖区面积约 0.3 平方公里，包含居民住宅小区 5 个、楼房 19 栋，户籍总数共 2845 户、8527 人，常住户数为 1739 户、4822 人，其中 60 岁以上人口占户籍总人数的 34.7%，是典型的老龄化社区。2014 年作为西城区 60 个试点社区之一，开始探索社区协商治理工作方法。JD 社区结合自身特点，依托社区原有的居民代表大会及楼门长报告会等自治设施和工作基础，设置了"社区居民议事厅"，并以之为平台构建居民自治与多方共治体系，吸引居民参与、服务民生诉求。"JD 小区电动自行车充电桩安装项目""JD 小区楼道环境卫生整治"等两个案例较为典型地呈现了该社区协商治理的运行模式和工作思路。

1. "JD 小区充电桩安装项目"（案例 2）

在社区工作过程中，有居民向社区反映小区内存在由充电不规范、电池使用不当造成的一系列安全隐患，并强烈希望在小区内安装电动自行车充电桩。对此，JD 社区工作人员通过走访入户，初步统计到小区内有电动车的居民共 80 余户，且其普遍存在安装充电桩的迫切需求。

经过充分的摸底和准备，JD 社区决定召开以"JD 小区电动自行车充电桩安装"为主题的协商议事会，并将协商议事会的召开时间、议题内容等主要信息提前一周在社区公示栏进行公示，并在会前两个工作日通知与会人员。社区共邀请到作为利益相关方的社区议事厅委员会成员、JD 小区各楼居民代表、物业负责人等共计 17 人参与会议。参会成员经由充分讨论，协商确定了"将电动自行车充电桩安装在社区居委会对面的小院里"的可行性方案。

为了有效落实协商议事会的集体决策，社区居委会将议事协商结果及制定的最终方案，报送给 R 街道办事处，并向街道办事处有关部门提出申请，建议将"JD小区安装电动自行车充电桩"纳入街道的民意立项项目并予以资金保障。

经过一周的综合评估，街道办审批通过了JD社区的申请，同意将"JD小区安装电动自行车充电桩"作为针对社区民生问题的民意立项项目进行实施，由街道统一拨款支持。街道办事处相关部门还对社区前期的摸底排查结果进行了调研，并组织技术人员到现场开展实地勘测，通过对几个待定位置的比较和筛选，确认JD社区居委会对面的小院是安装电动自行车充电桩的合适场所。这一方案还可以同时解决停放电动车、充电桩用电和加强智能充电桩管理等问题。经过各方努力，充电桩在JD社区居委会小院顺利安装完毕并投入使用。

后续，JD社区还通过协商议事会制定和通过了规范化的电动自行车充电管理制度，如《JD社区电动自行车充电注意事项》《电动自行车车主承诺书》等一系列行为规范，并为充电桩安排了专职管理人员。[①]

2. "JD小区楼道环境卫生整治"（案例3）

JD小区属于老旧小区，院内共有11栋楼，其中两栋楼为某国有银行总行宿舍，由其自行管理。因历史遗留原因，其他9栋楼的楼道卫生一直无人负责：其中1号楼因负责物业管理的AL物业于2012年底撤离，而陷入"弃管"困境；4号楼产权属于某国有局，原本应由XW物业公司进行物业管理，但实际中该物业一直处于缺位状态，卫生由楼居民自发维持；10号楼为某公安分局宿舍，也基本处于无人管理的状态；另外6栋楼由YL物业管理，该物业不收取物业管理费，只负责小区院内停车收费管理，并提供有偿的居民楼管道维修等服务。

为了解决问题，2003年，街道办为社区配备两名卫生协管员和两名保洁员，负责打扫9栋楼的卫生，但2011年两名保洁员退休后，问题再次出现。此后，便由社区自筹资金招聘保洁员，各楼门长负责向

---

① 《北京市西城区R街道JD社区分层协商工作总结（2018年）》，调研资料。

居民收取卫生费，每家每月 5 元，年交 60 元。但部分居民一直不配合，拒不缴纳，所以每年筹集的资金非常有限，需要求助于辖区的其他物业公司。由于工资待遇低，一直没有招到合适的全职保洁员，仅有 2 名兼职保洁员也因工作强度较大，难以保证服务质量。有时候，对于居民乱倒的垃圾，社区只能定期组织党员和社区工作人员进行集中清理。在这种情况下，一方面居民意见非常大，进一步降低了卫生费收取率，另一方面人工成本逐渐增加，保洁员频频"罢工"，造成了垃圾清理不及时，小区环境脏乱差。对此，社区只能想方设法地留住清洁工，但社区缺乏经费投入，难以给清洁工涨工资，导致工作开展力不从心。

为了解决这个长期困扰居民的大问题，居民议事厅先后三次召开了居民、产权单位和物业企业参与的协商议事会。虽然前两次会上商讨的气氛很热烈，但居民、产权单位和物业之间都从各自利益出发，无法达成一致，没有形成有效的解决方案。在第三次协商会上，社区请来了物业管理方面的一名专家，他在深入了解社区实际情况后，给出了一些建设性的意见，各方经过协商和权衡，确认了这些方案的可行性。这些措施包括：一是在短期内，由 YL 物业接手小区内所有楼道的保洁工作，提供专业化的保洁服务，费用来源于产权单位、居民、小区公共设施的收益、物业让利、上级政府的财政补贴。二是在长期上，通过征求民意，要求所有住户缴纳物业费，从而让物业公司提供专业、全面的物业服务。就此，JD 小区楼道的卫生问题得到了阶段性的解决，在一定程度上控制和扭转了已趋激化的小区矛盾。[①]

三 风险规避与分散协商：XT 小区更换物业事件（案例 4）

Z 街道 CX 社区 XT 小区建于 2002 年，共有 7 号、9 号和 10 号三栋居民楼，其中 7 号楼共有 18 层 204 户，9 号楼共有 18 层 192 户，10

[①] 《北京市西城区 R 街道 JD 社区"社区居民议事厅"：聚民意汇民智为民生（2014年）》，调研资料。

号楼共有18层270户和4层的商户，小区面积约5.4万平米。该小区的物业管理存在多方面的问题：第一，小区规划中的8号楼因开发商资金链断裂，没有动工，从而导致与10号楼相通的地下车库没有启用，小区停车位不足；第二，由于房龄较长，小区基础设施老化，例如9号楼仍在使用水泥池子的供水水箱，小区内的所有电梯也都已到更换年限；第三，小区内没有保安，缺少围墙和大门等基础设施，且所有门禁系统都已损坏，存在严重的治安问题；第四，小区楼房楼顶防水较差，多户顶层出现雨季漏水现象；第五，小区缺少电动车充电桩，致使小区楼道内飞线充电现象严重，存在着极大的安全隐患；第六，小区卫生环境脏乱差，建筑垃圾、大件旧家具随处乱扔，楼下经常存在大件无名垃圾，原有的绿化花园草木疯长、蚊蝇滋生。小区虽有物业公司，但该公司系开发商引进的前期物业，属于个体经营，员工大都兼职，物业管理水平有限。这些问题使得小区居民对物业极为不满，再加上住户流动性大，房屋出租和出售频率高，导致物业费收缴率常年不足30%，物业公司也因此对业主感到不满，双方的矛盾陷入恶性循环。

1. 物业撤管与协商治理机制的启动

长期以来，面对小区居民与物业公司之间的矛盾，以及小区基础设施老化，民生问题突出的实际情况，社区居委会主动协调，努力维持小区的稳定局面和日常管理。2019年3月，社区接到物业经理的电话，称公司决定要贴撤管公告，并于三个月后撤出小区。这将使得小区进入失管状态。因正值全国"两会"期间，考虑到维稳问题，社区立即联系街道办物业科，并报告主管领导，争取上级支持。经街道相关领导研究决定，一是要求物业公司延期张贴撤管公告，二是确定了与物业公司及开发商协商撤管事宜的会议时间。2019年3月5日、3月8日、3月10日和3月21日，由社区牵头，社区居委会、街道物业科与物业公司及开发商举行了多次协商会议。在明确了物业公司坚持要撤管，而开发商又拒绝接管小区物业的情况后，为避免加剧业主的不满，引起居民的疑虑，社区一方面于 2019 年 3 月 12 日，组织召开了由 XT 小区居民代表参加的议事会，通知物业撤管的消息，并希望居民代表们能够协助社区居委会做好广大居民的安抚工作；另一方面，请求街道物业科帮助联系西城区房管部门，希望通过职能部门的关系网络，推荐优质的物业公司接管 XT 小区。

2. 上下联动，寻求解决方案

经过一段时间的延期，物业公司贴出撤管公告，通知居民将于 2019 年 6 月 30 日全面撤管。2019 年 4 月 4 日，社区在调解室组织居民代表召开了第二次议事会，试图先从居民代表着手，以之为中介，一方面了解普通居民的诉求和意见，另一方面动员居民代表，继续做好居民安抚工作。街道办物业科工作人员也参加了本次会议。居民代表们一方面对即将撤管的物业公司表达了不满，另一方面也对能否引进新物业公司表示疑虑。街道物业科工作人员对居民代表提出的问题一一进行解答，并承诺由政府为小区甄选出新的物业公司，希望居民们能够积极投票，对新公司进行资格授权。

议事会参与各方还就撤管问题可能引发的负面效应达成了共识，并就安抚居民的方式形成了初步方案。会后，社区居委会立即组织社工、楼门长入户走访，安排每两名社工负责四层楼的入户工作，并为每栋楼建立微信交流群，邀请业主进群讨论。对于社工在白天工作时段无法联系到的居民，就由楼门长利用业余时间代为通知或是电话沟通，从而尽可能广泛地让业主知晓物业撤管的相关事宜，为后续投票引进新的物业公司做好准备。

3. 协商筛选新的物业企业

为了保障小区物业管理的平稳过渡，自 2019 年 4 月 28 日，在街道物业科的组织协调下，CX 社区分别组织了与四家物业公司的见面会，一方面向对方介绍小区情况，另一方面查验和审核对方的物业管理资质，代表小区业主做好质量认证，并将其中符合标准的作为拟参选的物业企业。2019 年 5 月 5 日，街道和社区再次与拟参选的几家物业公司见面,请其针对 XT 小区的现状设计出可行的解决方案,并出具物业管理合同。5月18日,在街道办物管科、社区的组织下,召开了小区业主代表与拟参选物业公司的见面会和协商会,社区居民对拟引进的各家物业公司有了初步了解。

为了尽快完成物业公司引进程序,恢复社区物业管理业务,社区广泛动员居民参与投票选举物业公司,但广大业主由于种种原因,投票意愿较为消极。2019年6月6日,针对投票一周但投票率不足10%的情况,社区居委会紧急召集楼门长开会,要求楼门长加大宣传力度,动员居民及时投票。社区居委会也通过张贴通知、在各楼微信交流群里发布消息以及打电话联系的方式,对业主进行动员。对于国有单位租赁入驻的小区底商,则由社工将通知实地传达,让其准备材料参与投票。

经过社区治理团队的多方努力,2019年6月26日,投票总数达到398张,相对于小区总户数的665户,投票率已达60%,同时小区总面积为54022.01平方米,已参加投票户数面积为34826.52平方米,约占总面积的65%,依据《北京市物业管理办法》和小区《业主大会和业主委员会指导规则》的相关规定,参与投票的户数、面积实现"双过半",符合法定程序。2019年6月27日,北京 SL 物业管理公司以203票当选为小区新的物业企业,XT 小区物业管理实现平稳过渡,小区物业撤管事件得到圆满解决。

四 从综合整治到协商治理:KM 胡同停车自治项目(案例5)

1. 规避政治风险:实施胡同停车自治的初始动机

西城区 R 街道 KM 社区位于北京市中心城区,辖区面积0.7平方公里,在较为狭促的地理空间内,分布着60家各类单位,存在着由单位宿舍楼、回迁房、胡同院落、商住小区构成的混合型住宅区,这种特殊的社区格局造成了空间资源的匮乏和紧张。对普通居民而言,短缺的停车位给日常生活带来了极大不便,而失管状态又进一步造成了停车的无序、混乱，甚至还滋生了私自划位收费等不法行为。2019年3月全国"两会"期间，上级统一部署了基层综治维稳的工作任务。针对有群众反映的KM胡同存在社会人员私自办理停车收费的违法现象，R街道和KM社区为避免该问题在敏感时期引起媒体关注，形成负面舆情，决定对其进行综合整治，从而在规避政治风险的同时一举解决"停车难"的历史遗留问题，便利居民生活、预防各种安全隐患。

2. "综治"先行：解决问题的"行政"方案

2019年3月13日下午2点，R街道依托"街道吹哨、部门报到"机制，协调区交通委、区交通支队、辖区派出所、交通队等职能部门代表，与街道和社区工作人员就KM胡同屡禁不止的非法停车收费问题进行讨论，初步确定了"制定停车收费的实施办法和停车自治管理方案"的工作重点，并决定引进作为第三方的JK停车公司进行运营。下午4点，街巷长LW和社区书记FD协同各部门工作人员到KM胡同开展现场办公。社区书记FD安排全体社工在胡同内进行入户宣传，督促沿街居民管理好各自门前停放的车辆，并配合完成停车泊位的划线工作。同时，电话联系影响划线的占道车辆车主，劝说其尽快开走，对于无法开走的，则使用清障车予以拖离，以确保划线工作顺利推进。为尽快完成任务，KM社区全体社工加班工作，截止到晚上十点，乱停的车辆已全部清理完毕，到深夜十二点完成全部划线工作，共划定泊车位38个。

3月14日，社区工作人员利用居民晚上下班在家的契机，继续入户开展工作，一方面采集和核对KM胡同户籍居民的机动车基本信息，对相关居民的车辆保有量进行摸底排查，并以三证（房产证、身份证、行驶证）齐全为标准，将制作的临时停车证发放给车主，确保"一户一车一证"；另一方面向居民介绍停车自治的基本情况，争取其理解和支持。此外，社区工作者还在胡同内张贴"紧急通知"，广泛宣传办理停车证的条件和要求。通过走访，工作团队发现，解决车辆停放问题远非划定车位、实现"人车证"合一那么简单:第一,部分居民认可收费管理方式,但认为费用偏高,希望能降低一点;还有居民不愿意缴费,认为把车停在自家门口是正当权利。第二,对于部分拥有两辆车的居民家庭而言,分配一个车位就意味着另一辆车无处可停,相比于之前凭时机运气可以随意停放的方式,这实际上造成了利益损失,因此作为权宜之计,有的居民想把两辆车倒着停在一个车位中。第三,部分老年居民虽然自己没有车辆,但平时子女探望则需要临时停车。第四,部分居住在胡同附近的无车位居民也想将车停放在现有泊位上。第五,在胡同周边大厦上班的白领希望利用白天有空余的车位,实现与当地居民的错峰停车。虽然根据刚性的执行标准,可以将这些要求视为"违规"而不予理睬,但一方面这会损害居民利益,影响街道、社区与群众关系,不利于停车问题的根本解决和长效管理;另一方面这些诉求也具有"于情于理"的正当性因素,不能简单化地"一刀切",需要分别予以照顾和解决。

针对此种情况,工作团队决定通过成立停车自治组织,将相关工作职责转移给车主代表,试图通过"还权于民",换取居民对相关工作的支持,降低停车管理方案的实施阻力。3月15日下午,工作团队在居民推荐和社区考察的基础上,从本地居民中选择了几名有一定威望和群众基础、人品正直的车主,组织成立了"车友会"。"车友会"的主要职能在于代表车主群体,参与协调居民和停车收费管理第三方的关系,制定停车方案、收费标准等;向停车管理方传达居民利益诉求,监督停车管理是否规范等。

此后的两天,社区一方面继续安排社工入户调查,并要求第三方的停车管理员在晚上十一点和凌晨四点两个节点对停在胡同内的车辆进行登记,再与社工前期搜集的有车位需求的住户进行比对,厘清实际停放并符合办证要求的车辆数量;另一方面则将辖区内的十余名志愿者骨干分成两批,以不佩戴标识的便衣形式在胡同内进行巡查,主要任务是留意各级政府的暗访调查人员。根据社区的口径设定,如果发现疑似记者的人员访查就统一回复:"在胡同里没有见过停车收费的现象,之前存在居民用自行车给占车位的行为,但经过社区的治理已有明显改善;街道和社区的工作人员也经常过来检查,清理占道自行车和塑料锥筒等物品,还制作提示牌,提醒居民发现问题随时举报,由街道和社区及时反馈和处理"。此外,由于前期曾有居民就非法停车收费问题报警,社区派出所对社区书记 FD、社工 ZB,以及 GY、AS、TS 等三名居民进行了笔录,这些人员也给出了由上文呈现的统一回复口径。

经过近一周的努力,社区工作团队和第三方公司在胡同南面和东面共划定停车位 38 个,查明平时常态停放且三证齐全的共有 25 辆车,租客有 5 辆车,周边单位职员有 8 辆车的停放需求。工作团队据此认为,胡同北面还需要再增加 10 个车位,才能基本满足需要。同时,针对入户、工作过程中搜集到的五种居民诉求(见上文),工作团队考虑到相关问题利益关系复杂、较为棘手,难以由街道和社区包办解决,故而决定一方面继续发挥和强化已成立的"车友会"组织的作用,另一方面由社区牵头,邀请胡同内的车主代表、第三方 JK 停车管理公司代表等利益相关方以及街道城管科代表等业务相关方,召开"社区车友协商议事会",试图通过协商治理机制,让居民自主讨论、自主研究、自主决定,制定合理有效的停车管理实施办法,从而兼顾各方利益,实现停车资源利用的最优化。

3. 从综合整治到协商治理:合法性认证与解决问题的"自治"方案

4 月 13 日上午,社区组织召开了第一次"KM 社区车友协商议事会",会议由 KM 社区居委会主任 FX 主持,R 街道城市管理办公室主任 YK,社区纪检专员 LX,第三方 JK 停车管理公司代表,KM 社区党组织、居委会、社区工作站人员以及车主代表共 30 余人参加会议。

首先,社区居委会主任 FX 简要地介绍了会议召开的背景及目的,明确了会议的主要议题包括对前期停车自治工作的总结、对居民误解的澄清，以及对后续停车自治工作实施方案的协商和论证。城管办主任YK则强调，会议的根本目的是开诚布公征求民意，他希望参会代表充分发言，表示政府会尽量在政策允许范围内帮助居民实现利益诉求。

会议过程中，居民的核心关切和质疑主要聚焦于四个方面：一是前期实施的停车自治工作未充分征求民意，违背了程序正当性。部分居民认为，在停车自治的推进过程中，无论是"车友会"的成立还是停车位收费标准的制定依据都没有进行信息公示和政策解释，也没有充分征求车主和其他利益相关者的意见，他们是从网络渠道才得知社区成立了"车友会"，因此，他们认为停车自治工作缺乏公开性与透明性。二是停车管理的方式缺乏公平性。部分居民对政府关于道路停车的整体规划方案存疑，认为胡同周边的部分路段停车是免费的，这表明停车收费的管理模式并不是普遍的，缺乏公平性。三是停车管理的成效是否具有持续性。部分居民对JK停车管理公司的管理和运营能力存在疑虑，担心缴费后能否保证他们一定会有停车位，且是否能够确保停车安全。四是停车位收费标准能否降低。居民表示，不论目前的停车位收费标准是如何确定的，但是从大部分车主的经济能力来看，目前的收费水平偏高，抑制了居民的支付意愿。

面对居民的质疑，街道城管科YK首先表明了街道的立场和态度：第一，对于政府在停车管理工作中应该承担的责任，街道绝不会推诿。第二，街道和社区会对之前工作中出现的误会进行澄清，希望居民也能打开心结，理解政府的工作，只有双方尽释前嫌、携手合作才能实现共同治理。随后，他向居民们详细介绍了市里关于道路停车管理的相关政策规定以及街道关于KM胡同及周边道路两侧停车的整体规划思路，并对居民的疑问逐一进行了回应：

第一，关于前期工作的程序正当性问题。他承认KM胡同停车自治工作存在被动性，是街道为了应对"两会"期间的突发事件，紧急启动的停车自治项目。由于在短时间内，工作团队既要清理地桩地锁，

第六章 "任务—资源"约束与社区协商治理中的策略行为

取缔非法停车收费,划定停车泊位,又要摸清辖区车辆信息及车主停车需求等情况,还要制定停车管理的规范方案,因此可能疏忽了对居民意见的听取,街道和社区对此表示歉意。而"车友会"成员的产生,是在时间紧任务重的情况下,街道与社区协商后,根据以往的实施经验,由居民推选了几个相对熟悉社区、熟悉居民的车主作为其他车主的临时代表。这些代表协助街道和社区开展了居民动员工作,付出了一定的努力。他表示,之后会在充分征求民意的基础上,按照程序规范成立停车自治管理组织。

第二,关于停车收费的标准适当性问题。YK主任强调停车位收费的标准不是政府单方面随意确定的,而是在充分借鉴其他社区停车自治工作经验的基础上,结合相关政策规定和停车管理公司的实际情况制定出来的。对于YK的解释,部分居民代表并不认可,为了打消疑虑,YK在现场展示了相关数据。他按照当前的收费标准与缴费人数,计算出了停车管理公司目前收缴的停车费用,并与停车管理公司计划用于KM胡同停车管理的成本进行了对比,发现该项目事实上面临亏损风险。但他同样表示,这样的简单计算可能并不准确,因为各类人群的停车数据尚未统计清楚,针对错时停车的社会车辆的收费也还未开始。但是这至少表明停车管理公司的收费标准并不像居民设想的那样虚高。因此,根据目前的收支情况来看,收费标准降低的可能性比较小,但是他也承诺,后续会结合停车管理运行过程中的各种因素,综合考虑降低费用的问题。

第三,关于收费后停车管理服务的质量问题。YK强调,政府保证居民缴费后一定会有停车位,且能保证停车安全。他也欢迎居民车主们积极监督第三方公司的日常管理和服务工作,并就成立停车自治管理组织的相关事宜多提建议。

YK的针对性回应基本解答了参会居民的大部分质疑,也引起了车主代表之间的分化。部分居民接受了既成事实,有几位居民还自愿报名成为"车友会"成员,但是仍有部分居民没有被说服,对相关程序和收费标准存在不满。对此，YK 和社区 FX 主任分别留下了自己的联系方式，希望会后进一步加强沟通交流。

第一次协商治理议事会在一定程度上实现了对前期工作方法和实施规则的合法性追认，大部分车主出于对现有方案的认可或对既成事实的默认，都开始交纳停车管理费用，KM 胡同停车自治逐渐开始运转起来。相比于整治之前的混乱状态，第三方停车管理公司的运营明显改善了胡同的停车环境。对于本地车主而言，规范化管理将胡同的停车泊位由原先具有非排他性和竞争性的"公共池塘物品"转化为有排他性和非竞争性的"俱乐部产品"，还杜绝了社会人员违法占位收费问题，因此虽然增加了经济成本却降低了时间成本。因此，在现实成效的示范下，部分尚存疑虑和不满的车主也逐渐转变了态度，接受了新的停车管理秩序。

4. 从政府主导到自主治理：第二次"KM 社区车友协商议事会"

经过三个多月的摸索和尝试，"KM 胡同停车自治项目"逐渐规范化运转起来，但是其中的居民主体性仍未得到有效发挥，"自治"的色较为淡薄。为了实现从政府主导向居民自治的转化，提升项目的合法性和规范性，保障其运行的长效性，降低被居民投诉的风险，2019 年 7 月 19 日上午 KM 社区召开了第二次"车友协商议事会"。会议由居委会主任 FX 主持，R 街道城管办主任 YK、北京 JK 停车管理公司代表、社区车主代表等 12 人参加了会议。

本次会议的核心议题在于：一是确定社区"车友会"委员。3 月份成立的"车友会"在很大程度上是由街道、社区以"动员—任命"的形式组织起来的，缺少居民的充分授权和程序正当性，因此权威性不足。为了弥补程序正义层面的瑕疵，增强其合法性，KM 社区试图通过第二次协商议事会的表决，追认"车友会"作为停车自治组织、其成员作为车主代表的身份资格。在居民这一边，由于居民们普遍缺乏公益服务意愿，难以产生新的推荐人选，所以前期被动员起来的三位"车友会"成员获得全部参会居民代表的同意，成为居民认可的

第六章 "任务—资源"约束与社区协商治理中的策略行为

"车友会"正式委员。他们的具体职责是发挥纽带作用,联结和协调社区公共权力组织、车主和停车管理公司之间的关系,搜集和反映车主的利益诉求,代表居民监督停车管理公司的日常工作,协助社区公共权力主体为居民创造有序的停车环境。

二是通报4月份正式运营以来,北京JK停车管理公司对KM胡同车辆管理经费的使用情况。JK停车管理公司的代表向参会居民通报了KM胡同4月到6月的停车管理工作状况,包括车位使用情况、停车费缴纳情况、车辆管理成本及经费支出等细目。FX也代表社区和居民,希望JK停车管理公司在工作中能够一方面拓展机动车泊位资源、保障停车安全,另一方面加强对自行车、快递车辆的停放管理,并与社区组织、"车友会"形成三方合力,构建良性、稳定的社区停车管理自治机制。

部分居民在会上提出了新的疑虑,即KM胡同周边道路又出现了违法停车现象,导致缴费停车的车主利益受损。对此,YK表示,一方面交通执法部门将加大监管力度,利用电子探头对违停车辆进行执法管理;另一方面政府也会督促JK停车管理公司强化责任和服务意识,及时制止违停行为。[1](访谈记录来自北京市西城区R街道KM社区书记DF,2020年11月19日,北京市)

第二节 社区公共权力主体的行为特征、工作策略与权力技术

以上案例表明,对于一些价值分歧较小、共识重叠较高、利益纷争有限,不涉及大量资源投入的议题,通常在协商议事会议现场,经由协商工作团队的指引、协调和议事代表之间的对话、讨论就可以取得实质成果,会后的主要任务是由社区公共权力主体牵头,通过组织

---

[1]《北京市西城区R街道KM社区KM胡同自治停车工作情况汇报(2019年)》,调研资料。

居民或动员共治体系对协商决议予以有序落实。对于一些利益矛盾复杂难解，主体间分歧难以弥合，或是需要调动和整合多方资源进行应对的历史遗留问题、重大治理难题等，社区公共权力主体为了提升协商治理成效，会借助既有的"工具箱"和权力技术，通过策略性地操纵"台上协商"与"台下治理"两个环节和情境，弱化协商主体的对抗性，增强共识形成的意愿。在相关案例中，社区公共权力主体针对参与方矛盾激化的风险、共识达成的难点、高效决策的要点，采取了辩证运用集中协商与分别协商、以"对决策的协商"置换"经协商的决策"、以治理的可行性愿景促成共识达成、将横向整合转化为上下联动等技术和策略。

一　集中协商与分散协商：对矛盾激化风险的技术防范

社区治理中的共治困境在一定程度上源于各主体间业务关联的分散性，这种一对一的双边合作，主要适用于个体性的服务需求或简单事务的定向解决，但是难以适应多主体间的集体行动需要，这也得到了案例1的验证。在案例1中，YP小区的网络升级改造原本是个相对简单的公共事务，但多边沟通与协调机制的缺位造成了各方信息沟通的不畅，从而给服务方提供了推卸责任的操作空间，导致相关问题长期悬置，降低了居民的生活质量，引起了居民的普遍不满。随着社区工作者引入协商治理平台，职责分割的联通公司和小区物业被整合起来，与居民处于面对面的沟通与交流场景中，这种集中在场的局面不仅极大消解了各服务方推诿应付的话语策略，迫使其承担责任；也使得各服务方相互协调，交换信息，明确问题的基本原因和解决方案，并据此进行分工合作，形成治理合力。可见，对于部分价值和利益分歧较小的事务，平台搭建、制度供给所产生的集中效应能够有效化解各自为战的集体行动困局。然而，集中协商有其特定的适用情境，即参与各方不存在严重的对立和冲突，能够在稳定的协商秩序下实现有效对话与合作。在案例1中，社区工作者在正式的协商议事会之前，分别了解了业务相关者的诉求，初步判明了各方达成合作的现实可能，才据此将其组织起来，开展协商议事。

对于各方关系裂隙较大，利益冲突显著的事务，公共权力主体则倾向于采取分散协商或是先分散再集中的方式，以避免矛盾激化，产生政治风险。在案例4中，围绕物业服务质量和物业费缴纳两个要点，小区业主与原有的物业公司之间陷入了利益冲突的恶性循环，且基于不同的正当理据和权利来源，形成了相互锁定的无解困局。为了防止双方发生直接冲突，社区公共权力组织放弃了举行双方共同参加的集中协商，而是通过分别协商的方式，以自身为中介，在二者之间构造一定的"缓冲"空间。调研中，有社区工作人员也表示，"（对于利益分歧大的问题）先要单方做工作，再来聚合，不然要吵架的。"（重庆市两江新区H街道SW社区居委会主任DL，2020年12月2日，重庆市）社区公共权力主体在其中，不仅可以阻隔和屏蔽二者之间流动的负面信息，还可以在分别了解双方利益诉求的基础上，以相对客观的立场，自主判断并寻求有操作性的解决方案，从而打破双方之间的共识困境，促成对利益冲突恶性循环的破局。

（二）从"经协商的决策"到"对决策的协商"：共识达成困境的破解策略

案例4和5较为全面、深刻地折射出当前城市社区复杂公共事务协商治理的机理与梗阻，也呈现出作为协商治理主体责任人的社区公共权力组织的行动策略。

第一，在复杂公共事务中，各方协商主体通常存在难以弥合的利益分歧，高度分化、分散的利益诉求难以通过化约的方式进行有效整合，这也造成了较高的协商成本和共识达成困境。因此，对于此类公共事务，遵循协商议事的常规流程难免陷入"久议不决"的效率困局。有学者认为相比于效率方面的缺陷，协商民主能够在决策过程中生成合法性,并降低后续的执行阻力和无效性,[①] 所以在全过程的"成本—收益"计算中也有其优势。然而,在实践中,由于"久议不决"可能造成矛盾的进一步累积和发酵。同时,对于部分存在时限压力的紧迫事项,按部就班的协商议事程序也难以适应快速解决的现实需要。在这种情况下,对效率的要求就压倒了对质量的追求。在案例4中,小区物业公司自行设定了撤管的最后日期,从而也对社区通过协商治理方式引进新的物业公司以实现物业管理的有效衔接和平稳过渡划定了时限。在案例5中,全国"两会"的特殊时间节点对R街道和KM社区形成了强大的政治压力,上级督查的现实可能使其迫切需要以高效迅捷的行动力,管控和解决存在风险隐患的KM胡同车辆违停问题。因此,街道和社区选择绕开程序繁琐、进度缓慢的协商议事环节,通过利用"停车管理"问题的模糊属性,以打击"违法乱停"的名义将其转化为市政管理事务,从而以行政性的组织行为和操作方式,强力重构停车秩序、施行管理规则,收一时之效,在短时间内实现了"捂住盖子"的预定目标。相较之下,同样是推行"停车自治"项目,笔者在调研中了解到R街道的M社区采用了协商议事的既定程序,但车主群体、街道物管科、社区以及其他利益相关方经历了200多次协商仍未达成共识,导致停车管理的相关问题至今悬而未决。(访谈记录来自北京市西城区R街道社区建设办公室干部XZ、WL,2020年9月24日,北京市)

第二,为了解决这种因各方利益分歧较大而难以短期内达成共识的复杂公共事务,公共权力主体为了降低时间成本,提高协商的实质效能,倾向于将"经协商的决策"转化为"对决策的协商",从而一方面以相对刚性的方式,强制破解利益缠结的难题,造成治理的"既定事实";另一方面又通过事后的多方协商,对之前的解决方案进行合法性追认,并在此过程中经由民意反馈和意见吸纳对前期不成熟或

[①] John Parkinson. *Deliberating in the Real World: Problems of Legitimacy in Deliberative Democracy*, Oxford University Press, 2006, p. 173.

第六章 "任务—资源"约束与社区协商治理中的策略行为

有瑕疵的方案进行完善与修正,以达成私益与公益的有机结合。在案例4中,街道与社区针对小区物业撤管后可能出现的失管状态,没有使用协商议事的方法,让小区业主决定是否引进新的物业公司,如何引进以及引进哪一家,而是先由街道和社区自行寻求市场资源,确定拟参选物业企业的范围以供小区业主协商选择。在案例5中,虽然公共权力主体在违停整治中有违背程序正当性之嫌,但组建"车友会"的操作方法,则不仅有利于形式性地营造合法性依据,以备上级审查和居民问责,也有利于创造与居民的谈判空间,为后续的"自治"转化提供组织工具。随着督查压力的缓解,加之工作过程中遭遇的居民阻力过大,街道和社区为了填补前期行动的合法性缺口,并顺利将短期任务转化为长效机制,就采取了"事后追认"的策略,通过组织利益相关者进行协商议事,将"停车管理"问题的界定由"行政事务"转变为"自治事务",并以此吸纳居民参与和意见表达,争取居民对管理方案的配合、认可与支持。长期以来,基层执法者的类似行为普遍被视为对程序正义原则的粗暴侵犯,体现了"权力的专横"。但在当前的社会情境中,作为协商主体的居民和其他利益相关者往往是缺乏组织化的原子性存在,既难以形成共识,又难以集体行动,"对决策的协商"恰恰是公共权力主体在长期的公共事务治理中所形成的"决断"经验。

第三,在"对决策的协商"过程中,法理、道理和情理的交织运用是公共权力主体说服居民的重要话语策略。在案例5中,街道干部在议事现场,不仅通过解释车辆违停的"非法性"和政府的相关政策文件,以刚性的"法理"软化和压制居民的反对意见;也通过列数字、做计算,向居民代表讲清停车收费标准的制定依据、采用新规则的便利和益处,以设身处地的"道理"消解居民的质疑;还通过主动承认前期工作中的"错误",表达政府帮助居民解决问题的善意动机、纠正"错误"的良好态度,以及为居民利益向第三方公司提要求的姿态,激发居民的"同理心"和"共情感",以"情理"争取居民的理解和认可。

三 以未来愿景促成当下共识：降低共识达成阻力的沟通策略

社区公共事务，尤其是复杂公共事务的解决，关键在于获得充分的资金、资源投入，因此协商共识的达成，在本质上就是利益相关方就成本分摊方案的合理性形成一致意见。然而在实践中，成本分摊是实现决策共识的主要梗阻因素，在涉及资金问题时，利益相关方普遍存在"搭便车"的行为动机。在这种情况下，社区公共权力主体作为协商治理的主体责任人，在兜底职责的驱动下，其工作重心往往会由劝说协商各方认缴资金额度转化为直接为解决相关问题筹措资金和资源。在现有的权力结构和治理格局中，社区是非政府的自治领域，一方面其受制于权责利不对等的失衡困局，缺少充裕的财政基础；另一方面其受制于明确而刚性的收支规定，缺乏自主的资金来源。为了弥补资金短缺的局限性，社区公共权力主体在实践中试图通过开辟多方渠道，拼凑和整合相关资源，以应付治理所需。因此，各方协商主体往往寄希望于社区公共权力主体的筹资方案，并据此实施博弈行为。

在案例3中，居民、产权单位、物业企业等主体的协商因保洁员聘用费用的出资问题而陷入僵局，在专家的帮助下，社区提出了费用由"产权单位出资、居民缴费、小区公共设施收益、物业让利、上级政府财政补贴"共同组成的筹资方案，也由此降低了居民、产权单位、物业等单一主体的资金负担，具有较高的可操作性。正是基于相关方案的可行性愿景，协商各方在社区公共权力主体的协调下，基本做出了一定的妥协，最终达成了决策共识。可见，"协商"、"治理"作为协商治理流程的两大核心环节，存在着复杂的辩证关系，一方面"协商"共识是治理行为的前提和基础，另一方面关于协商治理的效能预期也会反过来促进协商共识的达成。在部分"议事"、"落实"环节相互交织的协商治理活动中，治理的成效会直接影响协商主体的态度，从而在后续的议事环节产生示范作用。在案例5中，虽然车主对街道、社区未经协商而制定的收费管理方案持抗拒态度，但随着第三方停车管理公司的规范化运作，胡同停车秩序焕然一新，居民的停车环境得到显著改善，车主的态度也就逐渐发生了变化，开始认可街道和社区设计的收费和运营模式。

四 从横向合作到纵向协作：提升决策执行效率的操作策略

第四章第三节的研究结果表明，社区多方主体的整合成效取决于基层组织主导下的"激励—约束"举措对相关主体利益考量的调节，而这些举措与主体之间的匹配情况及其实施效果的差异则塑造了非均衡的多主体整合状态。

由表6-1可见，在权力、政治、组织、关系等机制的共同作用下，社区形成了涵盖制度激励、职责压力、组织激励、纪律约束、资源吸引、重复博弈、友情感召、道德压力等维度的"激励—约束"体系。而各个主体所处的"激励—约束"结构也存在显著差异，其中基层政府及其相关部门、居民代表、积极分子、社区党员和社会组织承受的强激励使之与基层组织之间的整合纽带相对比较紧致。相较之下，"草根"组织、物业企业、业委会、产权单位、普通居民和驻辖区单位所承受的弱激励使之与基层组织之间的关联较为松散。

表6-1　多方主体所处的"激励—约束"结构

激励—约束 机制	权力基础		组织纽带		利益互惠		情感互动	
	制度激励	职责压力	组织激励	纪律约束	资源吸引	重复博弈	友情感召	道德压力
基层政府	√	√	√	√		√		
居民代表		√			√	√	√	√
积极分子			√			√	√	√
社区党员			√	√		√		√
社会组织	√	√			√	√	√	√

续表

激励—约束机制	权力基础		组织纽带		利益互惠		情感互动	
	制度激励	职责压力	组织激励	纪律约束	资源吸引	重复博弈	友情感召	道德压力
草根组织					√	√	√	
物业企业				(√)		√		
业委会				(√)①		√		
产权单位		√						√
普通居民								
驻区单位								

在功能层面，社区公共权力组织统合下的，由居民、业委会、产权单位、物业企业、社区社会组织、社区民警和驻区单位等多元行动者所构成的横向共治体系，是协商决策落实的重要依托。但在实践中，社区公共权力组织以复合治权为保障，以党组织网络为载体，以党员个体为支点，构建起的与其他多元主体的"领导—服从"机制以及由此衍生的"激励—约束"机制却受到多重因素的扰动，难以为共治体系的有效运作提供稳定的驱动力。因此，在实践中，社区公共权力主体在组织和协调多元主体的集体行动时，主要是凭借双方在长期互动中形成的互信和利益互惠关系，以及负责人之间的私人关系，这也决定了二者之间合作的实现需要较高的交易成本。为了减少"麻烦"，避免与其他主体间的繁复博弈，社区公共权力主体倾向于将横向主体间的多元整合转化为纵向公共权力体系和工作队伍内部的上下联动。在案例2中，社区公共权力主体针对居民形成的"安装电动自行车充电桩，以及将电动自行车充电桩安装在社区居委会对面的小院里"的决策意见，选择了向街道寻求资金支持的解决办法，而街道则以民意

---

① 注：此处的标注意指物业企业和业委会是否内设党组织决定了其能否受制于纪律约束。

第六章 "任务—资源"约束与社区协商治理中的策略行为

立项的形式将相关方案予以实施,这体现了上级支持对于决策落实的重要意义。调研中,有社区工作人员就表示,"社区目前依托的主要还是行政资源,很多问题,比如说停车自治,也是必须得依靠政府才能解决的,其实这也是我们国家的一个(制度)优势。社区的主要工作就是精准地摸清'下情',吃透'上情',然后用上面的政策让老百姓享受实惠。"(北京市西城区 R 街道 JD 社区书记/居委会主任 YY,2020 年 10 月 30 日,北京市)与此同时,案例 4 也表明,大量社区公共事务的解决依赖于以居民代表、楼门长和志愿者为主的社区治理队伍,相比于各有利益算计和职责归属的其他治理主体,他们与社区公共权力主体的关系更为紧密、立场更为相近,也因治理队伍的长期建设而具有较强的组织激励或体制激励,[①] 故而更易于服从和配合社区公共权力主体的工作要求,为社区公共事务治理贡献力量。可见,在实践中,基于整合成效的多方协同模式呈现为特定的差序化格局,即接受强激励的"基层政府—基层组织—依附性社会组织—积极分子"之间的"纵向协作",优先于受到弱激励的"基层组织—物业—业委会—各类社会组织—驻辖区单位"之间的"横向合作"。

[①] 王德福:《治城:中国城市及社区治理探微》,广西师范大学出版社 2021 年版,第 148—149 页。

第七章

结语：城市社区协商治理的再审视

社区是社会的基础，承载着发展基层民主、构建治理共同体以及夯实党的执政根基等多重功能使命，然而转型期的城市社区却受制于特定的社会结构、文化氛围、空间形态和治理体制，长期面临公共参与困境、集体行动困境、行政化困境等。在这种背景下，如何通过有效的体制机制设计和供给，激活、培育和撬动社区治理的多元力量，进而打破社区治理的"停滞"状态，推进其现代化转型，就成为关乎社区长效发展的重大问题。围绕这一核心关切，理论界与实务界进行了一系列学术与实践探索，也出现了大量典型性的创新案例，但是无论在持续性还是扩散性等方面都成效有限，这既体现出转型期城市社区治理的复杂性，也表明了既有社区体制结构的顽固性和社区治理转型任务的艰巨。

面对转型期城市社区存在的共同体困境以及由其衍生的公共参与困境和集体行动困境，公共权力主体通过政治统合的制度供给方式，搭建协商治理平台，不仅借助以特定事务为中心的利益关联机制，激发居民的参与动力，从而在居委会和业委会之外拓展了新的基层民主形式和空间；也经由一体化社区公共权力组织的政治统合，将松散关联的社区多元行动主体整合起来，形成有机联结的社区公共事务共治体系，从而在协调相关主体利益诉求的同时，为居民的民主决策提供有效的支持网络；还由此形成了"民意表达—政治回应"的纵向政治整合机制，强化了居民与基层公共权力组织的制度化连接，有利于管控矛盾和风险因素，维护社区治理秩序和社会稳定。但与此同时，社区协商治理的政治统合模式也因政府和社区公共权力组织的全过程主导而具有内在限度，例如在理念层面存在"由民做主"或"为民做主"的价值迷思，因制度供给方式而存在形式主义的风险，在运作层面存在"行政"挤压和替换"治理"的内卷化困境，在效力层面存在"激励—约束"机制失灵的问题。因应于此，社区协商治理机制的调适与优化路径应在于三个方面：一是在短期内由上级政府加大对社区协商治理工作的督查力度，从而将其由阶段性政策任务转化为社区治理的长效机制；二是在长期的社区治理互动中锻造和培育居民的公共精神与自治能力；三是在此基础上，通过社区治理体制的系统性转型和体制创新，将事本主义的协商治理机制沉淀为体制意义上的基层协商民主。

第一节 政治统合对于社区协商治理的关键作用

社区协商治理机制在本质上是公共权力主体为克服社区居民自治和多方共治的内生障碍而进行的制度供给，因此，在公共权力主体的使能和赋能作用下，不仅社区居民以协商治理机制为参与渠道，在一定程度上实现了有效参与、民主决策和自主治理，社区居民自治由此运转起来；社区多元行动者也通过协商治理的合作平台，实现了对社区公共事务的协同治理，社区多方共治由此运转起来。公共权力主体本身也通过对协商治理"结构—过程"的引领、规制和融入，以及发起特定形式的协商议事活动，搜集和回应民情民意、发起政治动员，构建起了以协商治理为中介的政治整合机制。

一 制度供给与协商治理的长效运行

由于转型期城市社区自发秩序的不足和自组织能力的薄弱，以及上级政府在理念、知识、技术和资源等方面的优势,"社区协商治理"以公共政策的形式自上而下向社区推行,这一属性决定了社区协商治理机制的运行在本质上是公共政策在社区层面的执行过程,制度供给、组织互嵌和过程引领是社区公共权力主体的具体执行方式。一方面,以政策为表现形式的制度供给,有利于克服社区自身的公共性难题和自主创新成本,发挥政治赋能作用,但是另一方面,协商治理机制作为一种公共政策,也不可避免地在基层执行中面临着执行扭曲问题。现有研究表明,当前各地大量的基层治理创新都属于"伪创新",[1] 不仅包括文字创新、形式创新等缺乏实际内容的虚假创新,也包括缺乏实质性内生动力的孤独创新、短命创新。[2] 这些创新项目难以真正融入治理结构,易于在外部动力消退的情况下陷入"悬浮"、"空转"局面,或是在与基层治理单元进行艰难磨合的过程中引发成本高企、秩序失衡等问题,低质的治理绩效又会反过来引发对创新项目的质疑,导致实践的进一步萎缩。[3] 而政治统合模式则通过相应的实施手段,在发挥制度供给功能的同时,在一定程度上维护了协商治理的长效运行。

首先,在决策环节,这种制度供给的构建方式经历了"政策试点—政策扩散"的反复调试,以提升其机制设计的合理性,确保与社区治理的适配性,从而分摊了居民和多方主体的集体行动成本,在一定程度上缓解了集体行动困境,契合了居民和其他主体对合作治理的现实需求,调动了多方参与的积极性。

其次,在组织建设环节,社区协商治理的体制建构并非脱离社区既有治理体系的"另起炉灶",而是基于现有组织条件的"叠床架

---

[1] 姜晓萍、吴宝家:《警惕伪创新:基层治理能力现代化进程中的偏差行为研究》,《中国行政管理》2021年第10期。
[2] 林冠平:《地方政府创新中的现存障碍与推动机制》,《中国行政管理》2014年第2期。
[3] 付建军、张春满:《从悬浮到协商:我国地方社会治理创新的模式转型》,《中国行政管理》2017年第1期。

屋",在实践中,社区公共权力主体以组织互嵌和功能整合的方式,将其融入社区一体化的公共权力组织与治理层级体系之中,从而将协商治理机制由政策驱动的外生性制度构建转化为社区治理体系的内生性构成要素。这种建构方式一是弱化了可能滋生的排异性反应;二是使协商治理机制与社区治理的其他体制机制形成资源共享关系,防止因资源竞争而被边缘化;三是成为社区常态化治理体系的有机组成,并与其他体制机制形成功能互补关系,使之在日常治理中因频繁运用而处于活跃状态。

复次,在运行环节,社区公共权力主体以政治引领和技术指导的方式,影响和规制协商治理的议题设定、正式协商、决策落实等全过程。这使得公共权力主体能够发挥自主性,一是通过筛选和立项协商主题,而使协商治理与其自身偏好保持一致或兼容,而利益契合本身则在相当程度上决定了公共权力主体对待协商治理的积极态度,决定了其较少会采用变通或应付手段扭曲协商治理的实施方式;二是在运作方式上,公共权力主体因"任务—资源"约束而倾向于将相关任务"打包"起来一体执行,"协商议事"应用场景的广泛性也使之较易与其他创新项目或治理任务相结合,形成"组合式执行",[1] 这也使得协商治理机制更加深嵌入社区治理的全系统;三是协商治理作为党建引领的项目抓手,公共权力主体在推行过程中也有意识地以此为契机,培育多方主体之间的沟通意愿、信任网络和参与能力,从而为协商治理的制度化、长效化创造了磨合空间,有利于破除协商治理运行中的内卷化问题。[2]

二 机制创新与居民自治的优化

转型期城市社区居民自治效能不彰,有着深刻的社会根源:首先,

---

[1] 魏来:《组合式执行与累加性创新:社区协商政策的实践逻辑》,《湖北民族大学学报》(哲学社会科学版)2021年第3期。
[2] 张晨、刘育宛:《"红色管家"何以管用?——基层治理创新"内卷化"的破解之道》,《公共行政评论》2021年第1期。

城市社区协商治理研究：基于政治统合的视角

转型期的城市社区因高度的流动化、异质化和原子化而缺乏足够的社会资本，居民间不仅难以自发形成利益关联，也难以达成集体行动；其次，转型期城市社区的两种法定自治组织形式——居委会与业委会，分别依托不同的法权体系，也被赋予了不同的功能目标，然而，在实践中二者均面临一定的功能梗阻：居委会的根本困难一方面在于自治能力的不足导致政府过度干预而出现的行政化趋势，另一方面则在于流动社会中居民利益关联的松解与分化，而其面向整个辖区范围的自治层级、自治单元难以适配利益关联局域化的现状，导致了自治单元与利益单元的空间错位。相比之下，业委会作为小区自治的组织形式，虽然治理单元更为微观，职能更为聚焦，具备利益关联的内在动力，然而其一方面受制于异质化居民的利益分化问题带来的集体行动困境，另一方面也受制于法律的刚性规定，处于缺位或空转状态。这意味着，这两种基层自治形式不仅难以充分聚合民意诉求、构建起利益关联，也难以有效应对和破解由个体"搭便车"行为所造成的集体行动困境。同时，在现有法权体系框架下，这两种自治组织形式尚未发生体制性变革。在这种情况下，针对居委会、业委会与社区治理需求之间的不适应状态，在坚持现有的法定自治体制框架的前提下，构建具有灵活性的居民自治机制就成为一种更为有效的发展路径，也体现了我国基层治理"不变体制变机制"，[1] 在保持体制连续性的基础上实现快速变革的改革模式。[2] 由公共权力主体构建与驱动的协商治理机制正是优化基层民主的重要尝试。

第一，协商治理机制为居民提供了以利益关联为纽带的有效参与渠道，促进了自治单元与利益单元的对接与适配，在一定程度上化解了空间错配问题。相比于居委会组织体系所具有的刚性制度架构和庞

---

[1] 杜鹏：《一线治理：乡村治理现代化的机制调整与实践基础》，《政治学研究》2020年第4期。
[2] 张静：《社会变革与政治社会学——中国经验为转型理论提供了什么》，《浙江社会科学》2018年第9期。

杂的成员特征，它立足于"一事一议"的基本原则，打破了小区、楼院之间的物理区隔，超越了社区、网格、楼院之间的层级分割，形成了参与范围可大可小、层级可上可下的协商议事平台，一方面高度契合了城市社区利益人群分化组合、变动不居的态势，适应了居民利益诉求的分散化和特殊化特征，将具有暂时性、偶然性或长期性利益关联的居民充分聚合起来，使其产生稳定的协商意愿和强劲的参与动力。第二，在协商治理机制的运行过程中，公共权力主体通过政治引领和骨干带动，分担了集体行动的初始成本，在一定程度上缓解甚至克服了居民的集体行动难题，从而将居民的参与意愿转化为切实的自治行动。第三，相比于居委会制度下会期和会议形式相对固定的制度刚性，以及普通居民在居委会选举和居民大会之外的"休眠"状态，协商民主机制不仅为居民提供了更广泛的参与机会，更丰富、直接的参与方式，还有利于对社区治理事务进行"分流"，使居委会制度专司负责社区层面的重大决策事项，而由协商治理机制处理数量众多但牵涉面有限的日常事项。这种"治理"意义上而非"政权"意义上的民主参与机会，在一定程度上为居民提供了自由表达诉求的渠道，因此在效能上既有助于实现更有效的治理，也能够提升居民运用权利、维护利益、处理分歧的能力，从而提升了"民主"质量。[①] 在调研中，有街道干部就对分层协商的优势有着明确认识，"为什么要分层协商呢，一是要避免参与的人范围太大，二是要避免跑题，因为就这一个人群。以前社区也有居民代表大会组织的议事协商，但是后来就发现居民代表大会上就是你说一句，我说一句，七嘴八舌，议题也不明确，然后居委会（的人）就只能说，'我记一下'。现在这个（分层协商）就有了提升，涉及的人群还真不像以前居民代表大会那样六七十人过来，吵哄哄的。"（北京市西城区 R 街道社区建设办公室干部 XZ，2020 年 9 月 24 日，北京市）第四，通过对协商过程的介入、参与和规制，公

[①] Beibei Tang, "Deliberating Governance in Chinese Urban Communities", *The China Journal*, No. 73, January 2015.

共权力主体维护了协商环境的整体秩序，在规避政治风险的同时，有利于促进决策共识，从而提升居民协商的实质效果。第五，这种制度供给本身也为居民营造了良好的公共空间，有利于彼此之间的理性对话和平等沟通，"在（各自的）家里面居民之间始终有隔阂，他听到的（信息）没有这么全面，就会以自我为中心，（而）在一起开会，一方面人都有一个从众心理，觉得大家都这样说了可能就是对的，另一方面那些不太讲理的人也会得到发泄途径。"（重庆市两江新区H街道SW社区居委会主任DL，2020年12月2日，重庆市）第六，社区协商治理的成功实践还有显著的示范作用，不仅有利于相关做法的扩散，还有利于渐进地移风易俗，转变居民的交往形式、互动模式和问题解决方式。对此，街道干部XZ就认为，"有些问题协商完了以后，邻里邻居一看，你们这个院（楼）协商效果这么好，甚至很多年拆不了的违建有居民主动拆除了，你家拆了我家也愿意拆，整个院落的环境都有了很大提升。"（北京市西城区R街道社区建设办公室干部XZ，2020年9月24日，北京市）第七，公共权力主体不仅进行了持续性的治理资源投入，还以自身为纽带，为协商决策的落实提供纵横交织的支持网络，实现了"议"和"行"的有机统一。

三 "平台—网络"相嵌合的治理共同体建设

就社区层面的公共事务而言，一是其利益关涉范围较广，居民之外的其他主体往往也是利益相关者；二是居民群体自身往往缺乏足够的治理资源。因此，社区的公共事务，必须由包括居民、社区公共权力组织、社会主体、市场主体在内的多元行动者联结起来，通过调动和使用各自的资源和关系网络，构建起有机联动的社区公共治理体系，才能妥善处置和有效治理。然而，社区居民与以基层政府、"两委一站"、社区民警为代表的公共权力主体，以物业企业为代表的市场主体，以及以社会组织为代表的社会主体，虽然彼此间存在业务关联以及由此衍生的利益关联，但其中的互动与合作却大多是基于特定业务事项而形成的双边关系,且主体之间显在或潜在的利益分歧与冲突也进一步制约和弱化了其合作意愿。这使得社区多主体之间的自发合作大多具有权变特征,难以形成制度化的多边共治体系,而政治统合的协商治理机制则对此发挥了重要的制度供给作用,助推了社区治理共同体的构建。这种社区协商治理机制在本质上是一种具有"前台—后台"双重维度的治理架构,"前台"体现为多方主体"面对面"表达诉求、交流意见的协商议事平台,而"后台"则体现为隐匿在社区人际关系和日常互动中的合作网络。

在协商议事平台建设层面,第一,公共权力主体自上而下、由外向内的制度供给,不仅通过以事务为中心的利益关联和业务关联,激发了多元主体协商议事的积极性,实际上也大大降低了多元主体之间的集体行动成本,在一定程度上缓解了协同共治的内在阻力。第二,公共权力主体在日常交往和治理实践中,凭借社区党组织、居委会和工作站一体化所形成的治理权威,依托党组织在社区治理格局中的领导核心地位和党建引领的政治领导权,针对社区其他主体中的党组织和党员个体,所构建起的以政治身份为基础、以政治纪律为支撑的"领导—服从"关系和"激励—约束"机制,以及社区公共权力主体与其他主体的长期互动所形成的业务联系和私人关系,社区公共权力主体实现了对其他治理主体的结构统合与功能整合,进而以自身为中介,编织了"一核多元"的合作网络。

在协商议事环节,公共权力主体对协商过程的参与和规制,有利于调解主体间利益矛盾,协调主体间的业务关系,甚至有利于以"政治决断"打破"议而不决、决而不断"的利益纽结,从而促成有操作性的共识决策。在决策落实环节,公共权力主体不仅链接多方资源,深度参与执行过程,还进一步依托治理权威、组织体系和关系网络,动员、引导和督促其他主体的行动。由此,社区治理体系实现了由双边业务合作的线性结构向多边合作的协同共治系统的转化,也进而在一定程度上促进了社区治理共同体建设,增进了公共事务的治理效能。

此外，社区协商治理机制还契合了转型期城市社区公共事务的治理需要。对于"职住分离"的转型期城市社区，居住空间的单一功能使得大量专业化民生职能从社区剥离出去，为职业系统或市场机制所分担，社区居民本身处于分散化的个体和家庭生活、职业活动之中，具备独立而多样化的服务获取渠道，对物业服务供给方之外的社区其他主体依赖度相对较低，而其自下而上所提出的公共治理事项也大多是琐细、偶发的日常生活事务，因而组织结构比较柔韧、信息感知相对灵敏的协商治理机制因其在地性、灵活性而具有迅捷的响应能力。

四 矛盾协调与社区日常秩序的构建

公共权力主体一方面以制度供给的形式，构建起了系统完备、运行有序的社区协商治理机制；另一方面则经由组织互嵌实现了与协商治理机制的深度融入。在此基础上，公共权力主体进一步实现了对协商治理过程，尤其是协商议事和决策落实两大核心环节的有效引领、参与和规制。具体而言，在协商议事环节，第一，公共权力主体对自治型协商的组织和参与，不仅有利于引导居民消除意见分歧，达成共识，也有利于直接获悉居民自主决策的民意方案；第二，公共权力主体对共治型协商的组织和参与，不仅有利于协调多元主体之间的利益矛盾，维护协商秩序，也有利于掌握协商进展，了解各方意见；第三，公共权力主体对咨询型和回应型协商的主导，有利于畅通自下而上的民意表达和自上而下的政治回应通道，充分搜集各方意见，为解决相关问题奠定基础；第四，公共权力主体发起的动员型协商，虽然开放性有限，旨在实现社区治理队伍内部的信息交流和激励动员，但其是汇集社区治理队伍力量，落实其他类型的协商决策或上级政策的重要手段。在决策落实环节，公共权力主体一方面主动参与，另一方面以自身为纽带，黏合社区共治体系，为各类协商决策的有效实施提供关键的支持网络。

因此，公共权力主体对社区协商治理全过程的引领、参与和规制，实际上在社区场域内形成了上下联动的"民意表达—政治回应"政治整合结构，其中协商治理平台作为中介，一方面发挥着上传下达的沟通与协调功能，连接着从楼门到街道、区的治理层级，为社区居民提供了与体制相连的利益表达通道，公共权力体系也基于"以人民为中心"的价值理念和合法性压力，对民意保持着高度的敏感性和回应性，并以服务居民的态度和解决问题的绩效获得了居民的认可；另一方面也作为制度化或准制度化的协商平台，为多元分化甚至对立冲突的利益诉求提供了对话、交流、妥协、综合的渠道，有利于将大量风险隐患控制在社区范围内，防止各类主体因表达无处、投诉无门、解决无策而出现失范行为，造成风险外溢和扩散，从而引起大规模的系统性危机，从而维护了相对稳定的社区日常秩序。

第二节　社区协商治理面临的主要挑战

公共权力主体以制度供给、组织互嵌、过程引领等方式引导和驱动社区协商治理机制的政治统合模式，不仅反映出转型期"执政党—国家—社会"的关系模式，也体现出"国家有效介入社会"、"国家助推社会"和"国家创制社会"的建设思路和治理效能，[1]却同样存在着权力扭曲下的运行偏差和功能困境，包括协商治理作为政策执行过程所面临的形式主义风险，"为民做主"对"由民做主"的置换和挤出效应，政治统合模式因其自身梗阻而可能陷入的失灵状态，以及公共权力主体的过度介入所可能导向的内卷化问题。在实践中，这些问题不仅在一定程度上可能弱化甚至抵消了协商治理的民主与共治效能，也可能因公共权力兜底责任的放大而进一步加剧社区行政化弊端。

---

[1] 参见叶敏《社区自治能力培育中的国家介入——以上海嘉定区外冈镇"老大人"社区自治创新为例》，《南京农业大学学报》（社会科学版）2015年第3期；熊易寒《国家助推与社会成长：现代熟人社区建构的案例研究》，《中国行政管理》2020年第5期；吴晓林、谢伊云《国家主导下的社会创制：城市基层治理转型的"凭借机制"——以成都市武侯区社区治理改革为例》，《中国行政管理》2020年第5期。

一 政策执行中的形式主义偏差

社区协商治理作为政府自上而下、由外而内发起制度供给的产物，社区公共权力主体结合本地实际，按照统一政策要求而组织和实施的协商治理活动，遵循着政策执行的基本原理和内在逻辑。在实践中，社区公共权力主体虽然能够通过将协商治理机制嵌入社区日常治理体系，以及自主选择议题等方式，尽量将协商治理机制转化为其自身的目标实现手段，从而经由工作需求和利益契合为协商治理的长效化施行提供动力。但是社区公共权力主体作为自主行动者，处于压力型体制和社区场域互动下的多任务环境中，其行为选择是在特定激励函数作用下，对所处制度环境的策略性反应，正是这种"结构—能动"的复杂辩证关系，使得社区协商治理始终面临着政策执行不稳定性和不连贯性的制约和挑战：

第一，社区面临的"管理函数"造成了政策的选择性执行。随着流动化社会治理压力的激增，一方面大量来自政府及其职能部门体系的行政事务以"属地管理"的名义被摊派给社区，另一方面为了提升职业激励，社区工作人员也逐渐成为由财政供养、事业编制的专职社工。在这两者的综合作用下，转型期城市社区的行政"兜底"责任和行政化趋势日益显著。当前，社区作为国家治理的基础单元和基层自治空间，分别承担着政治、行政与社会职能，[①] 仅行政事务就包括上级布置的阶段性中心工作、零散发生的行政配合工作、例行化的行政服务工作等。而社区的自治属性，又使其缺乏相应的行政执法权限和人财物资源，权责利失衡问题较为严重。社区作为理性的能动主体，会根据特定的任务函数和资源约束情况而采取行为方式。在任务与资源不适配的情况下，社区就会具有变通执行相关政策的利益动机，敷衍应付的形式主义、"打折扣"的选择性执行甚至加以悬置的象征性

---

① 吴晓林：《治权统合、服务下沉与选择性参与：改革开放四十年城市社区治理的"复合结构"》，《中国行政管理》2019年第7期。

执行等都屡见不鲜。① 因此，协商治理政策在社区的推行过程中，难免会出现参差不齐的现象，部分社区极有可能基于"任务—资源"的策略权衡而予以选择性执行，从而弱化和虚化协商治理的效果。

第二，社区治理中的路径依赖造成了政策的变通性执行。首先，转型期城市社区在行政化的结构性困境下，会采取多种行为策略和工作办法应对政策执行压力。其次，在长期的实践中，政策执行主体还会累积和应用各种策略、工具、方法开展各项工作。这些都会逐步演化为工作经验和行为"惯习"，深刻塑造政策主体的思维模式和行为方式。复次，上级政策的"标准化"与社区特性的"多样化"之间的张力，也为在地的行动者提供了变通执行的合理动机。在这种情况下，协商治理在社区的推行同样可能因行动者的路径依赖而产生扭曲和偏差。在调研中，笔者发现，部分社区以对居民代表的动员式参与替代居民的自主参与，以应付居民参与积极性不足的问题；部分社区将开展的各类事务普遍冠以"协商"的名义，以满足上级考核的的任务量要求；还有部分社区主体本身对"协商治理"意涵和相关政策内涵存在曲解和误读，以之为指导展开的协商实践偏离了政策目标。笔者在调研中就发现，本社区内的既有治理模式及其制度惯性和路径依赖可能会对协商治理机制的在地转化产生排斥作用，有社区工作人员就表示，"我们社区的日常工作，包括纠纷协调、社区活动等主要都是依靠老年协会协助开展，这也是我们区别于其他社区的'特色'。"（北京市西城区 R 街道 SF 社区书记/居委会主任 LH，2020 年 11 月 27 日，北京市）可见，建构秩序与地方实际之间存在着一定的张力关系。

第三，注意力分配与政策的阶段性执行。社区的"属地兜底"职责一方面使其面对着大量自上而下摊派的行政事项，这些政策执行任务之间往往存在竞争关系；另一方面这些"空降"的行政事务与社区法定的其他职能，如为居民提供行政服务和便民服务等，存在一定的

---

① 陈那波、李伟：《把"管理"带回政治——任务、资源与街道办网格化政策推行的案例比较》，《社会学研究》2020 年第 4 期。

竞争关系。社区公共权力主体的注意力是一种稀缺资源，这使其会根据各类工作事项的优先性排序而进行注意力分配。[①] 因此，在缺乏足够的监督与考核压力的情况下，相应事项会在多任务竞争格局中被边缘化甚至被悬置起来，从而为各种执行偏差和策略行为提供滋生空间。在缺乏持续性督促压力的情况下，相关工作会呈现出阶段性执行特征，即对该事项的注意力投入会因后续其他事项，尤其是受到上级重视的"中心"任务的进入而逐步减少，政策本身是暂时的、局域化的，[②] 缺乏向常规化职责转变的动力。在调研中，有街道干部就表示，"现在从上到下就是一个一个'红头文件'，什么都是社工在忙。什么社区自治，现在说社区自治没人搭理你；什么社区治理，没时间，'12345'[③] 都处理不完呢，还跟你说什么社区治理。"（北京市西城区R街道社区建设办公室干部XZ，2020年9月24日，北京市）

二 协商治理中的价值迷思

协商治理作为基层民主与基层治理的有机统一，其根本意义在于以特定事项为中心，为社区居民提供了居委会和业委会之外的民主参与渠道和民主决策平台，创新与丰富了基层民主的形式与内容，增加了居民体验民主效能、培育民主意识、锻炼民主能力的机会。然而如前文案例4和5所表明的，公共权力主体在实践中，为提高决策与执行效率，避免"议而不决，决而不断"的弊端，采取了以"对决策的协商"取代"经协商的决策"的行动策略，这意味着以政治统合模式所驱动的社区协商治理，在一定程度上蕴含着"父爱主义"的价值内核，以及由此衍生的违背程序正义的现实弊端：首先，社区居民自组

---

① 参见练宏《注意力分配——基于跨学科视角的理论述评》，《社会学研究》2015年第4期；代凯《注意力分配：研究政府行为的新视角》，《理论月刊》2017年第3期。
② 张敏、韩志明：《基层协商民主的扩散瓶颈分析——基于政策执行结构的视角》，《探索》2017年第3期。
③ "12345"即北京市设立的"接诉即办"便民服务热线，参见《北京进一步深化"接诉即办"改革》，《人民日报》2020年11月6日第11版。

织能力的羸弱，使得公共权力主体的"扶助"功能必不可少，而对协商治理实质绩效的偏好，又使其缺乏对协商治理实践进行引导、培育和容错的长期耐心，习惯于以包办的方式消除运行过程中的梗阻因素，不利于基层民主的自主成长。其次，社区协商作为一种公共事务的治理机制，其核心是应对群众关切、解决民生难题，因此被政策制定者和政策执行者寄予了搜集民意诉求的重要功能期待，也被视为践行"以人民为中心"根本价值的现实举措，然而公共权力主体在贯彻"人民性"思维的过程中，却放大了"为了人民"的要素，而弱化或曲解了"依靠人民"的意涵。复次，协商治理的政治统合模式，其有效运转的制度机理是形成了"民意表达—政治回应"的上下互动模式，高效的服务反馈一方面有利于提升居民的获得感和幸福感，进而增强居民的政治认同，另一方面也造成了居民对公共权力主体的依赖心理，还使二者的关系受制于不断加码的"棘轮效应"。可见，协商治理实践面临着"由民做主"还是"为民做主"的价值迷思，其中后者对前者具有一定的置换作用。这既体现"父爱主义"政治思想传统和官民关系模式在现代政治中的遗存，也反映了公共权力主体在居民自治乏力情况下的两难处境。

三 "激励—约束"机制的失灵可能

社区协商治理机制作为多方共治平台的功能运行，不仅需要多元主体对协商议事环节的积极参与，也需要为协商共识的落实提供有机联动的支持网络和治理合力。而这有赖于公共权力主体对其他社区行动者的有效统合。基于社区的权力结构和制度安排，公共权力主体不仅能够依托党组织的领导核心地位、居委会和社工站的转型职能，构造相对"硬化"的社区治理权；也能依托"基层党建引领社区治理"和区域化党建的政策要求，推动党组织网络向其他主体的有效延展以及公共权力组织与其他主体的人员交叉，进而构建对其他主体的"领导—服从"关系和"激励—约束"关系；还能经由与其他主体的长期业务关联和私人往来而形成互利性的合作关系。这些政治统合的实现机制具有相应的法权依据或利益支撑,也在一定程度上发挥着预定功能。但是,这些实现机制本身在实践中受到各种梗阻因素的扰动,缺乏稳定性和确定性,影响了政治统合模式的实践成效,从而削弱了协商治理机制作为居民自治和多方共治平台的整体效能。具体而言:

第一,以基层党的组织全覆盖形式,实现社区党组织对物业企业和业委会等主体的党建嵌入、党员嵌入和人员吸纳,缺乏普遍的实施条件。例如,在调研中,笔者发现,各地的基层党建工作虽然普遍提出了在物业企业、业委会等主体中建设党的分支体系的发展思路,但现实中,拥有三名以上正式党员从而符合组建党支部等基层组织标准的相对较少,部分物业企业和业委会中甚至没有党员,这就消解了公共权力主体通过党建嵌入、党员嵌入和人员吸纳等方式领导和约束其他主体的统合方案和工作策略。

第二,以区域化党建的方式推动社区内外党组织体系的"联网",并由此外向扩展共治体系的行动方案,也因"条""块"分割、级别错位和职能的松散关联等因素而缺乏实施条件。例如,北京市西城区R街道的辖区范围内,分布着为数众多的国有企业、国家政府部门和事业单位,但相对于基层的街道和社区,这些单位具有更高的行政级别和自主的运行系统,无需与其产生关联。地位差距造成的"门难进"问题,事实上构成了一道难以逾越的壁垒,横亘在社区与驻区单位之间,即使街道和社区试图开展共建活动,也难以得到回应。调研中,有街道干部就认为,"这些(驻区)单位,人家自己的服务就已经很到位了,所以就会觉得我们的服务活动没什么可参加的,人家也不感兴趣,也不参与社区治理","'党员双报到'对他们来说就是为了完成任务而完成任务,目前没有一个机制去约束他们","跟社区联络比较多的单位也有,但是比较少,主要靠社区书记平时沟通得比较多,联系比较密切,但有的单位人家就不搭理你。"(北京市西城区R街道社区建设办公室干部XZ,2020年9月24日,北京市)而社区民警虽然与属地有着较为紧密的业务关系,但其作为社区工作的配合者,不具备连带责任关系,这使其倾向于根据具体情境确定介入方式。调研中,有工作人员介绍,"在组织社区停车自治问题协商议事会的过程中,为了避免发生斗殴现象,专门邀请了社区民警参与,但社区民警见到现场居民众多且情绪激动,为避免卷入矛盾纠纷而选择离开。"(重庆市沙坪坝区 B 街道 YN 社区书记 HL,2020 年 12 月 1 日,重庆市)

第三,公共权力主体为动员社区党员,所凭借的党组织内部的"领导—服从"关系和"激励—约束"机制,与党员个体的权利诉求和情理依据存在一定的张力,从而削弱了政治动员的效力。调研中,有干部就坦言,"之前因为垃圾分类工作压力大、负担重,就想让党员发扬风格,承担'站桶'任务,但是党员们也有自己的事情,比如要按时接孩子放学等等。对于这种情况,党组织于情于理都只能表示理解。"(北京市西城区 R 街道 SF 社区书记/居委会主任 LH,2020 年 11 月 27 日,北京市)同时,由于党组织关系的分离,社区党组织也缺乏对"双报到"党员的约束手段,虽然相关文件赋予了社区党组织对在职党员和共建单位的考核权限,但一方面其所占比重过小,另一方面社区也碍于情面,不愿"撕破脸皮",影响双方的长期协同关系。同时,社区自发探索、创新的党建引领路径往往得不到上级的实质性支持,例如在重庆市 SW 社区中,党建网格中的"先锋管家"是由社区自主设置,而楼门长则是上级认可的基层岗位,所以相比于楼门长,"先锋管家"是没有经费补贴的,"他们就给我们一个文件,一个大方向,说你们要搞网格党建,但是让你搞又没有经费。"(重庆市两江新区 H 街道 SW 社区居委会主任 DL,2020 年 12 月 2 日,重庆市)

第四,人情机制的运用及其成效主要取决于社区关系网络和社会资本的"密度",因而存在应用场景的局限性。无论是情感联结还是面子动员,都依赖于主体间长期交往所形成的紧密联系,因此人情机制在社交网络比较健全、成熟、稳固的老旧小区、单位家属院和回迁房小区等熟人化社区运行良好，而在建成时间较晚、流动性较大的私人商住小区则缺乏有力支点。这里的基层组织也需要从头开始，主导构建熟人关系纽带。在调研中，北京某街道聘请的专业社工就指出，"社区工作必须因地制宜，充分考虑居民的年龄构成和职业特征，例如在比较高档的新小区中，'全职妈妈'就成为发展和培育积极分子的主要对象。"（北京市 WY 社会工作服务中心项目执行主管 RG，2020 年 10 月 21 日，北京市）

此外，不同机制的构成元素之间可能存在内在张力。例如，"关系"、"人情"等社区社会网络资源有利于软化正式业务关系的硬性表达，缓解主体之间的利益矛盾，也有利于借助情感感召，发起社区动员。但是另一方面，非正式网络生发的"情理"逻辑对正式制度所遵循的"法理"逻辑具有一定的解构作用，利益关系的扩张则可能造成逐利逻辑对情感逻辑的侵蚀。

四 行政对治理的挤出效应

理想状态下的社区协商治理，是在公共权力主体的引导、指导和规范作用下，一方面不断促生居民的自组织能力，逐步实现居民自治的渐进发展和良性运转；另一方面强化社区多元主体的合作意识和协同能力，逐步形成"党委领导、政府负责、民主协商、社会协同、公众参与、法治保障、科技支撑"的社区治理共同体格局。但是自上而下的公共政策和自下而上的民意诉求，特定的制度环境、管理函数和激励函数，以及"为民做主"思维惯性和路径依赖的行为惯性，都极大压缩了公共权力主体的探索时间，高效治事的工具理性对良善治理的价值理性造成了极大挑战，并陷入了行政置换治理的内卷化困境。

第一，在居民自治方面，面对居民自组织能力的羸弱，公共权力主体为解决居民参与不足的问题，使协商议事组织起来，就一方面移植居委会自治和政治协商的相关原理，将"居民"参与调整为"居民代表/居民组长"参与或"人大代表、政协委员"参与，从而将社区

第七章 结语：城市社区协商治理的再审视

协商治理的直接民主转化为代议式的"精英民主"。这种工作策略虽然是应对居民参与困境的无奈之举，但实际上不利于对居民主体性的培育。这种对参与主体的泛化界定反而将协商民主窄化到居委会自治的水平，难以推进基层民主的实质性进展。而对居民骨干和政治代表的倚重，也体现出社区自治结构的内卷化态势。

第二，在多方共治方面，如前文案例 2 和 4 所表明的，社区公共权力主体在实践中倾向于以权力体系内部的上下联动取代横向的多元协作，这是由于一方面共治体系构建的政治统合模式存在功能梗阻，所以公共权力主体难以充分借力物业企业、业委会、驻区单位等多元行动者；另一方面，公共权力主体不仅在实践中大力打造和扶植能够提供志愿服务的"法团化"社区草根组织，还试图对文体队伍等居民自发性组织进行"法团化"吸纳，从而将其转化为社区开展工作的辅助力量，这种工具化态度不仅压抑了相关组织的自主性和积极性，阻碍了居民自治能力的养成，也造成了社区社会组织和"草根"组织的"空壳化"。[①] 在这种情况下，社区公共权力主体不得不将横向的协同共治转化为纵向的上下联动，一方面对上"借势而为"，利用基层政府的连带兜底责任，争取上级的资金支持和资源供给；另一方面发起公共权力组织内部和对社区治理队伍的政治动员，通过充分调动社区"两委"、社区工作者、党员队伍、楼门院长、志愿者、积极分子的力量，盘活社区人际关系网络的治理功能，以协调社区利益关系，有效解决公共难题。这种对社区公共权力组织和治理队伍的依赖，是资源匮乏、权能有限的公共权力主体在自治性资源开拓乏力的处境下，长期形成的工作"模式"，但公共权力主体的全过程介入和"扶助"，造成了居民和其他主体对其的依赖，弱化了居民自治和多方共治的活力，而对相关人员的"过度使用"，也进一步加剧了社区治理的内卷化趋势。

---

① 杨帆、李星茹：《社区治理中痕迹主义与内卷化的共因及互构》，《甘肃行政学院学报》2020 年第 4 期。

第三节 社区协商治理的调适与发展

社区协商治理实践所面临的困境与梗阻，在本质上是转型期城市社区的韧性治理结构，对自上而下"入场"的公共政策所产生的过滤和解构作用。这既是"协商治理"作为政策措施而非制度设施的内在限度使然，也体现了社区现有治理体制架构的动态稳定性。这种治理结构是嵌入国家总体治理体系中的，它是外部制度环境、自身组织体系和所处治理场域综合作用的产物，也集中体现了社区与其他主体的长期互动所磨合而成的内生秩序。因此，在社区治理所依托的法权体系、社会结构、社区文化均没有显著变化的情况下，推进社区治理的现代化转型不能贸然采取系统性制度变革的方式，否则可能陷入"旧秩序解体，而新秩序又没有建立"的失序困局。本书认为，短期而言，社区协商治理应着力调适和优化"协商治理"政策，例如上级政府强化对社区的执行督查，完善、优化考核指标与考核方式，保持该政策推行的标准化、规范化和常态化；执行主体在加强规则设计、优化初始结构的基础上，一方面应进一步强化协商治理有效运行所凭借的政治统合机制；另一方面给予协商治理充分的调试时间和容错空间，并逐步将其嵌入到社区权力结构中，将事本主义的治理平台升级为体制性的治理机制；中长期而言，则应遵循"政策—机制—制度"的演化路径，在实践中不断累积支撑协商治理的社会基础和公共精神，为社区治理的现代化转型创造条件。

一 以健全机制确保协商治理的有序发展

一方面，社区协商治理实践作为一种政策执行过程，始终存在着执行偏差与扭曲的现实可能，[1] 公共权力主体选择性执行、变通性执

---

[1] 张敏、韩志明：《基层协商民主的扩散瓶颈分析——基于政策执行结构的视角》，《探索》2017年第3期。

第七章 结语：城市社区协商治理的再审视

行、阶段性执行以及象征性执行的策略主义和形式主义行为，将会极大损害其居民自治与多方共治的价值意涵与功能目标；另一方面，政治统合机制也因公共权力主体缺乏刚性权力而面临功能失灵。因此，要实现对社区协商治理的调适与优化，关键在于通过纠偏协商治理的过程梗阻和改进政治统合的实现机制，优化社区协商治理的结构质量，具体而言就是一方面增强执行压力，改进激励机制，从而将政策执行主体的利益考量与协商治理政策所蕴含的价值目标统一起来，并消解阻碍协商治理运行的体制韧性；[①] 另一方面进一步强化和创新基层党建，使得以党建为依托的政治统合机制充分运转起来。

第一，上级政府与主管部门应强化对社区协商治理政策执行的全过程监督，创新考核方式，预防和消除形式主义问题。社区协商治理政策过程所依托的科层体系，因逐级复制的"委托—代理"关系而存在决策主体与执行主体的分离问题，二者因执行链条的分隔而存在信息不对称问题，这一方面为执行主体的策略行为提供了腾挪空间，另一方面也使决策主体难以对其进行有效的监督。在这种情况下，只有一方面增强监督和考核压力，并辅之以相应的激励与问责措施；另一方面创新监督和考评方式，例如设置督查小组进行随机检查、引入第三方进行考评等，对居民等协商治理参与主体的意见调查则应成为政策效能评估的重要方式。

第二，上级政府与主管部门应有针对性地设置考评指标体系，逐步提升该政策的标准化和规范化。考核指标体系作为重要的激励工具，能够有效引导政策执行主体的行为选择。因此，为了规范和优化协商治理的形式和内容，可以从考评指标体系的精细化设计入手，一方面以指标说明的形式，明确界定协商治理的内涵和范围，将大量使用"协商"名义而无"民主"意涵的社区活动加以排除，抑制公共权力主体的随意性倾向，推进协商治理的规范化和标准化建设。

[①] 林雪霁：《当地方治理体制遇到协商民主——基于温岭"民主恳谈"制度的长时段演化研究》，《公共管理学报》2017年第1期。

第三，上级政府应构建协商治理的长效推进机制，以确保相关政策的稳定性和持续性，为制度要素的累积和制度变迁创造条件。为实现这一目标，不仅可以将社区协商治理作为高规格的重点任务和"中心"工作，以短时高强度的资源投入为后续工作打下良好的前期工作基础；也可以将社区协商治理列为各级政府和社区公共权力组织的常态化工作事项；还可以组建专项工作团队和常设性的专门机构，具体负责相关事务。

第四，上级党政系统应明确推进社区协商治理与基层党建的一体化运作，从而实现二者的有机联动，使得基层党建为协商治理提供有力的组织支持。这需要一方面围绕基层党建引领社区治理的建设目标，强化区域化党建的实施力度，把在物业企业、业委会中设置党建工作者等具体措施落到实处，还要进一步赋予和增强社区党组织对辖区内各类党组织和业务关联单位的考核权，以及实化社区党组织对其他多元主体的政治领导权，例如将相关人员的薪资标准、岗位与社区党组织的考评结果直接挂钩等。

二 以治理互动锻造多方主体的共治能力

社区协商治理所面临的困境不仅根源于宏观的制度环境和自身的政策逻辑，也源于所处治理场域的基本特性，即转型期城市社区高度的流动化、异质化和原子化而导致的社会资本匮乏、居民参与不足、公共意识淡薄以及进一步衍生的集体行动困境和自治能力缺失等。因此，要推进协商治理的优化与发展，除了需要有针对性地矫正政策偏差，改进激励机制，从而提供良好的初始结构，还需要从社会基础和精神文化层面着手，敦风化俗，使公共参与、协商治理的意识内化于心、外化于行。

社区协商治理运作过程中，作为具体实施者和组织者的社区公共权力主体习惯于沿袭传统工作思维和工作方法，试图以动员居民代表参与以应对居民参与不足的问题、以"对决策的协商"规避"经协商的决策"所存在的"久议不决"问题、以社区公共权力组织和治理队伍的过度使用应对多元主体的协同困境等。这些操作技术和工作策略一方面的确规避和排解了协商治理的运行梗阻，由"效率"而生成了即时性的"效能"；但另一方面，这些权宜之计就长远来看不仅会加剧社区治理的行政化和内卷化，还导致了"行政"对"民主"和"治理"的挤压和替代。社区公共权力主体的中介和统合是协商治理的重要保障和条件，但这是手段而非目的，其功能在于扶助和培育基层民主和多元治理力量。当前，部分社区的公共权力主体对协商治理过程的过度介入、干预和代办，一方面造成了居民的依赖性，例如有干部就表示，"这就相当于政府买单，所以他们的思想一直转变不过来。"（重庆市两江新区 H 街道 SW 社区居委会主任 DL，2020 年 12 月 2 日，重庆市）另一方面已使其由协调利益纠纷的"中间人"转化为"当事方"，从而成为居民质疑和不满的焦点。基层政府与社区公共权力组织在开展协商治理活动的过程中，也存在很多违背程序规范的行为，由之所体现出的对协商治理的工具性理解和功利态度，也引起了社区居民和其他主体对协商治理的不信任。这种恶性循环使得社区协商治理机制难以有效吸引居民参与，以发挥培育社区公共意识和多元治理能力的功能。

有鉴于此，一方面，上级政府理应通过加大监督与考评力度，引导社区协商治理机制的规范化运行，控制和纠正社区公共权力主体的策略行为，为扩大居民参与和多方共治提供良好的制度环境；另一方面，社区公共权力主体也应保持耐心，通过引入专业社会组织等方式，为多元主体的协商议事和公共治理提供更为科学合理的操作技术和专业支持，使居民和其他主体在长期的协商治理互动中养成协商习惯和公共意识，锻炼参与能力和合作能力，促进主体间横向联系的增量累积，从而激发城市社区的内生秩序和自主治理能力，反过来为协商治理的有效运行提供文化滋养，形成二者相互强化的良性循环。

三 以制度沉淀促进社区治理体系的革新

在社区协商的三种类型中,技术性协商的普及性最高,而平台性协商的推行和实施难度较制度性协商为小。① 因此,在社区协商治理的变革与发展思路上,可以遵循"先易后难"的基本原则,首先,以持续性的政策支持,整合、强化和完善现有的协商治理平台;其次,通过长期性的实践运作,一方面在互动过程中培育各方主体的社区公共意识和参与能力,另一方面以治理效能争取各方主体对协商治理机制的政治认同,并将居民对公共权力主体的人格化依赖转变为对协商治理机制的制度依赖;复次,则是在这种"结构—能动"长期良性互动循环的基础上,适时推进协商治理机制与社区、街道治理体制的有机结合,并以之为支点重构整体性制度结构,从而使协商治理获得基础制度的法权支撑,超越偏重于治理技术的工具价值。在调研中,北京市西城区的 JD 街道书记 YY 就表示,对于制定小区停车自治方案这种牵涉面广,也需要居民广泛认可和遵守的重大事项,必须要提交给社区居民代表大会讨论通过,"走一个正式的程序比较好。"(北京市西城区 R 街道 JD 社区书记/居委会主任 YY,2020 年 10 月 30 日,北京市)这种将协商治理机制嵌入社区基本制度的有益尝试,也为本书构想基层民主转型与创新性发展的可行路径提供了有益启发。

此外,社区协商治理的长效发展不仅需要"结构"与"能动"层面相关要素的各自完善,还需要增强彼此之间的系统性、联动性和协同性,也就是要以政治统合力量为枢纽,立足不断优化的制度框架、组织体系、社会网络、"激励—约束"机制等发展条件,坚持"有什么用什么"的基本原则,积极利用现有制度条件引导创变,② 并进一

---

① 付建军:《作为治理创新的基层协商民主:存量、调适与内核》,《社会主义研究》2020 年第 6 期。
② 洪源远:《中国如何跳出贫困陷阱》,马亮译,生活·读书·新知三联书店 2018 年版,第 5 页。

步通过发挥基层组织的制度供给、组织枢纽和利益协调作用。另一方面要保持充分的耐心,为多元主体创建常态化的对话、协商与协同平台,使其能够以一次次的治理事件为互动契机,在长期的探索和试错中相互磨合,逐步形成相互信任的公共氛围、相互合作的共识与规则,实现价值凝聚、利益聚合与有效协同,从而推动多方协同的制度规则和主体能力在互促共演中走向成熟。

参考文献

一　中文文献

（一）中文译著

［德］斐迪南·滕尼斯：《共同体与社会》，张巍卓译，商务印书馆2019年版。

［法］埃米尔·涂尔干：《社会分工论》，渠敬东译，生活·读书·新知三联书店2017年版。

［法］让-雅克·卢梭：《社会契约论》，李平沤译，商务印书馆2017年版。

［美］埃莉诺·奥斯特罗姆：《公共事物的治理之道：集体行动制度的演进》，余逊达、陈旭东译，上海译文出版社2000年版。

［美］埃里克·A.诺德林格：《民主国家的自主性》，孙荣飞、朱慧涛、郭继光译，江苏人民出版社2010年版。

［美］埃文斯、鲁施迈耶、斯考克波：《找回国家》，方力维、莫宜端、黄琪轩译，上海三联书店2009年版。

［美］保罗·萨缪尔森、［美］威廉·诺德豪斯：《经济学》，萧琛译，商务印书馆2014年版。

［美］本杰明·巴伯：《强势民主》，彭斌、吴润洲译，吉林人民出版社2006年版。

［美］D. B. 杜鲁门：《政治过程：政治利益与公共舆论》，陈尧译，天津人民出版社2005年版。

［美］哈贝马斯:《在事实与规范之间:关于法律和民主法治国的商谈理论》,童世骏译,生活·读书·新知三联书店 2014 年版。

［美］洪源远:《中国如何跳出贫困陷阱》,马亮译,生活·读书·新知三联书店 2018 年版。

［美］罗伯特·达尔:《谁统治:一个美国城市的民主和权力》,范春辉、张宇译,江苏人民出版社 2011 年版。

［美］罗伯特·D. 帕特南:《独自打保龄:美国社区的衰落与复兴》,刘波等译,中国政法大学出版社 2018 年版。

［美］乔尔·S. 米格代尔:《强社会与弱国家:第三世界的国家与社会关系及国家能力》,张长东、朱海雷、陈玲译,江苏人民出版社 2012 年版。

［美］乔尔·S. 米格代尔:《社会中的国家:国家与社会如何相互改变与相互构成》,李杨、郭一聪译,江苏人民出版社 2013 年版。

［美］约·埃尔斯特主编:《协商民主:挑战与反思》,周艳辉译,中央编译出版社 2009 年版。

［美］约瑟夫·熊彼特:《资本主义、社会主义与民主》,吴良健译,商务印书馆 1999 年版。

［美］詹姆斯·S. 费什金:《倾听民意:协商民主与公众咨询》,孙涛、何建宇译,中国社会科学出版社 2015 年版。

［南非］毛里西奥·帕瑟林·登特里维斯:《作为公共协商的民主:新的视角》,王英津等 译,中央编译出版社 2006 年版。

［希］尼科斯·波朗查斯:《政治权力与社会阶级》,叶林、王宏图、马清文译,中国社会科学出版社 1982 年版。

［英］密里本德:《资本主义社会的国家》,沈汉、陈祖洲、蔡玲译,商务印书馆 1997 年版。

　　(二) 中文专著

陈家刚:《协商民主与当代中国政治》,中国人民大学出版社 2009 年版。

陈建国：《业主选择与城市社区自主治理》，社会科学文献出版社 2014 年版。

陈明明主编：《革命后社会的政治与现代化（复旦政治学评论第一辑）》，上海辞书出版社 2002 年版。

陈鹏：《住房产权与社区政体》，社会科学文献出版社 2015 年版。

陈伟东：《社区自治——自组织网络与制度设置》，中国社会科学出版社 2004 年版。

樊红敏：《县域政治：权力实践与日常秩序》，中国社会科学出版社 2008 年版。

复旦大学社会发展与公共政策学院社会学系编：《复旦社会学论坛（第 1 辑）》，上海三联书店 2005 年版。

桂勇：《邻里空间：城市基层的行动、组织与互动》，上海书店出版社 2008 年版。

何艳玲：《都市街区中的国家与社会：乐街调查》，社会科学文献出版社 2007 年版。

黄卫平、汪永成主编：《当代中国政治研究报告（第 11 辑）》，社会科学文献出版社 2013 年版。

金耀基：《中国政治与文化》，香港：牛津大学出版社 2013 年版。

景跃进、陈明明、肖滨主编：《当代中国政府与政治》，中国人民大学出版社 2016 年版。

康晓光、韩恒、卢宪英：《行政吸纳社会：当代中国大陆国家与社会关系研究》，香港：世界科技出版公司 2010 年版。

李友梅、汪丹等著：《改善民生、创新治理：社会发展活力的源泉》，上海人民出版社 2014 年版。

米有录主编：《社会工作文选（第 7 辑）》，中国社会出版社 2008 年版。

欧阳静：《强治理与弱治理：基层治理中的主体、机制与资源》，社会科学文献出版社 2018 年版。

庞金友：《现代西方国家与社会关系理论》，中国政法大学出版社 2006

年版。

石发勇：《准公民社区：国家、关系网络与城市基层治理》，社会科学文献出版社2013年版。

孙立平：《转型与断裂：改革以来中国社会结构的变迁》，清华大学出版社2004年版。

谈火生编译：《审议民主》，江苏人民出版社2007年版。

王邦佐编著：《居委会与社区治理：城市社区居民委员会组织研究》，上海人民出版社2002年版。

王德福：《治城：中国城市及社区治理探微》，广西师范大学出版社2021年版。

王汉生、杨善华主编：《农村基层政权运行与村民自治》，中国社会科学出版社2001年版。

王绍光：《中国政道》，中国人民大学出版社2014年版。

王亚华：《增进公共事物治理：奥斯特罗姆学术探微与应用》，清华大学出版社2017年版。

夏学銮主编：《社区管理概论》，中共中央党校出版社2005年版。

徐勇：《城乡社区自治实务》，湖北科学技术出版社2008年版。

杨宏山：《转型中的城市治理》，中国人民大学出版社2017年版。

杨荣：《社区权力与基层治理：基于北京市L街道的实证研究》，社会科学文献出版社2019年版。

于燕燕主编：《中国社区发展报告（2008 2009）》，社会科学文献出版社2008年版。

张静：《法团主义》，中国社会科学出版社2005年版。

张静：《基层政权：乡村制度诸问题》，社会科学文献出版社2019年版。

中共中央党史和文献研究院、中央"不忘初心、牢记使命"主题教育领导小组办公室编：《习近平关于"不忘初心、牢记使命"论述摘编》，党建读物出版社、中央文献出版社2019年版。

中共中央文献研究室编：《十八大以来重要文献选编》（中），中央文献出版社 2016 年版。

中共中央文献研究室编：《习近平关于社会主义社会建设论述摘编》，中央文献出版社 2017 年版。

中央党史和文献研究院编：《十九大以来重要文献选编》（中），中央文献出版社 2021 年版。

朱佳木编：《当代中国与它的发展道路——第二届当代中国史国际高级论坛论文集》，当代中国出版社 2010 年版。

（三）中文期刊

蔡荣、何深静：《社区自治何以可能？——对广州和香港业主组织的比较研究》，《住区》2017 年第 4 期。

陈国权、毛益民：《第三区域政企统合治理与集权化现象研究》，《政治学研究》2015 年第 2 期。

陈家建、赵阳：《"低治理权"与基层购买公共服务困境研究》，《社会学研究》2019 年第 1 期。

陈科霖、周鲁耀：《"统合式治理"：一种中国国家治理的权力运行机制》，《学海》2021 年第 4 期。

陈亮：《分类引领与功能优化：新时代党建引领社区自治、共治的逻辑与路径》，《天府新论》2018 年第 1 期。

陈那波、李伟：《把"管理"带回政治——任务、资源与街道办网格化政策推行的案例比较》，《社会学研究》2020 年第 4 期。

陈荣卓、肖丹丹：《从网格化管理到网络和治理：城市社区网格化管理的实践、发展与走向》，《社会主义研究》2015 年第 4 期。

陈尧：《自治还是治理——城市小区治理的认识逻辑》，《江海学刊》2018 年第 6 期。

陈友华、佴莉：《社区共同体困境与社区精神重塑》，《吉林大学社会科学学报》2016 年第 4 期。

陈毅、阚淑锦：《党建引领社区治理：三种类型的分析及其优化——基于上海市的调查》，《探索》2019 年第 6 期。

程同顺、魏莉：《微治理：城市社区双维治理困境的回应路径》，《江海学刊》2017年第6期。

崔晶：《基层治理中的政策"适应性执行"——基于Y区和H镇的案例分析》，《公共管理学报》2021年第3期。

代凯：《注意力分配：研究政府行为的新视角》，《理论月刊》2017年第3期。

邓顺平：《政党治理基层：合法性、现实行动与理论回应》，《公共管理与政策评论》2018年第1期。

杜鹏：《一线治理：乡村治理现代化的机制调整与实践基础》，《政治学研究》2020年第4期。

付建军、张春满：《从悬浮到协商：我国地方社会治理创新的模式转型》，《中国行政管理》2017年第1期。

付建军：《清单制与国家治理转型：一个整体性分析框架》，《社会主义研究》2017年第2期。

付建军：《作为治理创新的基层协商民主：存量、调适与内核》，《社会主义研究》2020年第6期。

甘永涛：《从新公共管理到多中心治理：兼容与超越——西方国家高等教育管理改革的路径、模式与启示》，《中国高教研究》2007年第5期。

高轩、朱满良：《埃丽诺·奥斯特罗姆的自主治理理论述评》，《行政论坛》2010年第2期。

弓联兵、田颖敏：《政党统合与现代国家治理——基于政党与社会关系的考察》，《中国延安干部学院学报》2016年第1期。

关宏宇、王广文、朱宪辰、徐生钰：《房屋产权性质对住宅小区业主自治行动的影响——以南京市的两个小区为例》，《城市问题》2016年第3期。

桂勇：《略论城市基层民主发展的可能及其实现途径——以上海市为例》，《华中科技大学学报》（社会科学）2001年第1期。

韩冬雪、胡晓迪：《社区治理中的小区党组织：运作机理与治理效能——基于党、国家与社会关系的研究》，《行政论坛》2020 年第 3 期。

韩冬雪、李浩：《复合制结构："联合党建"与"三社联动"科学对接》，《理论探索》2017 年第 5 期。

韩福国：《作为嵌入性治理资源的协商民主——现代城市治理中的政府与社会互动规则》，《复旦学报》（社会科学）2013 年第 3 期。

何艳玲、李妮：《为创新而竞争：一种新的地方政府竞争机制》，《武汉大学学报》（哲学社会科学）2017 年第 1 期。

何艳玲、王铮：《当代中国社会治理变迁逻辑分析》，《国家现代化建设研究》2022 年第 1 期。

何艳玲、王铮：《统合治理：党建引领社会治理及其对网络治理的再定义》，《管理世界》2022 年第 5 期。

何艳玲、钟佩：《熟悉的陌生人：行动精英间关系与业主共同行动》，《社会学研究》2013 年第 6 期。

贺东航、孔繁斌：《中国公共政策执行中的政治势能——基于近 20 年农村林改政策的分析》，《中国社会科学》2019 年第 4 期。

胡晓芳：《公共性再生产：社区共同体困境的消解策略研究》，《南京社会科学》2017 年第 12 期。

胡小君：《从分散治理到协同治理：社区治理多元主体及其关系构建》，《江汉论坛》2016 年第 4 期。

黄建文：《城市住宅小区的业主自治与政府介入》，《学术界》2011 年第 4 期。

季丽新：《中国特色农村民主协商治理机制创新的典型案例分析》，《中国行政管理》2016 年第 11 期。

蒋小杰、王燕玲：《县域社会治理的行动者分析与模式构建》，《行政论坛》2019 年第 2 期。

姜晓萍、吴宝家：《警惕伪创新：基层治理能力现代化进程中的偏差行为研究》,《中国行政管理》2021年第10期。

金安平、姚传明:《"协商民主":在中国的误读、偶合以及创造性转换的可能》,《新视野》2007年第5期。

景跃进:《将政党带进来——国家与社会关系范畴的反思与重构》,《探索与争鸣》2019年第8期。

敬乂嘉:《合作治理:历史与现实的路径》,《南京社会科学》2015年第5期。

李国祥:《社会转型时期城市社区自治的若干问题与思考》,《学术论坛》2006年第3期。

李宁、罗梁波:《国家的高地、社会的篱笆和社区的围墙——基于社区治理资源配置的一项学术史梳理》,《甘肃行政学院学报》2020年第4期。

李强彬:《国外协商民主研究30年:路线、视角与议题》,《教学与研究》2012年第2期。

李朔严:《政党统合的力量:党、政治资本与草根NGO的发展——基于Z省H市的多案例比较研究》,《社会》2018年第1期。

李朔严:《政党统合与基层治理中的国家—社会关系》,《经济社会体制比较》2021年第2期。

李威利:《空间单位化:城市基层治理中的政党动员与空间治理》,《马克思主义与现实》2018年第6期。

李威利:《新单位制:当代中国基层治理结构中的节点政治》,《学术月刊》2019年第8期。

李晓燕:《社会动员的双重逻辑:社会理性和精英治理》,《党政研究》2020年第5期。

李修科、燕继荣:《中国协商民主的层次性——基于逻辑、场域和议题分析》,《国家行政学院学报》2018年第5期。

练宏:《注意力分配——基于跨学科视角的理论述评》,《社会学研究》2015年第4期。

林冠平:《地方政府创新中的现存障碍与推动机制》,《中国行政管理》2014年第2期。

林尚立:《公民协商与中国基层民主发展》,《学术月刊》2007年第9期。

林尚立:《领导与执政:党、国家与社会关系转型的政治学分析》,《毛泽东邓小平理论研究》2001年第6期。

林雪霏、邵梓捷:《地方政府与基层实践——一个协商民主的理论分析框架》,《经济社会体制比较》2017年第2期。

林雪霏:《当地方治理体制遇到协商民主——基于温岭"民主恳谈"制度的长时段演化研究》,《公共管理学报》2017年第1期。

林雪霏:《政府间组织学习与政策再生产:政策扩散的微观机制——以"城市网格化管理"政策为例》,《公共管理学报》2015年第1期。

刘炳辉:《超级郡县国家:人口大流动与治理现代化》,《文化纵横》2018年第2期。

刘博、李梦莹:《社区动员与"后单位"社区公共性的重构》,《行政论坛》2019年第2期。

刘成良:《城市社区物业管理类型与基层治理困境——基于社区类型分化的视角》,《云南行政学院学报》2017年第2期。

刘春荣:《国家介入与邻里社会资本的生成》,《社会学研究》2007年第2期。

刘骥、张玲、陈子恪:《社会科学为什么要找因果机制——一种打开黑箱、强调能动的方法论尝试》,《公共行政评论》2011年第4期。

刘鹏、刘志鹏:《街头官僚政策变通执行的类型及其解释——基于对H县食品安全监管执法的案例研究》,《中国行政管理》2014年第5期。

刘倩:《统合主义与中国研究:文献综述》,《学海》2009年第4期。

刘擎:《中国语境下的自由主义:潜力与困境》,《开放时代》2013年第4期。

刘威：《街区邻里政治的动员路径与二重维度——以社区居委会为中心的分析》，《浙江社会科学》2010年第4期。

刘晔：《公共参与、社区自治与协商民主——对一个城市社区公共交往行为的分析》，《复旦学报》（社会科学）2003年第5期。

卢学晖：《城市社区自治：实践困境、有效条件与突破路径》，《福建行政学院学报》2015年第1期。

卢学晖：《社区精英主导治理：当前城市社区自治的可行模式》，《宁夏社会科学》2015年第4期。

路风：《单位：一种特殊的社会组织形式》，《中国社会科学》1989年第1期。

罗峰：《社会组织的发展与执政党的组织嵌入——政党权威重塑的社会视角》，《中共浙江省委党校学报》2009年第4期。

吕德文：《"混合型"科层组织的运作机制——临时工现象的制度解释》，《开放时代》2019年第6期。

吕芳：《中国地方政府的"影子雇员"与"同心圆"结构——基于街道办事处的实证分析》，《管理世界》2015年第10期。

吕和顺：《"双报到"：城市基层治理的北京经验》，《前线》2019年第2期。

闵学勤：《社区自治主体的二元区隔及其演化》，《社会学研究》2009年第1期。

聂洪辉：《公民素养、政府保护性功能与城市社区自治》，《甘肃行政学院学报》2013年第6期。

欧阳静：《政治统合制及其运行基础——以县域治理为视角》，《开放时代》2019年第2期。

彭勃、吴金鹏：《整体性基层党建何以可能：空间治理的工作路径》，《江苏行政学院学报》2021年第1期。

渠敬东：《项目制：一种新的国家治理体制》，《中国社会科学》2012年第5期。

佘湘：《城市社区治理中的集体行动困境及其解决——基于理性选择制度主义的视角》，《湖南师范大学社会科学学报》2014 年第 5 期。

时和兴：《复杂性时代的多元公共治理》，《人民论坛·学术前沿》2012 年第 4 期。

史斌、吴欣欣：《社会资本在社区治理中的功能分析——以社区治理"失灵困境"现象为视角》，《科学决策》2009 年第 7 期。

史普原、李晨行：《派生型组织：对中国国家与社会关系形态的组织分析》，《社会学研究》2018 年第 4 期。

孙立平：《"关系"、社会关系与社会结构》，《社会学研究》1996 年第 5 期。

谈火生、周洁玲：《系统视角下协商与决策衔接机制研究——以微型公共领域为中心》，《天津社会科学》2021 年第 1 期。

谈火生：《基层协商中的空间维度初探》，《治理研究》2021 年第 4 期。

谭江涛、蔡晶晶、张铭：《开放性公共池塘资源的多中心治理变革研究——以中国第一包江案的楠溪江为例》，《公共管理学报》2018 年第 3 期。

唐文玉：《政党整合治理：当代中国基层治理的模式诠释——兼论与总体性治理和多中心治理的比较》，《浙江社会科学》2020 年第 3 期。

唐亚林：《新中国 70 年政府治理的突出成就与成功之道》，《开放时代》2019 年第 5 期。

田先红、罗兴佐：《官僚组织间关系与政策的象征性执行——以重大决策社会稳定风险评估制度为讨论中心》，《江苏行政学院学报》2016 年第 5 期。

田先红：《政党如何引领社会？——后单位时代的基层党组织与社会之间关系分析》，《开放时代》2020 年第 2 期。

田毅鹏、薛文龙：《"后单位社会"基层社会治理及运行机制研究》，

《学术研究》2015年第2期。

汪幼枫、孙闵欣:《"三位一体"的城市社区自治管理——对上海三个典型社区的调查报告》,《唯实》2012年第10期。

汪仲启、陈奇星:《我国城市社区自治困境的成因和破解之道——以一个居民小区的物业纠纷演化过程为例》,《上海行政学院学报》2019年第2期。

王丛虎、王晓鹏:《"社会综合治理":中国治理的话语体系与经验理论——兼与"多中心治理"理论比较》,《南京社会科学》2018年第6期。

王德福:《主辅结构与模糊化运作:城市社区的简约治理机制》,《北京行政学院学报》2019年第3期。

王宁:《代表性还是典型性?——个案的属性与个案研究方法的逻辑基础》,《社会学研究》2002年第5期。

王浦劬、汤彬:《当代中国治理的党政结构与功能机制分析》,《中国社会科学》2019年第9期。

王浦劬、汤彬:《基层党组织治理权威塑造机制研究——基于T市B区社区党组织治理经验的分析》,《管理世界》2020年第6期。

王浦劬、汤彬:《论国家治理能力生产机制的三重维度》,《学术月刊》2019年第4期。

王浦劬:《国家治理、政府治理和社会治理的基本含义及其相互关系辨析》,《社会学评论》2014年第3期。

王绍光:《治理研究:正本清源》,《开放时代》2018年第2期。

王兴伦:《多中心治理:一种新的公共管理理论》,《江苏行政学院学报》2005年第1期。

王印红、朱玉洁:《基层政府"逆扁平化"组织扩张的多重逻辑——基于"管区制度"的案例研究》,《公共管理学报》2020年第4期。

魏来:《组合式执行与累加性创新:社区协商政策的实践逻辑》,《湖北民族大学学报》(哲学社会科学版)2021年第3期。

魏娜：《城市社区建设与社区自治组织的发展》，《北京行政学院学报》2003年第1期。

吴光芸：《多中心治理：新农村的治理模式》，《调研世界》2007年第10期。

吴晓林、邓聪慧、张翔：《重合利益中的工具性：城市基层协商民主的导向研究》，《学海》2016年第2期。

吴晓林、谢伊云：《国家主导下的社会创制——城市基层治理转型的"凭借机制"——以成都市武侯区社区治理改革为例》，《中国行政管理》2020年第5期。

吴晓林、谢伊云：《强组织的低成本撬动：党建引领城市基层群众自治制度效能转化的机制》，《广西师范大学学报》（哲学社会科学版）2021年第1期。

吴晓林：《城市社区的"五层次需求"与治理结构转换》，《国家治理》2018年第3期。

吴晓林：《治权统合、服务下沉与选择性参与：改革开放四十年城市社区治理的"复合结构"》，《中国行政管理》2019年第7期。

吴晓林：《党如何链接社会：城市社区党建的主体补位与社会建构》，《学术月刊》2020年第5期。

吴新叶：《执政党与非政府组织：理论的超越与现实的路径——以超越"国家—社会"范式的视角》，《学术论坛》2006年第12期。

夏建中：《中国公民社会的先声——以业主委员会为例》，《文史哲》2003年第3期。

向德平、高飞：《社区参与的困境与出路——以社区参事会的制度化尝试为例》，《北京社会科学》2013年第6期。

肖瑛：《从"国家与社会"到"制度与生活"：中国社会变迁研究的视角转换》，《中国社会科学》2014年第9期。

谢立中：《结构—制度分析，还是过程—事件分析？》，《中国农业大学学报》2007年第4期。

熊光清、熊健坤：《多中心协同治理模式：一种具备操作性的治理方案》，《中国人民大学学报》2018年第3期。

熊易寒：《国家助推与社会成长：现代熟人社区建构的案例研究》，《中国行政管理》2020年第5期。

徐宏宇：《城市社区合作治理的现实困境》，《城市问题》2017年第6期。

徐林、徐畅：《公民性缺失抑或制度供给不足？——对我国社区参与困境的微观解读》，《苏州大学学报》（哲学社会科学）2018年第2期。

徐林、许鹿、薛圣凡：《殊途同归：异质资源禀赋下的社区社会组织发展路径》，《公共管理学报》2015年第4期。

徐明强：《基层协商治理的问题维度与制度供给——基于多案例的类型比较分析》，《理论月刊》2018年第5期。

宣晓伟：《国家治理体系和治理能力现代化的制度安排》，《从社会分工理论观瞻》，《改革》2014年第4期。

颜昌武、许丹敏：《属地管理与基层自主性——乡镇政府如何应对有责无权的治理困境》，《理论与改革》2021年第2期。

杨宝、王兵：《社区自治中的内生惩罚：自主组织规制搭便车行为的策略研究》，《中国行政管理》2016年第5期。

杨帆、李星茹：《社区治理中痕迹主义与内卷化的共因及互构》，《甘肃行政学院学报》2020年第4期。

杨光斌：《发现真实的"社会"——反思西方治理理论的本体论假设》，《中国社会科学评价》2019年第3期。

杨立华、何元增：《专家学者参与公共治理的行为模式分析：一个环境领域的多案例比较》，《江苏行政学院学报》2014年第3期。

杨敏：《作为国家治理单元的社区——对城市社区建设运动过程中居民社区参与和社区认知的个案研究》，《社会学研究》2007年第4期。

姚华、王亚南：《社区自治：自主性空间的缺失与居民参与的困境——以上海市 J 居委会"议行分设"的实践过程为个案》，《社会科学战线》2010 年第 8 期。

叶静：《地方软财政支出与基层治理：以编外人员扩张为例》，《社会学研究》2016 年第 1 期。

叶娟丽、韩瑞波：《吸纳式合作机制在社区治理中为何失效？——基于 H 小区居委会与物业公司的个案分析》，《南京大学学报》（哲学·人文科学·社会科学）2019 年第 2 期。

叶敏、奚建武：《发达地区城市社区自治：现实困境与优化路径——基于上海市 D 区经验的探讨》，《地方治理研究》2016 年第 3 期。

叶敏：《社区自治能力培育中的国家介入——以上海嘉定区外冈镇"老大人"社区自治创新为例》，《南京农业大学学报》（社会科学）2015 年第 3 期。

叶敏：《政党组织社会：中国式社会治理创新之道》，《探索》2018 年第 4 期。

叶敏：《下位协调依赖：对属地管理扩张的一个解释框架——以沪郊 P 街道的经验为例》，《公共管理学报》2022 年第 2 期。

俞可平：《推进国家治理体系和治理能力现代化》，《前线》2014 年第 1 期。

张晨、刘育宛：《"红色管家"何以管用？——基层治理创新"内卷化"的破解之道》，《公共行政评论》2021 年第 1 期。

张丹丹：《社区自治的特征：偏态自治和无序自治——社区自治空间有限性的原因》，《华东理工大学学报》（社会科学）2015 年第 2 期。

张汉：《统合主义与中国国家—社会关系研究——理论视野、经验观察与政治选择》，《人文杂志》2014 年第 1 期。

张静：《社会变革与政治社会学——中国经验为转型理论提供了什么》，《浙江社会科学》2018 年第 9 期。

张菊枝、夏建中:《社区自治:繁荣城市社区社会资本的有效路径——基于社区自治与社会资本的相关性分析》,《兰州学刊》2014年第2期。

张菊枝、夏建中:《新型社区治理困境的破解及其可行性研究——以北京市品苑小区的社区自治实践为例》,《甘肃行政学院学报》2011年第2期。

张敏、韩志明:《基层协商民主的扩散瓶颈分析——基于政策执行结构的视角》,《探索》2017年第3期。

张明军:《领导与执政:依法治国需要厘清的两个概念》,《政治学研究》2015年第5期。

张平、隋永强:《一核多元:元治理视域下的中国城市社区治理主体结构》,《江苏行政学院学报》2015年第5期。

赵聚军、王智睿:《社会整合与"条块"整合:新时代城市社区党建的双重逻辑》,《政治学研究》2020年第4期。

赵树凯:《地方政府公司化:体制优势还是劣势?》,《文化纵横》2012年第2期。

折晓叶:《县域政府治理模式的新变化》,《中国社会科学》2014年第1期。

郑杭生、黄家亮:《论我国社区治理的双重困境与创新之维——基于北京市社区管理体制改革实践的分析》,《东岳论丛》2012年第1期。

周濂:《流沙状态的当代中国政治文化》,《二十一世纪》2016年第6期。

周如南、陈敏仪:《城市社区业主自治的集体行动逻辑:以广州Q小区为例》,《广西民族大学学报》(哲学社会科学)2017年第4期。

周怡:《寻求整合的分化:权力关系的独特作用——来自H村的一项经验研究》,《社会学研究》2006年第5期。

朱光喜:《居民自治与业主自治:两种社区自治机制的比较——基于

公共事务自主治理理论的视角》,《广东行政学院学报》2012年第4期。

(四) 其他文献

何威:《治理共同体建构:城市社区协商治理研究——以上海市普陀区为例》,博士学位论文,华东师范大学,2018年。

李修科:《民主理论的协商转向》,博士学位论文,北京大学,2016年。

《中共中央印发〈关于加强社会主义协商民主建设的意见〉》,《人民日报》2015年2月10日。

《坚持新发展理念打好"三大攻坚战"奋力谱写新时代湖北发展新篇章》,《人民日报》2018年4月29日。

习近平:《决胜全面建成小康社会 夺取新时代中国特色社会主义伟大胜利——在中国共产党第十九次全国代表大会上的报告》,人民出版社2017年版。

《习近平在吉林考察时强调坚持新发展理念深入实施东北振兴战略加快推动新时代吉林全面振兴全方位振兴》,《人民日报》2020年7月25日。

《习近平:在基层代表座谈会上的讲话》,《人民日报》2020年9月20日。

《习近平在中央人大工作会议上发表重要讲话强调坚持和完善人民代表大会制度不断发展全过程人民民主》,《人民日报》2021年10月15日。

《中办国办印发〈关于加强城乡社区协商的意见〉》,《人民日报》2015年7月23日。

《中共中央国务院关于加强和完善城乡社区治理的意见》,《人民日报》2017年6月13日。

《中共中央 国务院关于进一步加强城市规划建设管理工作的若干意见》,《人民日报》2016年2月22日。

参考文献

《中共中央关于坚持和完善中国特色社会主义制度推进国家治理体系和治理能力现代化若干重大问题的决定》,《人民日报》2019年11月6日。

《中共中央关于全面深化改革若干重大问题的决定》,《人民日报》2013年11月16日。

《南岸：用"三事分流"工作法推进社区治理》,《重庆日报》2018年10月22日。

《〈北京市社区工作者管理办法〉印发实施》,http://www.cnr.cn/bj/jrbj/20181010/t20181010_524380775.shtml,2021年2月22日。

《北京市4个项目获批建设国家级社会管理和公共服务综合标准化试点》,北京市市场监督管理局网,http://scjgj.beijing.gov.cn/zwxx/scjgdt/202003/t20200311_1689556.html,2021年2月8日。

《北京市物业管理条例（2020年）（北京市人民代表大会常务委员会公告〔十五届〕第24号）》,北京市住房与城乡建设委员会网站,http://zjw.beijing.gov.cn/bjjs/xxgk/fgwj3/fggz/1793593/index.shtml,2021年2月23日。

《关于进一步规范村（居）务公开和村（社区）协商工作的通知》,重庆市渝北区人民政府网,http://www.ybq.gov.cn/bm/qmzj/zwgk_70831/fdzdgknr_70834/lzyj_70835/qtgw_70838/202009/t20200902_7839101.html,2021年2月16日。

《国务院关于深化城镇住房制度改革的决定》,中国政府网,http://www.gov.cn/zhuanti/2015-06/13/content_2878960.htm,2020年1月6日。

《民政部关于进一步推进和谐社区建设工作的意见》,http://www.gov.cn/gzdt/2009-11/26/content_1473425.htm,2021年2月19日。

《南岸对群众的"大事、小事、私事"分类处理》,阳光重庆网,https://www.ygcq.com.cn/special/qzlx0330/hddt/content_1972.shtml,2020年12月22日。

《中共北京市委北京市人民政府关于加强新时代街道工作的意见》，北京市人民政府网，http：//www.beijing.gov.cn/zhengce/zhengcefagui/201905/t20190522_61849.html，2021年2月8日。

《中共中央办公厅国务院办公厅关于进一步做好村民委员会换届选举工作的通知》，中国政府网，http：//www.gov.cn/gongbao/content/2002/content_61679.htm，2021年2月21日。

《中共重庆市委组织部重庆市民政局关于做好城乡社区协商有关工作的通知》，重庆市人民政府网，http：//www.cq.gov.cn/zwgk/wlzcwj/hmlm/hmlmszfbm/202001/t20200114_4604775.html，2021年2月16日。

二 英文文献

（一）英文专著

Amy Gutmann, Dennis Thompson, *Why Deliberative Democracy*, Princeton, NJ: Princeton University Press, 2004.

World Bank, *Governance and Development*, Washington DC: World Bank, 1992.

John S. Dryzek, *Foundations and Frontiers of Deliberative Governance*, Oxford: Oxford University Press, 2011.

Benjamin L. Read, *Roots of the State: Neighborhood Organization and Social Networks in Beijing and Taipei*, Stanford, CA: Stanford University Press, 2012.

James S. Fishkin, *Democracy and Deliberation: new directions for democratic reform*, New Haven: Yale University press, 1991.

John Parkinson. *Deliberating in the Real World: Problems of Legitimacy in Deliberative Democracy*, Oxford: Oxford University Press, 2006.

（二）英文期刊

Baogang He and Mark E. Warren, "Authoritarian Deliberation: The Deliberative Turn in Chinese Political Development", *Perspectives on Politics*, Vol. 9, No. 2, 2011.

Beibei Tang, "Deliberating Governance in Chinese Urban Communities", *The China Journal*, No. 73, 2015.

Beibei Tang, "Development and Prospects of Deliberative Democracy in China: The Dimensions of Deliberative Capacity Building", *Journal of Chinese Political Science*, Vol. 19, No. 2, 2014.

Deyong Ma and Szu-chien Hsu, "The Political Consequences of Deliberative Democracy and Electoral Democracy in China: An Empirical Comparative Analysis from Four Counties", *China Review (SPECIAL THEMED SECTION: Frontiers and Ethnic Groups in China)*, Vol. 18, No. 2, 2018.

James S. Fishkin, Baogang He, Robert C. Luskin And Alice Siu, "Deliberative Democracy in an Unlikely Place: Deliberative Polling in China", *British Journal of Political Science*, Vol. 40, No. 2, 2010.

Jen-fang Ting, Shanwen Guo, Lingxin Liao, "Homeowner Associations and Community Governance Structure in Urban China: a Politico-economic Reinterpretation", *Journal of Chinese Governance*, Vol. 5, No. 4, 2020.

Jonathan Unger, Anita Chan, Him Chung, "Deliberative Democracy at China's Grassroots: Case Studies of a Hidden Phenomenon", *Politics & Society*, Vol. 42, No. 4, 2014.

Kaiping Zhang, Tianguang Meng, "Political Elites in Deliberative Democracy: Beliefs and Behaviors of Chinese Officials", *Japanese Journal of Political Science*, No. 19, 2018.

O'Brien, Kevin J., and Lian jiang Li, "Selective Policy Implementation in Rural China", *Comparative Politics*, Vol. 31, No. 2, 1999.

Philippe C. Schmitter, "Still the Century of Corporatism?" *The Review of Politics*, Vol. 36, No. 1, 1974.

Shenjing He, "Evolving Enclave Urbanism in China and Its Socio-spatial Implications, the Case of Guangzhou", *Social & Cultural Geography*, No. 14, 2013.

Shenjing He, "Homeowner Associations and Neighborhood Governance in Guangzhou, China", *Eurasian Geography and Economics*, Vol. 56, No. 3, 2015.

Tingting Lu, Fangzhu Zhang, Fulong Wu, "The Meaning of 'Private Governance' in Urban China: Researching Residents' Preferences and Satisfaction", *Urban Policy and Research*, Vol. 37, No. 3, 2019.

Zeng Weihe, "The Social Governance Community in Transforming Neighborhoods: A Spatial Reconstruction Perspective", *Social Sciences in China*, Vol41, No. 3, 2020.